D1721815

Renate Daum · Außer Kontrolle

Wie ComRoad & Co. Deutschlands
Finanzsystem austricksen

Renate Daum

Außer Kontrolle

Wie ComRoad & Co. Deutschlands

Finanzsystem austricksen

FinanzBuch Verlag, München

Bibliografische Information der Deutschen Bibliothek
Die Deutsche Bibliothek verzeichnet diese Publikation in der
Deutschen Nationalbibliografie; detaillierte bibliografische Daten
sind im Internet über <http://dnb.ddb.de> abrufbar.

E-MAIL: daum@finanzbuchverlag.de

Gesamtbearbeitung und Gestaltung: UnderConstruction München

Druck: Walch Druck, Augsburg

Foto R. Daum: Axel Griesch

1. AUFLAGE 2003
© 2003 BY FINANZBUCH VERLAG GMBH MÜNCHEN
LANDSHUTER ALLEE 61 · 80637 MÜNCHEN
TEL.: 089/65 12 85-0 FAX: 089/65 20 96

ISBN 3-89879-031-2

Deutschland ist ein Paradies für Abzocker. Laxe Aufsicht, eine enge Interpretation der eigenen Zuständigkeit der Kontrollinstanzen, schlampige Prüfungen, unklare Gesetze und oft überlastete Strafverfolgungsbehörden verhindern ein faires Funktionieren des Finanzsystems. Das schafft perverse Anreize: Leicht haben es diejenigen, die sich bereichern, schwer diejenigen, die einen Ersatz für ihren Schaden möchten. Das schreckt Investoren ab. Das Land gerät im weltweiten Wettbewerb um Kapital ins Hintertreffen, mit negativen Folgen für das Wirtschaftswachstum.

Inhalt

Anatomie des Systemfehlers   8
Ein Markt für Schrottkisten   8
Der „Super-GAU"   11

Der Aufstieg zum Börsenstar   14
Schon „Solid" war nicht gerade solide   14
Sieben Beinahe-Millionäre gehen leer aus   20
Ein Zwerg hat gigantische Visionen   26
Die „Ich finde noch einen Dümmeren"-Gurus   37
Ein „Qualitätswert" erfindet sich selbst   46

Durch die Lücken im System geschlüpft   53
Tuscheln hinter vorgehaltener Hand   53
Gibt es hier etwas, das es nicht gibt?   62
„Vorsicht Falle! Kleinanlegerbetrug durch Börsenbriefe?"   62
Das virtuelle Büro in Hongkong   63
Die Suche nach den Phantompartnern   66
Willkommen in Absurdistan   73
Formfehler und formidable Fehler   79
Erleuchtung in Asien   88
Das Phantom von Quezon City   89
Lauter Plauderpartner in Auckland   91
Liaison mit der Konkurrenz   92
Doppelpack in Hongkong   97
„Aus dem Ruder gelaufen"   102

Keiner Prüft Mehr Genau?	105
Verhängnisvolle Abhängigkeit	128
Strafzettel für den Laster voller Heroin	139
Zum Jagen getragen	148
Der Zusammenbruch und die Folgen	**158**
Der Wald brennt	158
Legal, illegal, ganz egal	164
Schafe im Wolfspelz	185
„Ein faires Gerichtsverfahren muss alle Verantwortlichen umfassen" (Brief von Bodo Schnabel)	193
„Schnabel zu und Schwamm drüber?"	**200**
Anhang	**206**
Warnzeichen für Anleger	206
Checkliste für Schadensersatzklagen	211
Zum Umgang mit Rechtsschutzversicherungen	221
Wichtige Gesetze und was sie bedeuten	225
Zeittafel ComRoad AG	242
Adressen	246
Danksagung	252
Kurs-Chart	252
Stichwortverzeichnis	254

Anm. d. Autorin: Einige Preise, Umsatzangaben und Ähnliches aus der Zeit vor der Einführung des Euro am 1.1.2002 wurden aus Gründen der Authentizität in der alten Währung DM belassen (1 Euro = 1,95583 DM).

Anatomie des Systemfehlers

„Angefangen von den Tagen des Südsee-Schwindels ist klar, dass Perioden kühnen kapitalistischen Unternehmungsgeistes regelmäßig begleitet sind von Beispielen höchst lichtscheuen persönlichen Unternehmertums, das die Grenze zwischen Erlaubtem und Verbotenem überschreitet." *Aylmer Vallance: Glücksritter und Spekulanten. Die größten Finanzskandale der Welt, 1955.*

Ein Markt für Schrottkisten

Aktionären geht es mittlerweile wie Leuten, die Angst davor haben, von unseriösen Gebrauchtwagenhändlern über den Tisch gezogen zu werden. Das ist kein Wunder, etliche von ihnen mussten in den vergangenen Jahren feststellen, dass ihnen Schrottkisten angedreht wurden. Ehemalige Star-Aktien stürzten zu Boden, weil herauskam, dass das Geschäft ganz und gar nicht so blühte, wie es die Vorstände in die Welt hinausposaunt hatten. Die spektakulären Zusammenbrüche der US-Konzerne Enron und Worldcom erschütterten das Vertrauen der Anleger weltweit. Aber auch im ordentlichen Deutschland hatten viele windige Unternehmensvertreter ihren großen Auftritt und zogen mit Millionengewinnen davon.

Die Schwächen des deutschen Finanzsystems legt kein Beispiel schonungsloser offen als der größte Bilanzskandal am Neuen Markt: Das Telematikunternehmen ComRoad hatte über Jahre fast die gesamten Umsätze erfunden. Ich habe den Aufstieg und Fall der Skandalfirma mit Staunen begleitet: Schon früh gab es Warnzeichen. Trotzdem schaffte es das Unternehmen nicht nur an das Börsensegment mit den strengsten Regeln in Deutschland, bis zu seinem spektakulären Zusammenbruch galt es lange sogar als eine der solidesten Gesellschaften. Die unglaubliche Geschichte ist mein roter Faden auf meiner Reise durch das deutsche Finanzsystem. ComRoad eignet sich dafür besonders gut: Das Unternehmen war klein mit einer überschaubaren Struktur und einem simplen Geschäftsmodell. Bei den Ungereimtheiten ging es nicht um komplizierte Bilanzierungs- und Bewertungsfragen. Viele Geschäftspartner, den Großteil der Umsätze und die Gewinne gab es einfach nicht.*

Die Verantwortlichen heben nun die Arme, zucken mit den Schultern und sagen: „Gegen gut gemachten Betrug sind wir machtlos." Das stimmt im Prinzip. Nur: ComRoad war kein gut gemachter Schwindel, im Gegenteil. Die Masche war so simpel und dreist, dass es erstaunlich ist, wie es Aufsichtsrat und Wirtschaftsprüfer schafften, sie nicht zu entdecken. Mindestens genauso erschreckend ist noch etwas anderes: Einige Journalisten und auch ich bemerkten lange vor dem Zusammenbruch, dass die Zahlen auf faulem Zauber beruhen mussten. Wir schrieben darüber, doch monatelang griff niemand ein. „Wir sind nicht zuständig", hörte ich immer wieder, oder: „Wir unternehmen da nichts." Es war ein eigenartiges Gefühl zu wissen, dass eine Luftblase sondergleichen den Kurszettel bereicherte, ohne dass sich die Kontrollinstanzen dafür interessierten.

Das Finanzsystem in Deutschland hat eine Vielzahl davon: die Handelsüberwachungsstellen, die Börsenaufsicht, die Finanzaufsichtsbehörde, die Wirtschaftsprüfer, die Staatsanwaltschaft, die Gerichte. Auch an Vorschriften und Regeln mangelt es wahrlich nicht. In der Theorie ist an alles gedacht, in der Praxis greifen die Räder nicht richtig ineinander. Die Lücken sind groß wie Scheunentore. Laxe Aufsicht, enge Interpretation der eigenen Zuständigkeit, schlampige Prüfungen, unklare Gesetze und oft überlastete Strafverfolgungsbehörden verhindern ein faires Funktionieren.

Gerade in einem Bereich wie der Börse, wo Schwindlern Millionengewinne winken, wäre es naiv zu denken, dass sie nicht durch die Löcher schlüpfen würden. Das widerspräche jeder Erfahrung. „Jammere nicht über die Dummheit der anderen, nutze sie aus", lautet ein Motto an der Börse. Das ist natürlich nicht nur hierzulande so, Betrüger versuchen überall ihr Glück. Skandale lassen sich niemals ganz verhindern. Was sich aber beeinflussen lässt, ist die Reaktion darauf. Während zum Beispiel in den USA harte Konsequenzen drohen, ist Deutschland eine Art Paradies für Abzocker: Die Gefahr, erwischt zu werden, ist klein, und selbst wenn,

---

* Da Frauen in den von mir beschriebenen Bereichen oft noch in der Minderheit sind, schildere ich alle Personen, deren Identität ich nicht preisgeben will, in männlicher Form. Das ehemalige Bundesaufsichtsamt für den Wertpapierhandel (BAWe) wurde im Frühjahr 2002 in die neu gebildete Bundesanstalt für Finanzdienstleistungsaufsicht (BAFin) eingegliedert. In diesem Buch verwende ich durchgängig den neuen Namen, um den Eindruck zu vermeiden, dass es sich um zwei verschiedene Behörden handelt.

sind die Sanktionen so lächerlich, dass sich der Coup in der Regel trotz Strafe lohnt. Aktionäre, Mitarbeiter, Lieferanten zählen zu den Leidtragenden.

Das deutsche System schafft perverse Anreize: Es macht es denen leicht, die sich bereichern, und denen schwer, die einen Ersatz für ihren Schaden möchten. Letzteres gilt zumindest für Aktienbesitzer. Im Winter 2002 gab es noch kein einziges rechtskräftiges Urteil, das Aktionären Schadensersatz zugesprochen hätte. Die Frage, warum es die Anleger so schwer haben und wo die Problempunkte in den gesetzlichen Regelungen und ihrer Auslegung liegen, ist daher ebenfalls ein Schwerpunkt dieses Buches. Kreditgeber, zumeist Banken, setzen ihre Ansprüche dagegen häufig durch. Das Bankensystem in Deutschland ist stark, die Börsen im internationalen Vergleich schwach entwickelt.

Nach der Vielzahl von Skandalen mit nur mageren Chancen auf Wiedergutmachung haben viele Aktionäre nun das Vertrauen in die Börse verloren. Viele ziehen sich lieber aus dem Markt zurück, als ein weiteres Mal solche Reinfälle erleben zu müssen. Andere sind nur noch zu Niedrigkursen bereit einzusteigen. Das wiederum schreckt gute Unternehmen davon ab, an die Börse zu gehen, weil sie fürchten müssen, lediglich einen Erlös weit unter Wert zu erzielen. Solide Gesellschaften haben es schwer, sich von den unseriösen abzuheben, wenn Anleger das Versagen sämtlicher Kontrollinstanzen vor Augen geführt bekommen haben. Unter dem „ComRoad-Effekt" litten auch die Aktienkurse anderer Werte, wenn nur der Hauch eines Gerüchts um geschönte Bilanzen aufkam. Übrig bleibt in einem solchen Umfeld einzig ein Markt für Schrottkisten oder Zockerwerte.

„ComRoad ist der Genickschuss für den Neuen Markt", sagte der Vorstand einer Beteiligungsgesellschaft. Viele Fondsmanager, vor allem aus dem Ausland, hätten inzwischen Investitionsverbot am Neuen Markt, fügte er hinzu. Im September 2002 kündigte die Deutsche Börse das Ende des Börsensegments an. Auch meine Negativbeispiele stammen meist aus dem Wachstumsmarkt. Das Problem war aber nicht der Neue Markt an sich, für das neue „Prime Standard"-Segment gelten keineswegs strengere Regeln. Das Problem war die fehlende Durchsetzung der Vorschriften. ComRoad hätte es in weniger regulierten Börsensegmenten wohl noch länger geschafft, das Spiel weiterzutreiben. Das wahre Problem ist die falsche Anreizstruktur am Finanzplatz Deutschland.

Für die Wirtschaft hat dies schlimme Folgen. Unternehmen können sich nur noch unter schwierigen Bedingungen Kapital an der Börse besorgen. Bankkredite werden künftig noch weniger als bisher eine vollwertige Alternative bieten. Ausländische Investoren stecken ihr Geld lieber in Aktien von Ländern, wo sie zwar auch nicht gegen Betrug gefeit sind, aber zumindest Chancen haben, ihren Schaden ersetzt zu bekommen. Deutschland gerät damit im weltweiten Wettbewerb um Kapital ins Hintertreffen. Milliarden gehen dem Land verloren, mit negativen Folgen für das Wirtschaftswachstum.

Die Weltbank veröffentlichte vor einiger Zeit eine Tabelle zum Aktionärsschutz durch Gesetze und Vorschriften verschiedener Länder: Großbritannien und die USA schnitten hervorragend ab. Sie erhielten fünf von möglichen sechs Punkten. Für Deutschland war das Ergebnis weniger schmeichelhaft. Magere zwei Punkte blieben der Bundesrepublik, sie landete damit auf einer Stufe mit Ägypten, der Ukraine und der Türkei.

Seit der Veröffentlichung dieser Studie hat sich in Deutschland etwas getan, die bisherigen Gesetzesänderungen lösen aber das grundsätzliche Problem nicht. Höre ich von Reformvorschlägen, mache ich den „ComRoad-Test": Hätten sie dazu beigetragen, die Luftblase zu verhindern oder eher zum Platzen zu bringen? Das im Sommer 2002 eingeführte Vierte Finanzmarktförderungsgesetz etwa, das vorrangig den Anlegerschutz stärken sollte, fällt dabei durch. Es dreht an den Stellschrauben und macht die Lücken im System nur ein wenig kleiner. Nötig wäre aber, die Anreizstruktur zu ändern: Die Abzocker müssen Angst davor bekommen, dass die Geschädigten sie verklagen und ihnen ihre Beute wieder abnehmen. Kontrolleure müssen fürchten, dass die Aktionäre auch von ihnen Schadensersatz fordern, wenn sie schlampig arbeiten. In dem Sinne hat der ComRoad-Skandal ein Gutes: Der Fall ist so krass, dass hoffentlich ein Umdenken bei Aufsichtsbehörden, Gerichten und dem Gesetzgeber zugunsten der Aktionäre einsetzt.

Der „Super-GAU"

Meine Kollegen umlagerten einen der Computer, über die wir aktuelle Nachrichten beziehen, als ich am Morgen des 10. April 2002 in die Redaktion des Anlegermagazins „Börse Online" kam. „Nur Eins Komma vier Prozent", murmelte einer und reichte mir einen Ausdruck der Meldung, die ungläubiges Staunen bei ihm ausgelöst hatte.

Es war eine Pflichtmitteilung der ComRoad AG über erste Ergebnisse einer Sonderprüfung durch Wirtschaftsprüfer der Gesellschaft Rödl & Partner. Sie hatten die Zahlen für das Jahr 2001 unter die Lupe genommen und fast nur Luft gefunden. Angebliche Vertriebspartner gab es nicht beziehungsweise im Jahr 2001 nicht mehr. Über eine Firma namens VT Electronics in Hongkong hatte ComRoad angeblich fast die gesamten Umsätze abgewickelt, aber es fehlten jegliche Hinweise, dass diese Gesellschaft existierte oder jemals existiert hatte. Bestätigen ließen sich lediglich Umsätze von 1,3 Millionen Euro mit anderen Firmen. Das entsprach nur 1,4 Prozent der gemeldeten Erlöse von 93,6 Millionen Euro. „Da hohe Umsatzerlöse weltweit ausgewiesen wurden, bei denen jedoch gleichzeitig keine Gelder geflossen sind, steht zu vermuten, dass Scheinrechnungen erstellt und Eingangsrechnungen fingiert wurden", hieß es in der Mitteilung.

Und das war noch immer nicht das Ende der Schreckensmeldungen: Die Prüfer rechneten mit einem hohen Wertberichtigungsbedarf, weil Darlehen nicht oder nicht ausreichend besichert waren und Bürgschaften an finanziell angeschlagene oder mittlerweile schon zahlungsunfähige Unternehmen gegeben wurden. „Ich weiß nicht, was da noch kommen kann", sagte der ComRoad-Sprecher dazu. Eine Insolvenz schloss er nicht aus.

Mein Chef neckte mich: „Da hast du das Unternehmen ja viel zu positiv beurteilt!" Ich musste ihm beipflichten. Wenige Wochen vorher hatte ich in einem Artikel geschrieben, dass ComRoad höchstens zehn Prozent der ausgewiesenen Umsätze erzielt haben konnte. Das wären immerhin bis zu 9,4 Millionen Euro gewesen, deutlich mehr als die 1,3 Millionen Euro, die die Sonderprüfer bestätigt hatten. Nach meinen Recherchen hatte ComRoad im Jahr 2001 mit mindestens einem Drittel der vermeintlichen „Kunden" keine Umsätze erzielt, nur ein Bruchteil der angeblich verkauften Bordcomputer war jemals hergestellt worden, und der mit Abstand wichtigste Lieferant war plötzlich verschwunden.

Der Investor-Relations-Manager des Unternehmens tat meine Schätzung als „lächerlich" und „absoluten Blödsinn" ab, bestätigte aber, dass der Lieferant aus Hongkong abspenstig geworden war: „Das ist das einzig Wahre an diesem Bericht des Magazins, und das hat auch uns erschüttert." Er hatte Recht: Alles andere war noch viel schlimmer, als ich geschrieben hatte. Niemand hatte ein ähnlich krasses Urteil abgegeben, aber selbst ich hatte die tatsächlichen Erlöse um mehrere hundert Prozent überschätzt.

Die Ungereimtheiten hatten schon vor dem Börsengang begonnen. Die Sonderprüfer fanden heraus, dass 1998 fast zwei Drittel und in den folgenden Jahren fast die gesamten Umsätze über VT Electronics verbucht worden waren. Keiner der Verantwortlichen hatte bemerkt, dass es die Firma an der angegebenen Adresse in der Wing Kut Street in Hong-kong überhaupt nicht gab und dass nicht einmal ein Telefonanschluss existierte. „ComRoad ist nicht zu überbieten", staunte Bernd Rödl, Chef der Wirtschaftsprüfungsgesellschaft Rödl & Partner. Das Unternehmen sei ein absoluter Extremfall, der Umfang des Betruges gehe auch über den Fall Flowtex hinaus, bei dem ein Großteil der angeblichen Horizontalbohrgeräte nicht existierte.

„Das ist der Super-GAU", sagte der Aufsichtsratsvorsitzende Andreas Löhr, als das Zwischenergebnis der Sonderprüfer bekannt wurde. Es war der traurige Höhepunkt einer Serie von Horrormeldungen über den ehemaligen Börsenstar, die bereits einige Monate vorher begonnen hatte: Mitte Februar 2002 kündigte die Wirtschaftsprüfungsgesellschaft KPMG ihr Prüfungsmandat fristlos, ein beispielloser Vorgang. Sie hatte zuvor jahrelang die Bilanzen von ComRoad abgesegnet. Löhr gab die Sonderprüfung in Auftrag und feuerte den Großaktionär und Firmenchef Bodo Schnabel. Ihn ließ die Staatsanwaltschaft Ende März festnehmen, als es Anzeichen gegeben hatte, dass er sich ins Ausland absetzen wollte – die Schnabels besitzen ein Anwesen am Rande eines Golfplatzes in Florida.

Vor Gericht gestand Schnabel im November 2002, Rechnungen selbst verfasst zu haben. Seine Frau gab zu, sie habe davon gewusst, die Vorgänge trotzdem verbucht und selbst Unterlagen gefälscht. Er wurde zu sieben Jahren Gefängnis verurteilt, seine Frau erhielt zwei Jahre auf Bewährung. Erstmals wurden damit Verantwortliche einer Skandalfirma des Neuen Marktes strafrechtlich zur Verantwortung gezogen.

Die Deutsche Börse warf den Rowdy aus dem Neuen Markt und entschloss sich später sogar, ihn ganz vom Kurszettel zu streichen, weil sich das Unternehmen die Zulassung zur Börse arglistig erschlichen habe. Auch das war nie zuvor vorgekommen. „Eigentlich ein bisschen schade", sagte ein Wettbewerber zu mir. „Es war praktisch, einen Konkurrenten zu haben, der nie einen Auftrag gewonnen hat." Die Sonderprüfer von Rödl & Partner stellten fest, dass das Unternehmen gar kein Vertriebskonzept hatte. Der verbliebene ComRoad-Vorstand Hartmut Schwamm zeigte sich schockiert. „Wir bedauern diese Geschehnisse zutiefst und hoffen, dass Geschäftspartner und Aktionäre dem Unternehmen die Chance eines zweiten Anlaufs geben", schrieb er in einem Brief. „Einige Mitarbeiter kennen Schnabel seit über 20 Jahren und hatten bis zu seiner fristlosen Entlassung nie Zweifel an seiner Integrität." Zu diesen langjährigen Weggefährten zählte er selbst. Und er selbst war bereits bei anderen Unternehmen in dubiose Vorgänge um Schnabel verwickelt gewesen.

RENATE DAUM

Der Aufstieg zum Börsenstar

„Natürlich kam die Aufdeckung nie während des Booms selbst: Solange er anhielt, konnte das Errichten finanzieller Großreiche durch Neu-Emissionen, neues Geld, das man von der Öffentlichkeit nahm, um frühere Verluste und Unterschlagungen abzudecken, fortgesetzt werden, ganz gleich, wie durchsichtig und betrügerisch auch solche Gründungen sein mochten." *Aylmer Vallance: Glücksritter und Spekulanten, 1955.*

Schon „Solid" war nicht gerade solide

Als die ComRoad-Umsatzblase platzte, kamen Reporter der Lokalzeitung „Pfaffenhofener Kurier" in eine ruhige Straße in einem kleinen Ort bei Pfaffenhofen in Bayern. Seit rund zehn Jahren wohnten dort Bodo Schnabel und seine zehn Jahre jüngere Frau Ingrid. Ihr Haus auf einem Hanggrundstück war großzügig, mit einer Doppelgarage und einem Rundbogen am Eingang. Extravagant war es nicht. Es hätte einem leitenden Angestellten gehören können. Nichts deutete darauf hin, dass hier das wohl einzige Ehepaar des Ortes wohnte, dessen Vermögen eine Zeitlang mehr als eine halbe Milliarde Euro wert war. Den Nachbarn waren die beiden weder durch rauschende Feste noch durch einen übertrieben luxuriösen Lebensstil aufgefallen. „Die sah man kaum, weil sie doch immer in der Arbeit waren", erzählten die Anwohner den Journalisten. Bei den relativ seltenen Begegnungen mit dem eher zurückgezogen lebenden Ehepaar seien die Schnabels „immer freundlich" gewesen – wie man sich Nachbarn eben wünscht.

In ganz anderer Erinnerung blieben sie allerdings vielen Leuten, die beruflich mit ihnen zu tun hatten. Da waren sie nicht besonders solide, auch wenn einige Unternehmen von Bodo Schnabel sogar das Wort „Solid" im Namen trugen. Der Diplom-Ingenieur für Nachrichtentechnik hatte ein Geflecht an Firmen aufgebaut, von denen einige in Konkurs gingen. Das ist an sich nichts Anrühriges. Wird zum Beispiel ein Großkunde insolvent, gerät eine kleine Gesellschaft schnell und ohne eigenes Verschulden in eine Schieflage. In diesem Fall entdeckte ich jedoch einige Punkte, die mir seltsam vorkamen. Menschen können sich ändern. Die Erfahrung lehrt aber, dass Leute, die in dubiose Vorgänge verwickelt waren, nach einem Börsengang oft weitermachen – zum Schaden der Aktionäre.

So war es zum Beispiel bei Sunburst Merchandising. Das Unternehmen, das Fanartikel herstellte und vertrieb, ging wenige Wochen vor ComRoad an die Börse. Als ich die Unterlagen studierte, fiel mir auf, dass die Ehefrau des Firmenchefs das Unternehmen gegründet hatte und er selbst erst später eingestiegen war. Das erschien mir ungewöhnlich, und der Grund dafür war nicht gerade vertrauenerweckend. Der Firmenchef war 1994 – vor seiner Zeit bei Sunburst – Geschäftsführer und gemeinsam mit seiner Frau Mehrheitsgesellschafter an einem anderen Merchandising-Unternehmen mit dem Namen Hero Colours. Einer der beiden Minderheitsgesellschafter erzählte mir, er habe ihnen nach einiger Zeit klargemacht, er wolle sie nicht mehr als Teilhaber haben. Zu Verhandlungen über einen Ausstieg der beiden sei er aber nicht bereit gewesen. Die Sache werde sich von selbst regeln, habe er den beiden gesagt.

Das konnte man wohl sagen: Hero verlor nach Darstellung des Teilhabers immer mehr Geschäft an Sunburst, das Unternehmen der Ehefrau, an dem die beiden Minderheitsgesellschafter nicht beteiligt waren. Im Sommer 1995 stellte Hero Colours Konkursantrag, das Verfahren wurde allerdings mangels Masse abgelehnt. Die Maschinen gingen zu Sunburst über. Das Kapital der Minderheitsgesellschafter war verloren, einer musste gegen den Firmenchef vor Gericht ziehen, um ihm zustehende Zahlungen zu erstreiten.

Das war fast wie eine Drehbuchvorlage für das, was nur eineinhalb Jahre nach dem Börsengang geschah: Bei Sunburst lief angeblich alles bestens – bis der Firmenchef plötzlich zurücktrat. Das Unternehmen sprach kurz darauf eine drastische Gewinnwarnung aus und meldete Insolvenz an. Das ganze Geld war verschwunden. Der Aufsichtsrat stellte Strafanzeige gegen ihn und den Finanzvorstand wegen Verdachts der Untreue und Bilanzfälschung, die Staatsanwaltschaft nahm die Ermittlungen auf.

Auch bei ComRoad fand ich im Vorfeld des Börsengangs etwas ähnlich Auffälliges: das „Vorstand-Wechsel-Dich-Spiel" von Bodo Schnabel und seiner Frau Ingrid. Als die Aktiengesellschaft 1995 gegründet wurde, war er Vorstand, sie Aufsichtsrätin. Zwei Jahre später tauschten sie ihre

Rollen, um dann im Jahr des Börsengangs wieder die ursprüngliche Konstellation einzunehmen. „Ich hatte einen Beratervertrag mit einer größeren Firma, durch den ich Einkommen bezogen habe. Als der auslief, wurde ich wieder Vorstand und meine Frau Aufsichtsrätin", bemerkte Schnabel mir gegenüber. „Ich habe zwar die Geschäfte geführt, aber nicht offiziell als Vorstand auftreten können."

Vielleicht hatte der Wechsel aber einen anderen Grund: Im März 1998 verurteilte das Amtsgericht München Schnabel wegen Konkursverschleppung. Es könnte sein, dass er deswegen zum Beispiel für ein Jahr nicht Vorstand sein durfte. Von diesem Verfahren erfuhr ich allerdings erst Jahre später. Bei meinen Recherchen im November 1999 entdeckte ich jedoch andere Dinge, die Warnlampen bei mir aufleuchten ließen. Schnabel hatte offenbar ein Faible für Firmenänderungen. Nicht einmal das Handelsregister schien immer durchzublicken. Ich fand einen Brief, in dem Schnabel sich sogar veranlasst sah, der Behörde zu erklären, dass sich der Name einer Gesellschaft nicht geändert hatte: „Wir firmieren nach wie vor unter Solid Computer Entwicklungs & Service GmbH."

Diese Solid Computer hatte der damals 30-jährige Schnabel im August 1981 gegründet. Der gebürtige Hassfurter hatte mit Anfang zwanzig das Studium an der Technischen Universität München abgeschlossen und dann bei verschiedenen Informationstechnologieunternehmen wie Data General gearbeitet, wo auch sein Partner Hartmut Schwamm tätig gewesen war. Der Elektrotechniker stieg 1984 im Alter von 34 Jahren als Gesellschafter und Mitarbeiter bei Solid in Oberschleißheim bei München ein. Die gelernte Bürokauffrau Ingrid Schnabel arbeitete dort als Sekretärin. Die Firma importierte Computerprodukte aus den USA, hatte mehrere Niederlassungen in Deutschland und Schwesterunternehmen im Ausland. Die Buchhaltung erledigte die Kanzlei des Steuerberaters Manfred Götz aus Schweinfurt, dem späteren Aufsichtsrat von ComRoad.

„Schon damals wurde mit Zahlen jongliert", erfuhr ich von Leuten, die Schnabel und sein Team aus dieser Zeit kennen. Auch bei Solid seien Umsätze überhöht angegeben worden. Schnabel allerdings bestreitet das und andere Vorwürfe um Ungereimtheiten: „Gerede von Leuten, die konkurrierende Firmen aufbauen wollten. Bei Solid war alles solide." Den Firmengründer beschrieben Personen, die ihn damals kannten, als Schlitzohr und „Mensch ohne Skrupel", Hartmut Schwamm als „die graue Eminenz", die wie Pech und Schwefel mit Schnabel zusammenhielt. Mit Mitarbeitern sei Schnabel demnach nicht zimperlich umgesprungen, Gehälter seien manchmal monatelang ausgestanden und Gerichtsprozesse geführt worden. Auch bei Lieferanten sei er mit seiner Zahlungsmoral angeeckt.

Ein Insider schilderte mir, wie Schnabel Geld aus den Firmen abgezogen haben soll: Er habe zum Beispiel Rechnungen von einer eigenständigen Niederlassung im Ausland oder der Marketingfirma seiner Frau an Solid Computer in Deutschland, also in irgendeiner Form mit ihm verbundenen Firmen, stellen lassen, etwa für Softwareentwicklung und Consulting. Die Außenstände seien bezahlt worden. Das Geld wäre damit aus dem Unternehmen auf andere Konten geflossen, ohne dass unbedingt eine entsprechende Gegenleistung erbracht worden wäre. „Wer kann schon prüfen, ob da wirklich Marketing gemacht wurde oder was das für eine Software war, die die Kollegen da programmierten", erklärte der Unternehmenskenner. Er erinnert sich, dass Solid Computer Anfang 1996 einen Vergleichsantrag stellte. Die Lieferanten verzichteten auf einen Großteil der Forderungen. Die dafür vereinbarten Abstandszahlungen stoppte Schnabel jedoch nach kurzer Zeit. „Ware hat Solid Computer ab diesem Zeitpunkt natürlich nur noch gegen Vorauskasse erhalten", sagte mir der Insider.

Mitte des Jahres hätten nach seinen Angaben fast alle Geräte von Solid über Nacht plötzlich neue Inventar-Aufkleber von ComRoad bekommen und seien damit offenbar an die andere Gesellschaft übertragen worden. Bezahlt hat ComRoad laut Emissionsprospekt nur für Lizenzen und Software, die im Oktober 1995 von Solid übernommen wurden. Es könnte sein, dass die damals frisch gegründete Gesellschaft auf diese Weise billig an notwendige Ausstattung für den eigenen Geschäftsbetrieb kam, indem Solid die Leistungen von Lieferanten bezog, aber nicht oder nur zum Teil bezahlte und günstig an ComRoad weiterreichte.

Fünf Tage vor einem Antrag auf Eröffnung des Konkursverfahrens wurde Solid Computer Ende November 1996 in RST Computer umbenannt. Der „Platow Brief" schrieb später, es werde gemutmaßt, dass Schnabel „diese Firma faktisch vor die Wand fuhr und Geschäftspartner noch jetzt an offenen Forderungen leiden". Bodo Schnabel gab ein spitzfindiges Dementi gegenüber dem Börsenbrief: „Ein Konkurs einer Solid Computer GmbH ist mir nicht bekannt." Die ehemalige Solid Computer, die er bei der Konkurseröffnung als Geschäftsführer vertrat, hieß zu diesem Zeitpunkt ja RST. Da Solid/RST schon 1995 überschuldet gewesen war und von Februar 1995 bis Oktober 1996 Arbeitnehmerbeiträge zur Sozialversicherung nicht pflichtgemäß abgeführt wurden, musste sich Schnabel später vor Gericht verantworten und wurde zu einer Geldstrafe von 90 Tagessätzen zu 100 DM verurteilt.

Solid-Computer-Kunden erhielten allerdings weiter wie gewohnt Rechnungen für die lukrativen Wartungsverträge, die Solid an Land gezogen hatte – komischerweise in etwa ab Jahresende 1996 auf Papier mit dem Briefkopf „Solid Service". Das Logo mit den bunten schrägen Streifen und überhaupt die ganze Gestaltung des Briefpapiers war dem von „Solid Computer" verblüffend ähnlich. Die Absenderadresse war die gleiche wie vorher, aber am Fuß des Briefes stand, in kleiner Schrift die Handelsregisternummer, Bankverbindung und Firmenbezeichnung der Information Storage GmbH. Deren eigentliches Logo war jedoch viel kantiger und glich dem Solid-Kopf kein bisschen.

Geschäftsführer dieser Gesellschaft waren Ingrid Schnabel und Hartmut Schwamm, der als Serviceleiter bei Solid auch für diese Wartungsverträge verantwortlich gewesen war, wie ein Insider sich erinnert. Er bezeugt, dass Schwamm das Vorgehen kannte, mit dem Gläubigern der Zugriff auf die Einnahmen von Solid Computer verwehrt wurde. Information Storage zahlte Solid zwar eine Pauschale für die übernommenen Verträge, Kunden wurden aber nicht darauf hingewiesen, dass ihr Vertragspartner in Konkurs gegangen war. Eine Behörde aus Rheinland-Pfalz fragte verwundert nach: „Wir bitten um Mitteilung, ob ein Betriebsübergang auf Solid Service erfolgt ist."

Die Gesellschaft, die wirklich dahinter steckte – Information Storage –, gab es allerdings auch nicht mehr lange. Sie wurde 1998 auf ComRoad verschmolzen, das Unternehmen, mit dem Schnabel sein Meisterstück, einen Börsengang, vorhatte. Die passende Story hatte er schon. Experten bescheinigten der Verkehrstelematik, der Übertragung von Informationen von und zu Fahrzeugen, phantastische Wachstumsaussichten. Schnabels Mitarbeiter entwickelten einen Bordcomputer zum Einbau in die Fahrzeuge und Software zum Betrieb der Computerserver, die als Telematikzentrale dienten. Darüber ließen sich – zumindest in der Eigenwerbung – Navigationsdienste, Informationen über den Verkehr, das Wetter und die Börse, Nachrichten, E-Mails und Ähnliches in ein Fahrzeug übertragen. Schon im Gründungsjahr 1995 stellte ComRoad den ersten Prototypen vor, der bei Solid Computer entwickelt worden war. Im Jahr darauf nahm das Unternehmen die „erste Telematikzentrale Deutschlands" in Betrieb.

„ComRoad war der einzige Aussteller, der einsatzbereite Online-Verkehrstelematik-Services zeigen konnte", brüstete sich das Unternehmen nach einem Weltkongress 1997. „Ob Online-Navigation in Deutschland, Flottenmanagement in der Schweiz, Diebstahl- und Notfallschutz in Italien, Griechenland, USA oder Steuerung einer Polizeiflotte in Indien – ComRoads Verkehrstelematik-Produkte haben sich international im Einsatz bewährt." Zumindest in Deutschland traf das nicht so ganz zu: Der ADAC bezog als einer der ersten Kunden die neuartigen Bordcomputer, war aber nicht zufrieden. Es kam zu einem Rechtsstreit. Auf meine Nachfrage sagte Schnabel: „Die Zulassung hat dem ADAC nicht gefallen." In Wirklichkeit soll es aber technische Probleme gegeben haben. Auch andere Kunden aus der Frühzeit berichteten mir, das System habe nicht richtig funktioniert.

Dennoch plante das Mikrounternehmen spätestens seit Ende 1997 seinen Börsengang. Es peilte Ende 1998 den Börsengang am Neuen Markt oder in den USA an, obwohl es bis dahin gerade mal eine Viertelmillion Euro Umsatz im Jahr gemacht hatte. Es präsentierte sich dabei als deutsch-amerikanisches Gemeinschaftsunternehmen. Formal war das auch so, neben dem Ehepaar Schnabel und der minderjährigen Tochter hielt eine ComRoad Inc. aus den USA Anteile. Hinter ihr steckten freilich die Schnabels selbst: Ingrid hatte ihre Firma Rentac Corp. in Atlanta, Georgia, dafür einfach in ComRoad Inc. umgetauft. Die Gesellschaft zog später nach Palm Beach in Florida um, nicht weit von dem Ort, wo die Schnabels ihr Anwesen haben.

Später übernahm Bodo Schnabel alle Anteile der ComRoad Inc. „Mit dieser Transaktion fassten die Aktionäre der ComRoad AG alle ihre unternehmerischen Aktivitäten in einer Gesellschaft zusammen", hieß es dazu im Emissionsprospekt. Nicht ganz: Ingrid Schnabel behielt eine Gesellschaft, die auch Geschäfte mit ComRoad machte. Die Anleger erfuhren davon aber nichts. ComRoad versorgte die Öffentlichkeit bereits vor dem Börsengang lieber mit grandiosen Visionen als mit kritischen Details.

Branchenkenner erinnern sich, dass sich das Unternehmen auf Messen wie der Computerausstellung CeBIT auf unverhältnismäßig großen Standflächen präsentierte. „Die Verkehrstelematik wird sich ähnlich wie das Internet explosionsartig entwickeln, wenn Fahrzeug-Endgeräte, Flottenmanagement-Zentralen und Verkehrstelematik-Dienste zu erschwinglichen Preisen zur Verfügung stehen", behauptete das Unternehmen, das mittlerweile in die Edisonstraße 8 in Unterschleißheim gezogen war. „ComRoad ist auf dem besten Wege, sich zu einem der Marktführer im Weltmarkt für Verkehrstelematik-Produkte zu entwickeln." In Deutschland werde sich die Zahl der Telematiknutzer jedes Jahr etwa verdoppeln und im Jahr 2001 schon zehn Millionen betragen.

Bis dahin war es noch ein weiter Weg. 1998 hatte ComRoad angeblich bereits Servicezentralen in zehn Länder, verzeichnete aber erst 200 Endkunden. Für einen Börsengang war das zu wenig. Dafür wurde nun das erste Halbjahr 1999 ins Auge gefasst. Da gab es nur ein Problem: Um die Finanzen stand es gar nicht gut. Dem Unternehmen ging das Geld aus. Ohne Mittelzuflüsse würde es den angepeilten Termin für den Sprung aufs Parkett gar nicht erleben.

Sieben Beinahe-Millionäre gehen leer aus

So eine Chance kommt nicht oft im Leben. Ein hohes Risiko war damit verbunden, klar, aber die Sache klang verlockend: Im Handelsblatt las Manfred Plenagl im März 1998 eine Anzeige des Telematikunternehmens ComRoad. Die Aktiengesellschaft war auf der Suche nach Investoren, später plante sie den Gang an den Neuen Markt. Ein Unternehmen aus dieser Zukunftsbranche war bis dahin nicht an einer deutschen Börse gelistet, das versprach Aufmerksamkeit in den Medien und bei den Anlegern – und ein gutes Geschäft für diejenigen, die sich schon vor dem Sprung aufs Parkett beteiligt hatten.

Im Prospekt dieser ersten Emission der Gesellschaft wurden 60 000 Aktien angeboten, eine Aktie zum Nennwert von fünf DM kostete 50 DM. Das entsprach einem Emissionserlös von drei Millionen DM. Aufsichtsrat Bodo Schnabel drängte in seinem Begleitbrief zu den Zeichnungsunterlagen zur Eile: „Wir würden uns freuen, wenn Sie sich schnell entscheiden können." Vier Wochen später legte er nach: Auf Grund der großen Nachfrage werde die Gesellschaft die Aktienplatzierung Ende Mai abschließen.

Plenagl griff zu. Er übersandte einen Zeichnungsschein, überwies das Geld auf das angegebene Konto und bekam dafür eine Bestätigung der Gesellschaft. Von überbordendem Interesse konnte freilich keine Rede sein. Ihm hatten es nur sechs Privatinvestoren und Hartmut Schwamm gleichgetan. Die Sieben übernahmen zusammen 1800 Aktien für 90 000 DM. Das entsprach gerade mal 1,8 Prozent des Grundkapitals an ComRoad. Die Ungeduld Schnabels hatte in Wahrheit auch einen anderen Grund. Das Unternehmen brauchte Geld. Dringend. Im Jahr 1998 würde es wie schon in den Vorjahren Verluste erzielen, und das finanzielle Polster war ohnehin dünn.

Eigentlich hätte dem Management also daran gelegen sein müssen, die Kapitalerhöhung schleunigst ins Handelsregister eintragen und damit wirksam werden zu lassen. Bei vergleichbaren Maßnahmen hatte ComRoad für die gesamte Prozedur vom Beschluss bis zum Eintrag rund zwei Monate gebraucht. Doch diesmal trödelten die Verantwortlichen seltsamerweise herum. Familie Schnabel und Hartmut Schwamm hatten die restlichen 52 800 Aktien aus der Kapitalerhöhung übernommen. Ihr Geld trudelte erst den Sommer über und bis in den Spätherbst auf dem Konto ein. Dabei kamen sie ohnehin viel günstiger weg als die angeworbenen Privatinvestoren. Sie zahlten nur 10 DM pro Anteilsschein, den Neulingen hatten sie den fünffachen Preis abgeknöpft – nur Hartmut Schwamm musste für einen kleinen Teil seines Neubestandes ebenfalls 50 DM locker machen.

Erst am 20. November 1998 schickte der Notar die Unterlagen endgültig an das Registergericht, jedoch ohne Erfolg. Denn die Altaktionäre, eigentlich bereits erfahren mit Kapitalerhöhungen, hatten Fehler gemacht. Der Notar hatte dem Unternehmen zwar ein Muster für einen Zeichnungsschein als Vorlage gegeben, aber daran hielten sie sich diesmal nicht. Sie machten keine Angabe über den Zeitpunkt, ab dem die Zeichnung unverbindlich werden würde. Damit entsprachen die Scheine nicht den gesetzlichen Vorschriften. Außerdem fehlten noch 5000 DM der erforderlichen 740 000 DM auf dem Konto. Mitte Dezember reichte der Notar die neuen Exemplare der Altaktionäre in korrigierter Fassung ein, die jeweils ein Datum vom Frühjahr 1998 trugen, auch die fehlenden 5000 DM waren eingebucht. Langsam wurde die Zeit knapp, denn die Frist für die Eintragung lief Ende Januar 1999 ab.

Seltsamerweise vermasselten die Altaktionäre die Sache erneut. Zehn Tage vor Ablauf der Zeit schickte Ingrid Schnabel als Vorstand dem Registergericht eine Bescheinigung über die abgeschlossene Kapitalerhöhung. Leider vergaß sie, die ebenfalls nötige Unterschrift des Aufsichtsratsvorsitzenden, ihres eigenen Ehemanns Bodo, einzuholen. Die wurde erst Mitte Februar nachgeliefert – aber erneut hatten die Unterlagen einen Haken: Die Deutsche Bank, die das Kapitalerhöhungs-Sonderkonto führte, bestätigte in ihrem Schreiben für den Vorstand zur Vorlage beim Notar Ingrid Schnabel die Eingänge des Geldes und dass „diese endgültig zu Ihrer freien Verfügung standen". Was sollte diese Formulierung heißen? Auf einem solchen Sonderkonto für eine Kapitalerhöhung muss das eingezahlte Geld bis zum Abschluss der Maßnahme parken, damit es dann zur Verfügung steht. Offenbar war das hier aber nicht der Fall, denn die Bank benutzte die Vergangenheitsform. War etwas damit passiert? War es abgehoben, beliehen, verpfändet, abgetreten worden? Angesichts der finanziellen Schieflage ComRoads wäre das vorstellbar: Die Bilanz zum 31. Dezember 1998 wies einen nicht durch Eigenkapital gedeckten Fehlbetrag von rund 300 000 DM aus. Entnahmen von Einlagen auf einem solchen Konto sind aber problematisch. Das Registergericht hätte die Kapitalerhöhung gar nicht eintragen dürfen, wenn das Geld zu diesem Zeitpunkt wirklich nicht zur freien Verfügung des Vorstands stand.

Ohnehin war nun die Frist abgelaufen. Die Maßnahme war endgültig gescheitert. Das bemerkten die Wirtschaftsprüfer der KPMG im Februar 1999. Anfang April gab das Registergericht bekannt, dass es keine Eintragung vornehmen würde. „Ich hatte es noch nie erlebt, dass eine Kapitalerhöhung zurückgewiesen wurde", sagte der Notar über die ungewöhnlichen Vorgänge, die ihm später im Vorfeld des Börsengangs einen unschönen Disput mit der Emissionsbank Concord Effekten einbrachten, so dass er sich gezwungen sah, seine Verschwiegenheit aufzugeben und sich zu verteidigen.

„Gegen Ende April wussten wir, dass die Sache nichts wird", sagte Bodo Schnabel später zu mir. Die Privatinvestoren erfuhren im Frühjahr 1999 aber nicht, dass sie gar keine Aktionäre geworden waren. Das Unternehmen verhielt sich überhaupt merkwürdig still. „Ich habe noch keine einzige Info zu Ihrem Unternehmen in diesem Jahr erhalten", bemängelte einer der verhinderten Aktionäre in einem Brief im Mai und erinnerte daran, dass er ein Jahr zuvor Aktien gezeichnet hatte. Der Antwortbrief von Bodo Schnabel vom 11. Mai fiel kurz aus: „Der Börsengang der ComRoad AG im Segment Neuer Markt ist im November 1999 geplant." Kein Wort davon, dass die Beteiligung geplatzt war. (Als ich Schnabel Monate später nach diesem Brief fragte, behauptete er sogar: „Dieses Schriftstück gibt es nicht." Er habe im Mai noch gar nicht gewusst, wann der Börsengang stattfinden werde.)

Manfred Plenagl besuchte die ComRoad-Büroräume Mitte April persönlich. Bodo Schnabel gab ihm Informationen zu den Geschäftszahlen. Die KPMG sei gerade im Haus, und alles sehe sehr gut aus, auch für den geplanten Börsengang. Von der fehlgeschlagenen Kapitalerhöhung erzählte er nichts. Mitte Juni schrieb er Plenagl noch in einer E-Mail: „Der Börsengang wird sich leider auf November verschieben. Zur Zeit verhandeln wir über eine Zwischenfinanzierung mit der 3i [einer großen Risikokapitalgesellschaft, Anm. d. A.] und Hypovereinsbank."

Zu diesem Zeitpunkt hatte er die sieben Privatinvestoren längst ausgebootet. Denn eine Woche zuvor hatte die Gesellschaft eine neue Kapitalerhöhung beschlossen. Der Umfang war der Gleiche: Wieder sollte das Grundkapital von 200 000 DM auf 500 000 DM steigen. Wieder ging es um 60 000 Aktien zu einem Nennbetrag von fünf DM. Die unfeinen Unterschiede: Diesmal würde auch der Ausgabepreis nur fünf DM betragen, also nur ein Zehntel dessen, was die Privatinvestoren wenige Monate zuvor gezahlt hatten. Diesmal waren nur das Ehepaar Schnabel und Hartmut Schwamm zur Zeichnung zugelassen. Und diesmal hatten die Altaktionäre keine Probleme damit, die Formvorschriften einzuhalten. Schon zwei Monate später war das Ganze im Handelsregister vermerkt.

Bodo Schnabel hatte eine Erklärung parat: Wegen des akuten Eigenkapitalmangels habe alles ganz schnell gehen müssen, da sei keine Zeit gewesen, die Privatinvestoren mit ins Boot zu holen. „Außerdem bewegte sich unser Kapitalbedarf nun in Regionen von zwei bis drei Millionen DM und nicht mehr bei 90 000 DM." Umso erstaunlicher, dass die Aktien nun zu einem viel günstigeren Preis abgegeben wurden. Damit spülte dieser Schritt nur 300 000 DM in die ComRoad-Kassen, weniger als die Hälfte als bei der fehlgeschlagenen Kapitalerhöhung. Das war eigentlich unlogisch.

Die Altaktionäre sicherten sich damit Anteile zu einem günstigen Preis und mussten nichts davon mit den Privatinvestoren teilen. Im Sommer und Herbst stiegen die spätere Emissionsbank Concord Effekten und die Beteiligungsgesellschaft TFG mit insgesamt knapp sieben Millionen DM bei ComRoad ein und erhielten dafür rund neun Prozent der Aktien. Wären die Privatinvestoren Aktionäre geworden und ebenso behandelt worden wie die Schnabels und Hartmut Schwamm, wäre ihr Anteil kurz vor dem Börsengang schon mehr als drei Millionen DM wert gewesen. Ein gutes Jahr später, nach dem Sprung aufs Parkett, wäre ihr Paket gar mehr als 25 Millionen DM schwer gewesen. Stattdessen zahlte ihnen die Gesellschaft im Sommer 1999 schlicht den Einsatz von 90 000 DM mit acht Prozent Zinsen zurück. Die Investoren hatten einem finanziell klammen Unternehmen Kapital bereitgestellt und den Totalverlust ihres Einsatzes riskiert – und zur Belohnung erhielten sie nicht viel mehr als das, was eine Anlage in sichere Anleihen abgeworfen hätte.

War das Ganze nur das Ergebnis unglaublich unglücklicher Zufälle? Oder hatten die Altaktionäre etwas nachgeholfen? Die Privatanleger fühlten sich jedenfalls getäuscht. Bodo Schnabel wies das strikt von sich: „Wir haben die Anleger nicht geprellt. ComRoad selbst ist durch den

Vorgang geschädigt worden." Und wenn doch, waren die Altaktionäre selbst auf die Idee gekommen, wie sie das anstellen könnten, oder hatte ihnen jemand Tipps für die juristisch kniffligen Fragen gegeben? Der Emissionsberater und spätere Aufsichtsrat von ComRoad, Andreas Löhr, etwa rät in seinem Buch zum Thema Börsengang: „Geben Sie nicht maßgebliche Gesellschaftsanteile bereits vor dem Börsengang zu relativ (sehr) niedrigen Konditionen ab."

„Die Berater von KPMG haben uns geraten, das Geld auszuzahlen", behauptete Schnabel. Welche Hinweise und Tipps die Gesellschaft ihm gab und inwieweit sie nur nach den Vorgaben von ComRoad handelte, lässt sich nicht nachprüfen, sie selbst äußerte sich nicht dazu. Fest steht, dass sich die KPMG Treuhand & Goerdeler, heute Beiten Burkhardt Goerdeler, um die Rechtsfragen der ComRoad AG kümmerte. Von KPMG stammten auch Entwürfe für Protokolle von Hauptversammlungen, auf denen diverse Kapitalerhöhungen beschlossen wurden. Die faxte sie ComRoad im Voraus zu und ließ nur bei der Uhrzeit für den Anfang und das Ende dieser Veranstaltungen Lücken, die dann von Hand ausgefüllt wurden. Dank der Vorarbeit gelang es den Teilnehmern, innerhalb von nur zehn Minuten 14 Tagesordnungspunkte durchzupauken – so geschehen auf der Hauptversammlung vom 9. Juni 1999, bei der die nicht eingeladenen Privatinvestoren aufs Abstellgleis geschoben wurden.

Als die enttäuschten Anleger rechtliche Schritte prüfen ließen, blieb Schnabel ruhig: Rechtsanwälte von KPMG, Concord Effekten und Juristen bei einer externen „Due Diligence"-Prüfung seien zu dem Ergebnis gekommen, dass ComRoad nichts zu befürchten habe. Manfred Plenagl erinnert sich an ein Gespräch mit einem Rechtsanwalt von KPMG. Der habe ihm gesagt, die Investoren seien selbst schuld, wenn sie nicht nachfragten, ob die Kapitalerhöhung erfolgreich durchgeführt wurde und sie damit auch Aktionäre geworden seien.

Ein Verfahren wegen bewusster Verschleppung einer Kapitalerhöhung wäre rechtliches Neuland gewesen. Die Investoren legten schließlich doch keine gerichtlichen Schritte ein. Sie hätten den beteiligten Personen Vorsatz nachweisen müssen, also dass sie absichtlich Fehler gemacht hatten – eine hohe Hürde, die geschädigten Anlegern auch in anderen Fällen sehr häufig die Chancen auf Schadensersatz verbaut. Nur der Staatsanwaltschaft könnte es gelingen, Belege zu finden, die über die wahren Umstände der geplatzten Kapitalerhöhung Aufschluss geben.

Kurz vor dem Börsengang im November 1999 berichtete der Finanzjournalist Christian Schiffmacher für den E-Mail-Service der Zeitschrift

„Going Public" als Erster über diese Vorgänge. Visionär fragte er, ob damit eine Skandalfirma an den Neuen Markt dränge. Ein solcher Artikel kam denkbar ungelegen für ComRoads Emissionsbanken, die das Unternehmen an die Börse brachten. Dirk Lahmann von Hauck & Aufhäuser sagte, das Unternehmen habe den Vorgang intensiv geprüft und sei zu dem Schluss gekommen, dass der Vorstandsvorsitzende „moralisch und kaufmännisch unangreifbar sei". Der Direktor der Konsortialführerin Concord Effekten wurde mit der Behauptung zitiert, der Notar habe „den entscheidenden Fehler" gemacht. Concord Effekten entschuldigte sich später in einem Brief bei dem Juristen und bemerkte, es stelle sich die Frage, „ob ein Widerruf, der die gesamten Umstände der Kapitalerhöhung näher beleuchten würde, letztlich in Ihrem Interesse wäre".

Für die Anleger wäre das in jedem Fall aufschlussreich gewesen, leider kam es nie dazu. Unfaires Verhalten wiederholt sich gerne. Einige Personen tauchen zum Beispiel immer wieder in der Rubrik „Grauer Kapitalmarkt" in „Börse Online" auf, in der die Zeitschrift vor dubiosen Finanzangeboten warnt. Manchmal ändern sie nicht einmal ihre Masche, mit der sie Investoren erneut Geld aus der Tasche ziehen. Den meisten der Privatinvestoren war allerdings ein Reinfall genug. ComRoad bot ihnen vor dem Börsengang eine Teilnahme an der bevorzugten Zeichnung für Freunde und Familienangehörige an. Viele verzichteten, ihre Freundschaft zu ComRoad hatte sich mehr als abgekühlt.

Was aber war eigentlich aus der Sache mit 3i und der HypoVereinsbank geworden? Warum waren nicht sie, sondern Concord Effekten eingestiegen? „Wir hatten mit drei Investmentgesellschaften gesprochen", erzählte mir Schnabel. „Die anderen beiden wollten ein Mitspracherecht haben, zum Beispiel einen Aufsichtsratssitz. Concord dagegen sagte: ‚Wir machen das ohne Auflagen'." Später wies die Emissionsbank die Anleger ausdrücklich darauf hin, dass sie auf Grund der Mehrheitsverhältnisse im Unternehmen eigentlich nichts zu sagen hatten. Allein Familie Schnabel verfügte nach dem Börsengang noch über 60 Prozent der Stimmen, Hartmut Schwamm über knapp fünf Prozent und Andreas Löhr über knapp zwei Prozent. Concord Effekten selbst störte sich offenbar kein bisschen daran.

Da gab es aber noch ein anderes Problem: 3i hatte unter anderem externe Rechtsanwälte damit beauftragt, das Unternehmen unter die Lupe zu nehmen. Die Anwaltskanzlei CMS Hasche Sigle Eschenlohr Peltzer kümmerte sich um die Frage, ob rechtlich alles in Ordnung war. Das erschreckende Ergebnis des „vorläufigen Berichts" zu ihrem „Due

Diligence Report": Die Experten fanden eine ganze Reihe kleinerer und größerer Probleme. Auf Kritik stießen unter anderem die gesellschaftsrechtliche Konstruktion und die Eigentumsverhältnisse sowie etliche Geschäftsvorgänge, unter anderem mit dem griechischen Partner Wackenhut. Vertriebsverträge seien in sich nicht schlüssig. Einige Regelungen widersprächen dem offiziellen Geschäftskonzept. Das sah Lizenzeinnahmen von den Endkunden vor. Aus einigen Verträgen ging das aber nicht hervor (Siehe auch Seite 181).

Für ein Unternehmen, das eine solche Einschätzung bekommen hatte, musste ein Börsengang schwierig oder gar unmöglich sein. Mitte Juli nahm die Rechtssparte von KPMG in einem Schreiben an Bodo Schnabel Stellung zu dem Bericht von CMS, hielt sich mit Beurteilungen zu den für Anleger besonders entscheidenden Fragen zu den Verträgen und dem Geschäftskonzept zurück. Die renommierte Gesellschaft wusste, dass andere kritische Punkte gefunden hatten – und stand dem Luftunternehmen bei den Vorbereitungen zum Börsengang und danach trotzdem zur Seite. Dazu mochte KPMG auf meine Nachfrage allerdings nichts sagen.

Ein Zwerg hat gigantische Visionen

„Das ist was für dich", sagte ein Kollege bei der Süddeutschen Zeitung zu mir, als er an einem Novembertag 1999 die Themen für die nächsten Ausgaben verteilte. Ich arbeitete damals in der Redaktion für die Finanzseiten des Wirtschaftsteils. Er drückte mir Informationsmaterial über eine ComRoad AG in die Hand, die Ende des Monats an den Neuen Markt gehen wollte. Es war kein Zufall, dass gerade ich das Unternehmen vorstellen sollte. Verkehrstelematiksysteme hatte ich bereits in der Praxis gesehen, in Japan, dem größten Telematikmarkt der Welt. Technisch funktionierte das zwar anders als in Deutschland, aber ich hatte zumindest eine Vorstellung, womit ComRoad Geschäfte machte.

Das war sehr hilfreich in diesen Zeiten. An jedem zweiten Börsentag ging in jenem Jahr ein Unternehmen an die Börse. Unsere Seiten quollen über vor Neuemissionsporträts. Es war kaum Platz, alle Kandidaten vorzustellen. Meist war auch wenig Zeit. Das lag nicht nur am üblichen Termindruck, sondern auch daran, dass die Unternehmen ihre Emissionsprospekte oft auf den letzten Drücker veröffentlichten. Wir schafften es kaum, die dicken Broschüren zu lesen, bevor wir unsere Artikel abgeben mussten. Den Investoren ging es nicht viel besser. Auch sie mussten schnell sein, denn wegen des großen Interesses an Neuemissionen wurde die Zeichnungsfrist der Aktien ab und zu verkürzt.

Ich betrachtete das Informationsmaterial. ComRoad warb damit, der „derzeit weltweit einzige Anbieter einer kompletten offenen Verkehrstelematik-Infrastruktur" zu sein. Fast jedes Unternehmen schnitzte sich eine Marktnische zurecht, in der es „Weltmarktführer", „Technologieführer", „Innovationsführer" oder Ähnliches war. Ein Börsenneuling präsentierte sich sogar als „Weltmarktführer in Europa". Zur Not wurden die Kriterien so eng gefasst, bis nur ein einziges Unternehmen sie erfüllte: der Börsenaspirant selbst. So war das auch hier. Der Clou war aber das Geschäftsmodell: ComRoad suchte sich weltweit Partner, wie Mobilfunkanbieter, Sicherheitsunternehmen, Betreiber von Fahrzeugflotten oder auch Pannen- und Unfalldienste. Sie kauften Telematikzentralen und vermarkteten in ihren Heimatmärkten Bordcomputer und Dienste wie Sicherheitsüberwachung oder Flottenmanagement. Dadurch war es möglich, sehr schnell zu expandieren.

Die Endkunden wie Speditionen mussten pro Auto oder Lkw monatliche Nutzungsgebühren für Navigation, die Übertragung von Nachrichten und so weiter zahlen, von denen ein Teil an ComRoad floss. Je mehr Bordcomputer im Einsatz waren, desto höher fiel dieser Betrag aus. Waren erst einmal Hunderttausende von Fahrzeugen damit ausgestattet, würden dem Unternehmen hohe Einnahmen ohne große Kosten entstehen. Ein Geschäftskonzept mit Multiplikatoreffekt, so etwas liebt die Börse. Eine „schicke Aktie wie aus dem Genlabor eines Investmentbankers", urteilte ein Journalist daher.

Auf einer Karte waren die 15 Länder markiert, in denen ComRoad bereits vertreten war. Die USA zählten dazu, Brasilien, China, Russland und die Türkei. Von der Fläche her war damit ein beeindruckender Teil der Welt abgedeckt. Zu den Partnern zählten der amerikanische Mobilfunkanbieter Omnipoint, das britische Sicherheitsunternehmen Skynet und Global Telematic Service aus Hongkong.

Auf die Informationen aus dem Werbematerial konnte man sich allerdings nicht verlassen. Das hatte ich spätestens beim Börsengang des Fanartikelverkäufers Sunburst gelernt. Er hatte sich zum „unangefochtenen Marktführer" und zur „Nummer eins" mit „Zuwachsraten in dreifacher Höhe" erklärt, ohne darauf einzugehen, worauf sich das bezog. Das war kein Wunder, denn in der Branche war der Vermarkter eigentlich ein kleines Licht.

Sunburst behauptete, noch nie eine Lizenz verloren zu haben, und erweckte den Eindruck, das Unternehmen halte Exklusivlizenzen und vermarkte zum Beispiel die Fanartikel der Band Rammstein. Das traf nicht zu, wie ich aus Gesprächen mit den angeblichen Partnern erfuhr. Ich schrieb, dass kein Vertragsverhältnis mit der Musikgruppe mehr bestand und ausgerechnet eine Übereinkunft mit dem Fernsehsender RTL für Produkte zur beliebten Fernsehserie „Gute Zeiten – schlechte Zeiten" nie zur Ausführung gekommen war. Wenn man auch noch die übrigen Punkte abzog, bei denen sich das Unternehmen zu positiv dargestellt hatte, blieb nicht viel übrig. Nach meiner Ansicht wurden Anleger dadurch in die Irre geführt. Zu meinem Erstaunen teilte mir die Bundesanstalt für Finanzdienstleistungsaufsicht aber mit, da könne man nichts machen.

Bei ComRoad wollte ich wenigstens mit einem Partner reden, um zu überprüfen, ob ich nicht eine zweite Sunburst vor mir hatte. Ich wählte die Briten. „Wir haben eine sehr enge Beziehung zu ComRoad", erfuhr ich aus London. „Der Telematikmarkt ist jetzt wirklich reif für einen Aufbruch." Mit dem großen Autovermieter Avis sei bereits ein Projekt angelaufen, Mietwagen mit Bordcomputern auszustatten. Das entsprach dem, was ComRoad gesagt hatte. Jahre später fand ich heraus, dass ich ausgerechnet den Partner erwischt hatte, mit dem es zu dieser Zeit tatsächlich Geschäfte gab. Die Hongkonger hatten den Betrieb noch gar nicht aufgenommen. Bei der später von der Deutschen Telekom übernommenen Omnipoint hieß es auf meine Nachfrage, es gebe weder einen Vertrag noch eine aktive Geschäftsbeziehung.

Die Wachstumsprognosen des Unternehmens waren so aggressiv, dass sie sogar in der damaligen Euphoriephase aus dem Rahmen fielen. Die Umsatzkurve sah aus wie ein Eishockeyschläger. In den ersten Jahren des kurzen Lebens von ComRoad stieg die Linie kaum merklich an, weil nur magere Erlöse erzielt wurden. Im Jahr vor dem Börsengang vervielfachten sie sich aber von einer halben Million DM auf 4,6 Millionen DM, der Strich schoss nach oben wie der Stiel des Sportgeräts. Das war erst der Anfang einer sensationellen Wachstumsstory, wie „der international führende Verkehrstelematik-Spezialist" in seiner Werbung behauptete. 1999 würden die Umsätze schon 18 Millionen DM und im Jahr 2002 eine Viertel Milliarde DM erreichen. Solche Sprünge stellten sogar die Entwicklung im „weltweit explosionsartig" wachsenden Verkehrstelematikmarkt in den Schatten.

„Wir rechnen mit einem durchschnittlichen jährlichen Ertragswachstum von über 100 Prozent. Damit gehört ComRoad zu den am schnellsten wachsenden Unternehmen der Branche", erzählte Roland Welzbacher von der Emissionsbank Concord Effekten Mitte November 1999 vor Journalisten im Hotel Hessischer Hof in Frankfurt. So entnahm ich das zumindest seinem Redemanuskript, denn ich hatte mir nicht die Mühe gemacht, die Pressekonferenz zu besuchen. ComRoad war kein Unternehmen, dem wir viele Zeilen widmen würden. Das Platzierungsvolumen von 1,3 Million Aktien mit einem Wert von 26 Millionen Euro war gering.

Außerdem führte die kleine Investmentbank Concord Effekten das Unternehmen an die Börse und nicht eines der großen Geldinstitute. Börsenneulinge der etablierten Finanzhäuser genossen einen Vertrauensvorschuss bei uns. Wir nahmen an, dass bei den kleineren eher die Aspiranten landeten, bei denen die Großen kein Interesse gezeigt hatten. Die alteingesessenen Banken hatten einen Ruf zu verlieren und würden daher auf die Qualität ihrer Klientel achten, so dachten wir. Wie naiv. Kleine Häuser bereicherten den Kurszettel zwar in der Tat mit Aktien unreifer Gesellschaften. Im Wettlauf um das größte Kuchenstück im lukrativen Geschäft mit den Börsengängen zeigten aber auch die renommierten Finanzinstitute wenig Skrupel. Den windigen Fanartikelverkäufer Sunburst brachte etwa die Commerzbank an die Börse. Beim skandalumwitterten Augsburger Softwareunternehmen Infomatec war es die Westdeutsche Landesbank. Einige Große hatten allerdings abgewinkt, als der Emissionsberater Andreas Löhr ComRoad bei ihnen vorstellte: „Sie fanden die Emission zu klein oder wollten das Unternehmen erst später bringen", erinnert er sich. Der Börsenbrief „Platow Brief" schrieb unter Berufung auf Finanzkreise, das Original-Exposé von Löhr für die Präsentationen habe inhaltliche Fehler enthalten, die einige Banken zurückzucken ließen.

So fanden schließlich ComRoad und Concord Effekten zueinander. Unter den kleinen Häusern hatte die Bank keinen schlechten Ruf. Kenner der Szene erzählen, Concord habe überdurchschnittlich gut recherchiert, genauer als manche Großbank. Die sprießende Reputation hatte Concord Effekten allerdings selbst wieder lädiert. Mitte November 1999 boten die Frankfurter Aktien von Toysinternational.com an. Der Online-Spielzeughändler aus den USA entschied sich auf dem Höhepunkt der Interneteuphorie nicht für die heimische Technologiebörse Nasdaq und noch nicht einmal für den Neuen Markt in Deutschland. Er ließ sich als erstes US-Unternehmen im Marktsegment für etablierte, mittelständische Unternehmen Smax in Deutschland listen, ein damals kaum beachtetes Börsensegment, in das er von seinem Geschäftsfeld her überhaupt nicht passte. Der Verdacht lag nahe, dass er weder die Zulassungsvoraussetzungen in den USA noch für den Neuen Markt geschafft hatte. Das roch schon drei Meter gegen den Wind nach einem faulen Ei. Als ein Kollege von mir auf Problempunkte hinwies, erinnerte ein Journalist von „Neue Aktien Weekly" an die „Einseitigkeit" meiner Warnung vor Sunburst Merchandising, die kurz zuvor erschienen war. „Redakteure mit Profilierungssucht" nannte er uns: „Zwar ist gerade am Neuen Markt eine kritische Berichterstattung unbedingt notwendig, dennoch darf dies nicht auf Kosten der Objektivität gehen." Entgegen seiner Ansicht tat sie das offenbar auch nicht: Die Aktie von Sunburst machte ihren Eignern nur zeitweise Freude, die von Toysinternational.com gar nicht.

Bei ComRoad waren die Problempunkte nicht so leicht zu entdecken. Die Lektüre des Emissionsprospekts warf allerdings viele Fragen bei mir auf. „Das Eigenkapital der Gesellschaft ist durch Verluste aufgebraucht", vermerkten die Wirtschaftsprüfer von KPMG für das Jahr 1998. „Die Gesellschaft ist damit bilanziell überschuldet." Schnabel rettete das Unternehmen durch eine Rangrücktrittserklärung für eigene Darlehen an die Gesellschaft. Die Wirtschaftsprüfer korrigierten und änderten außerdem die Abschlüsse von 1995 bis 1997. Erst im Oktober 1999 wurden die Zahlen für all diese Jahre festgestellt. Das war unüblich, denn im Gegensatz zu den USA werden vergangene Jahresabschlüsse in Deutschland vor einem Börsengang nicht noch einmal geöffnet. Damit revidierten die Prüfer zum Teil ihre eigene Arbeit, denn mindestens seit 1996 hatten sie selbst die Bücher unter die Lupe genommen.

Merkwürdig niedrig waren die Löhne und Gehälter. Für die fünf festen Mitarbeiter im Jahr 1998 wies ComRoad 405 000 DM aus. Die „durchweg hochqualifizierten Mitarbeiter" mussten sich mit erstaunlich bescheidenen Bezügen zufrieden geben. Noch extremer fiel die Zahl für das Jahr 1997 aus: Da waren für die fünf festen Mitarbeiter gerade mal 144 000 DM verbucht worden. Ich fragte mich, weshalb sie sich mit so wenig Geld abspeisen ließen.

Dafür mussten sie schuften: Selbst inklusive der freien Mitarbeiter hatte die Mannschaft nur ein gutes Dutzend Köpfe. Sie betreute laut Eigendarstellung 15 Partner weltweit, bot ihnen technische Unterstützung und eine 24-Stunden-Telefon-Hotline an, half ihnen bei der Installation und Schulung des Personals und begleitete sie bei der Suche nach potenziellen Geschäftspartnern vor Ort. Außerdem kümmerte sie sich um die Weiterentwicklung der Technik und passte sie an die Anforderun-

gen der Kunden an. Das war ein üppiges Pensum. Die freien Mitarbeiter
waren auch noch über die Welt verstreut, zwei saßen in den USA, drei in
Kroatien, einer in Großbritannien und einer in Hongkong.

Die Emissionsbank Hauck & Aufhäuser bezeichnete das in ihrer
Studie treffend als „schlanke, fast virtuelle Unternehmensstruktur".
ComRoad weise „noch nicht die Strukturen einer typischen Aktiengesellschaft auf", warnte sie. Das war eine elegante Umschreibung für das
Offensichtliche: Das Unternehmen war nicht börsenreif. Im Emissionsprospekt fand sich freilich kein Hinweis auf die embryonale Organisation. Nicht einmal einen Finanzvorstand gab es. „Ferner ist geplant, noch
1999 einen für den Bereich Finanzen und Verwaltung verantwortlichen
Mitarbeiter unter Vertrag zu nehmen", hieß es lapidar. Der Emissionsberater Löhr führte in seinem Buch „Börsengang" ein „ausgefeiltes Finanz-
/Rechnungswesen und -Reporting sowie Controlling" extra als einen
Faktor für die Börsenreife auf. Bei seinem Zögling störte es weder ihn
noch die Banken noch die Börse, dass es so etwas nicht gab.

Der Börsenneuling und die beiden Konsortialbanken erklärten im
Emissionsprospekt, dass ihres Wissens die Angaben „richtig und keine
wesentlichen Umstände ausgelassen sind". Da sie für den Inhalt haften, ist
der Emissionsprospekt im Gegensatz zum Werbematerial die einzige ver-
lässliche Informationsquelle für die Anleger – jedenfalls sollte sie es sein.
Es war daher ein Warnsignal, dass zum Beispiel Sunburst die Broschüre
schon wenige Tage nach dem Börsengang von der eigenen Webseite
nahm.

Wie üblich legten die Verantwortlichen den Anlegern ans Herz, sich
besonders mit dem Kapitel „Risikofaktoren" vertraut zu machen. Es
informierte bei ComRoad aber keineswegs umfassend über Fallen und
Gefahrenpunkte. Immerhin war dem Prospekt zu entnehmen, dass dem
Aufsichtsrat keine einzige Person angehörte, die vom Unternehmen
unabhängig war. Er setzte sich zusammen aus dem Emissionsberater
Löhr, dem Steuerberater Manfred Götz, dessen Kanzlei die Jahresab-
schlüsse für ComRoad erstellte, und Ingrid Schnabel, der Ehefrau des
Vorstandsvorsitzenden. Dass sie auch geschäftliche Beziehungen mit
ComRoad verbanden, weil ihre Firma CM Computer Marketing Ingrid
Schnabel mit Dienstleistungen wie Buchhaltung, Personalverwaltung
und Marketing betraut war, stand nirgends.

Bei einem anderen Punkt verharmloste der Prospekt die wahren Risiken: „Zu keinem wichtigen Lieferanten bestehen für die Gesellschaft
langfristig nachteilige Abhängigkeiten." Kurzfristig war das sehr wohl

der Fall, wie der Vorstand viele Seiten später ausführte: „Weiterhin besteht eine Abhängigkeit von der Produktionsfirma für die Telematik-Endgeräte." Mit einer größeren Produktionsfirma in China sei aber eine Vereinbarung geschlossen worden.

In der Studie von Concord Effekten hieß es unter dem Stichwort „Stärken" außerdem: „Auf der Abnehmerseite besteht ebenfalls keine wirtschaftliche Abhängigkeit von einzelnen Kunden." Das waren gewagte Äußerungen. Mir fiel damals auf, dass die Forderungen aus Lieferungen und Leistungen sowie die Verbindlichkeiten 1998 zwei Dritteln beziehungsweise drei Vierteln der gesamten Bilanzsumme entsprachen. In den Erläuterungen wurde eine Forderung gegenüber einem einzigen Kunden in Höhe von fast drei Millionen DM erwähnt.

Was dahinter steckte, erfuhr ich erst Jahre später: Die angeblich mit der Abwicklung der Geschäfte beauftragte Hongkonger Gesellschaft VT Electronics hatte dem Sicherheitsunternehmen Wackenhut aus Griechenland am 28. Dezember 1998 eine Rechnung über 2,5 Millionen DM gestellt. Mehr als die Hälfte der Umsätze erzielte ComRoad damit angeblich mit einem einzigen Kunden in der letzten Woche des Jahres. Laut Unternehmensdarstellung von Löhr & Cie., der Emissionsberatungsfirma von Aufsichtsrat Andreas Löhr, hatte diese Gesellschaft 1500 Bordcomputer im Jahr 1998 abgenommen, doppelt so viel wie alle anderen Partner zusammen – zumindest auf dem Papier. Wackenhut versicherte aber später, nur zehn Geräte zu Testzwecken gekauft zu haben. Das war damit ein echter Partner, dem hohe Umsätze angedichtet wurden.

Bereits im Jahr 1998 wickelte ComRoad angeblich fast zwei Drittel der Umsätze über den Hongkonger Lieferanten-Kunden VT Electronics ab. Dennoch verlor der Prospekt kein Wort über die Bedeutung dieses Geschäftspartners. Nach den Regeln für Emissionsprospekte müssen Abhängigkeiten von einzelnen Märkten dargestellt werden. Die aus Anlegersicht noch viel heiklere Beziehung zu einzelnen Unternehmen wie VT Electronics und dem angeblichen Großkunden Wackenhut fiel nach Auffassung der Prospektersteller aber offenbar nicht unter diese Pflicht. Die Investoren hatten im Grunde keine Chance, diesen Gefahrenherd von selbst zu entdecken.

Im Emissionsprospekt selbst fand ich nur den Hinweis, dass die unbezahlten Rechnungen fast vollständig auf eine Firma VT Electronics Ltd. in Hongkong entfielen. Das erste und letzte Mal für mehr als zwei Jahre wurde ihr Name, der Schlüssel zum Rätsel ComRoad, in der Öffentlichkeit genannt. Das ahnte ich damals natürlich nicht. Ich unterstrich den

Namen, weil ich es seltsam fand, dass ein asiatisches Unternehmen bei einem finanziell so schwachbrüstigen Unternehmen wie ComRoad aus dem fernen Deutschland Außenstände in Höhe von 2,5 Millionen DM akzeptierte. Aber das war ja deren Problem, dachte ich, fragte nicht nach und vergaß die Firma schnell wieder.

Noch ein Knackpunkt war nur als dürrer Satz im Anhang zu lesen. Er betraf Information Storage, die in ComRoad aufgegangen war: „Durch die Verschmelzung ergibt sich ein gegenüber dem Vorjahr nur eingeschränkt vergleichbares Bild der Bilanz und der Gewinn- und Verlustrechnung." Laut Emissionsprospekt war die GmbH „auf die Vermarktung und den Service von Unix-Systemen und ausfallsicheren Speichersystemen spezialisiert". Diese Produkte würden für die Telematikzentralen benötigt. Die Erlöse waren nicht extra ausgewiesen. Nach meiner Logik mussten sie in der Kategorie „Zentralen" auftauchen. Wie viel der dort ausgewiesenen Summe kam von ComRoad, wie viel von Information Storage?

Ich rief den ehemaligen Geschäftsführer Hartmut Schwamm an.

„Da müssen Sie die Wirtschaftsprüfer fragen, wie das verbucht wurde", erklärte er mir. Die Wirtschaftsprüfer? Sollte das heißen, dass sie den Jahresabschluss erstellt hatten? So etwas ist nicht erlaubt, kommt bei kleinen Unternehmen aber vor. In der Regel legten beide Seiten allerdings Wert darauf, dass die Öffentlichkeit nichts davon mitbekam.

„Mir kommt es nicht auf eine Mark an, ich möchte nur eine Umsatzgrößenordnung wissen. Mir reicht es auf eine Million genau", entgegnete ich. Auch das wusste Schwamm nicht. Ich fand es seltsam, dass der Geschäftsführer gar keine Ahnung von den Zahlen haben wollte. Er verwies mich an Schnabel.

Der konnte mir Auskunft geben: „Information Storage hat etwa einen Umsatz von einer Million DM gemacht." Für GTTS-Zentralen waren aber für 1998 nur Umsätze von knapp 700 000 DM ausgewiesen. Wo war der Rest? Erst auf mehrfache Nachfrage legte der Firmenchef offen, wie die Erlöse verteilt worden waren: Etwa 300 000 DM waren unter GTTS-Zentralen verbucht worden, 600 000 DM unter Fahrzeugendgeräte und 100 000 DM unter Service-Gebühren.

Information Storage hatte nichts mit Bordcomputern zu tun gehabt, trotzdem tauchten Erlöse in dieser Kategorie auf. Ihr Anteil machte fast ein Fünftel dieses Segments aus, das für die Beurteilung von ComRoad wichtig war. Denn der Verkauf vieler dieser Geräte war die Voraussetzung dafür, dass später einmal die gewinnträchtigen Lizenzeinnahmen sprudeln würden. Die Servicegebühren, der zukünftige goldene Esel, waren im Emissionsprospekt nur mit 130 000 DM angegeben. Wenn davon 100 000 DM Nicht-Telematikumsätze waren, blieb fast nichts übrig. In dem Bereich, der den Anlegern den Mund wässrig machen sollte, machte ComRoad also noch so gut wie gar keinen Umsatz. Es gefiel mir ganz und gar nicht, dass Nicht-Telematikumsätze für die Beurteilung des Unternehmens wichtige Rubriken derart aufblähten, ohne dass irgendwo darauf verwiesen wurde.

Der Vertreter der von ComRoad beauftragten PR-Agentur lud mich kurzfristig zu einem Gespräch mit Bodo Schnabel an einem Samstagvormittag nach Unterschleißheim ein, um meine Fragen zu klären. In der Edisonstraße in einem Gewerbegebiet des Ortes war nichts los, auch in dem Bürogebäude nicht, in dem ComRoad eine Hand voll zweckmäßig eingerichteter Räume angemietet hatte. In einem Zimmer saßen mir Schnabel und der Vertreter der PR-Agentur gegenüber. Schnabel unterschied sich von vielen Unternehmenschefs bei Börsenkandidaten aus dieser Zeit. Er trug keinen Anzug und sprach mit einem fränkischen Akzent. Damit wirkte er nicht so aalglatt wie andere. Mit seinem Schnauzer und dem sich lichtenden Haar hatte er auch nichts von den Internet-Whizkids an sich, die mit jugendlichem Überschwang und großen Ideen, aber wenig Erfahrung an den Start gingen. Zwei Stunden lang sprachen wir über die offenen Punkte, die sich bei meinen Recherchen ergeben hatten.

„Hätten Sie im Emissionsprospekt nicht andere Wettbewerber nennen müssen?", fragte ich ihn unter anderem. In meinen Augen gab die Auswahl ein schiefes Bild. Aufgeführt waren unter anderem Telematikdienstleistungsanbieter wie der ADAC. Das war ComRoad doch gerade nicht. Die eigene Zentrale in Deutschland war nur ein Demonstrationsmodell, die Anbieter waren viel mehr Kunden als Wettbewerber. Für die ebenfalls genannten Autohersteller galt das genauso. Bei den Anbietern von Flottenmanagementsystemen und Navigations- und Telematikgeräten fehlten nach meiner Ansicht Unternehmen, die am ehesten mit ComRoad vergleichbar waren, wie GAP aus Oberhaching und OHB Teledata aus Bremen. Schnabel räumte ein, dass man diese Gesellschaften hätte aufführen können.

„Unser Geschäftsmodell ist anders", betonte er aber. Während sich diese Unternehmen hauptsächlich auf Endgeräte konzentrierten, sei ComRoad wegen der zu erwartenden Lizenzeinnahmen eher mit einem Mobilfunkunternehmen vergleichbar. Das leuchtete mir nicht ein, denn der größte Teil des Umsatzes stammte von Bordcomputern, und selbst die Emissionsbanken gingen in ihren Studien davon aus, dass das für Jahre so bleiben würde.

An der Wand waren Koffer aufgebaut, in denen die autoradiogroßen Bordcomputer und die Taschencomputer steckten, die zum Teil als Anzeigegerät dienten. Schnabel führte mir Demonstrationsprogramme vor. Ich war nicht beeindruckt. Die Systeme in Japan hatten viel ausgereifter gewirkt. „Sie haben Glück, dass die Japaner eine andere Technologie verwenden und Ihnen derzeit keine Konkurrenz machen", sagte ich. Der Firmenchef stimmte mir in diesem Punkt zu, bevor er mich verabschiedete.

Die ComRoad-Produkte hatten vor dem Börsengang zwar eine technische Überprüfung durch externe Experten überstanden, Branchenkenner bezweifelten aber, ob sich die Geräte so einfach in Masse herstellen lassen würden. Auch den Markt beurteilten sie nicht so optimistisch wie die Unterschleißheimer. Im Emissionsprospekt verwies ComRoad auf eine Studie einer Unternehmensberatung aus dem Jahr 1999. „Ausgehend von einer derzeit noch vergleichsweise niedrigen Marktpenetration erwartet Roland Berger, dass in 2000 erstmalig erhebliche Marktvolumina im Bereich der Verkehrstelematik erreicht werden."

Als ich einen Branchenkenner darauf ansprach, sagte er: „Roland Berger? Die haben ihre Prognosen doch erst vor ein paar Monaten deutlich zurückgenommen." Ich besorgte mir eine Präsentation der Berater vom Juni 1999. Da klang alles in der Tat nicht so euphorisch: „Das langsame Wachstum des Verkehrstelematikmarktes wird anhalten." Dienstleistungen, das Zauberumsatzfeld ComRoads, das für hohe Lizenzeinnahmen sorgen sollte, würden erst nach dem Jahr 2005 einen signifikanten Marktanteil einnehmen.

Die Kunden seien aber bereit, relativ viel für eine „dynamische Zielführung" mit aktuellen Verkehrsmeldungen zu zahlen, wenn die Informationen besser als kostenlose Quellen für Staumeldungen waren. Da hätte ComRoad eigentlich punkten können, denn diese „Off-Board-Navigation" war ein Clou an dem System: Im Gegensatz zu herkömmlichen Navigationsgeräten lagen die Karten dabei auf dem Server in der Zentrale. Es genügte, dieses Material zu aktualisieren, und alle Kunden hatten stets Zugriff auf den neuesten Stand.

Nur funktionierte die dynamische Zielführung in der Praxis noch nicht. Dazu hieß es im Emissionsprospekt: „Die Berücksichtigung der aktuellen Verkehrslage ist technisch möglich, wird aber bislang in Deutschland wegen fehlender geocodierter Verkehrsinformationen nicht angeboten." In drei der größten Telematikmärkte der Welt hatte das System damit einen schweren Stand: In Japan funktionierte es aus technischen Gründen nicht, in den USA war der von ComRoad verwendete Mobilfunkstandard GSM nicht flächendeckend verbreitet, in Deutschland fiel eines der interessantesten Anwendungsgebiete aus. In anderen Ländern gab es die nötigen Informationen wahrscheinlich genauso wenig

Damit war eines der attraktivsten Elemente nicht verfügbar, das Nutzer dazu bringen konnte, monatliche Gebühren für ein solches System zu zahlen. „Off-Board-Navigation ist noch nicht sinnvoll machbar", sagten Experten sogar. „Dienste mit Vertragsbindung werden vom Markt nicht angenommen." Nicht einmal die Kunden von Luxuswagen bei Mercedes hatten damals großes Interesse an solchen Angeboten gezeigt.

ComRoad hatte sich in den ersten zehn Monaten des Jahres 1999 dennoch famos entwickelt. Der Umsatz war auf angeblich 13,1 Millionen DM in die Höhe geschossen. Dennoch schrieb ich kein Neuemissionsporträt wie üblich, sondern berichtete unter den Überschriften „Vorwürfe gegen Börsenneuling ComRoad" und „Kontroverse um Börseneuling ComRoad" am 26. November 1999 über die ungewöhnlichen Umstände der gescheiterten Kapitalerhöhung vor dem Börsengang, die fehlenden Wettbewerber und die seltsamen Umsätze. Ich befürchtete, dass sich die schönen Prognosen nicht einhalten lassen würden.

Die Börsenneulinge können eigentlich nicht nach Gutdünken Planzahlen erfinden. In der Regel geben die Emissionsbanken „Due Diligence"-Bewertungen in Auftrag, bei denen Experten das Unternehmen und auch die Aussichten überprüfen. Deren Umfang und Tiefe bestimmen sie allerdings selbst. „Wir haben alles Erforderliche getan, um den Börsengang vorzubereiten", sagte auch ein Sprecher von Hauck & Aufhäuser später. Bei der Vorbereitung der Emission seien externe Wirtschaftsprüfer und Anwälte beauftragt worden. Emissionsbanken sind nicht dazu verpflichtet, solche „Due Diligence"-Berichte erstellen zu lassen. Viele tun es dennoch, weil sie für den Inhalt der Emissionsprospekte ihrer Börsenkandidaten haften, wenn sie nicht nachweisen können, dass sie nichts von möglicherweise falschen oder fehlenden Angaben wussten.

Die Bayerische Treuhandgesellschaft, die zu KPMG gehört, überarbeitete und ergänzte im September die Unternehmensplanung für die Jahre 1999 bis 2002. Im KPMG-Verbund waren damit nicht nur rechtliche Problempunkte, zum Beispiel die Widersprüche zwischen Geschäftsmodell und Verträgen, sondern auch die Planzahlen bekannt. Nach den berufständischen Vorschriften sind die Prüfer verpflichtet, Informationen über das Unternehmen und sein Umfeld einzuholen.

Ich hatte den Eindruck, dass bei der Vorbereitung alles ein wenig schnell gehen musste. So findet sich sogar in der Biografie Schnabels ein Fehler im Emissionsprospekt: Dort heißt es, er sei nur bis 1995 Geschäftsführer bei Solid Computer gewesen, was nicht mit den Angaben im Handelsregister übereinstimmt. Anhand der tollen Wachstumsraten errechneten die Emissionsbanken einen Unternehmenswert von etwa 100 Millionen Euro, was mir absurd hoch erschien. Sie waren freilich konservativ im Vergleich zur Emissionsberatungsgesellschaft Löhr & Cie., die gar eine faire Spanne von 382 bis 426 Millionen DM angab.

Es wäre nicht der einzige Fall gewesen, wo schöne Aussichten nicht lange Bestand gehabt hätten. Die Nürnberger Internet-Werbefirma Ad pepper senkte ihre Gewinnprognosen nur sieben Wochen nach dem Börsengang. Beim Computerzulieferer Allgeier dauerte es drei Monate, bis die Umsatzerwartung nach unten korrigiert wurde. Etwas Ähnliches erwartete ich bei ComRoad. Zunächst kam es freilich ganz anders.

Die „Ich finde noch einen Dümmeren"-Gurus

Das Geld auf den Konten der Schnabels vermehrte sich mit einem Schlag um mehrere Millionen Euro: Am 26. November 1999 ging die ComRoad AG an die Börse, und das Ehepaar verkaufte bei dieser Gelegenheit laut Emissionsprospekt Aktien im Wert von 4,4 Millionen Euro. Hartmut Schwamm und Aufsichtsrat Andreas Löhr bekamen demnach 300 000 beziehungsweise 200 000 Euro auf ihren Konten gutgeschrieben. Die Aktie selbst hatte einen mäßigen Start. Der erste Kurs lag nur um 22 Prozent über dem Ausgabepreis. Für die damaligen Verhältnisse war das alles andere als spektakulär. Das war aber zu erwarten gewesen: Nach den Medienberichten über die dubiosen Vorgänge mit den Privatinvestoren hatte die Notierung im vorbörslichen Handel deutlich nachgegeben.

Auch in den folgenden Tagen nach dem Sprung aufs Parkett bewegte sich der Wert nicht stark. Die Analysten großer Bankhäuser ließen ihn links liegen, denn für viele Empfänger ihrer Studien, vor allem Fondsmanager, war die Aktie als Anlageobjekt zu klein. Empfehlungen waren rar. Eine sprach eine Finanzwebseite aus: „Trotz der negativen Presse sind wir für den Wert positiv eingestellt", las ich dort schon kurz vor dem Börsengang.

Mitte Dezember fiel mir dann ein Artikel in der Zeitschrift „Der Aktionär" auf. „Die ComRoad AG könnte einer der Highflyer in den nächsten zwölf Monaten werden", hieß es in der Titelgeschichte, in der das Blatt die „besten Millennium-Aktien" für das nächste Jahrtausend vorstellte. Ein solches Lob für das kleine, unscheinbare Papier – da hatte ich eine Idee: Ich klickte im Internet die Porträts der DAC-Aktienfonds der Fondsgesellschaft Universal Investment durch. Und siehe da: Im DAC-Kontrast-Fonds war ComRoad zu dieser Zeit die fünftgrößte Position. Der Wert hatte damit ein unverhältnismäßig hohes Gewicht. Fast ein Zehntel aller handelbaren Aktien mussten in dem Fonds liegen, schätzte ich. Der Halbjahresbericht wies später in der Tat Bestände in dieser Größenordnung aus.

Bernd Förtsch, Chefredakteur der Zeitschrift „Der Aktionär", beriet die DAC-Fonds – eine Zeitlang bezeichnete er sich sogar als Fondsmanager –, und ihre Depotbank war Hauck & Aufhäuser, eine der Emissionsbanken ComRoads. Finanzinstitute bevorzugten bei der Aktienzuteilung häufig Fonds, mit denen sie in Geschäftsbeziehungen standen. Die Neulinge waren begehrt, weil die Kurse ihrer Papiere häufig schon am ersten Handelstag in die Höhe schossen. Dafür nahmen manche Fondsmanager den Banken auch mal ein dickes Paket einer wenig attraktiven Neuemission ab und halfen so mit, die Aktie erfolgreich zu platzieren. Sie belebten manchmal den Markt durch weitere Käufe und äußerten sich in der Öffentlichkeit positiv über den Wert. Ich vermute, dass es auch bei ComRoad ähnlich gelaufen ist. Kenner der Vorgänge signalisierten mir, dass ich nicht so falsch lag. Der Börsengang sei „in eine schwierige Zeit" gefallen, hörte ich zum Beispiel – obwohl die Kurse am Neuen Markt nach einem Tief im Oktober 1999 im November anzogen. Bodo Schnabel berichtete mir, dass Förtsch für seine Fonds Aktien zugeteilt bekommen habe.

ComRoad war kein Einzelfall: Auch andere kleine Werte waren in DAC-Fonds mit auffällig großen Positionen vertreten. Dazu zählten auch der seltsame US-Spielzeughändler Toysinternational.com und das mittlerweile insolvente und in Betrugsverdacht geratene Softwarehaus Lipro, das ebenfalls der ComRoad-Berater Andreas Löhr an die Börse begleitet hat. Im November 1999, kurz nach dem Börsengang, war Lipro sogar die größte Position im DAC-Kontrast-Fonds.

Das wechselseitige Geben und Nehmen zwischen Fonds und Emissionsbanken kam häufig vor. Bernd Förtsch war sogar Fondsberater und Journalist zugleich. Eine solche Kombination ist problematisch, denn Fonds und Leser haben unterschiedliche Interessen. Bevorzugt eine

Aktion die Fonds, benachteiligt sie die Leser und umgekehrt. Bei Förtsch hatte es den Anschein, dass die Fonds an erster Stelle standen – oder vielleicht sein eigenes Depot: Recherchen von „Börse Online" ergaben, dass Förtsch zum Beispiel persönlich beim Online-Kunsthändler Artnet.com vor dessen Sprung aufs Parkett Aktien weit unter dem Emissionspreis kaufte. Das sei ein ganz normaler Vorgang im Vorfeld eines Börsengangs, sagte der Journalist der „Berliner Zeitung". In Ausgabe 9/99 widmete „Der Aktionär" dem kleinen Unternehmen knapp zwei Seiten, hielt einen „Emissionspreis um 50 Euro" für fair und sah den „Weg in den dreistelligen Kursbereich frei". Den Anlegern riet das Magazin: „In jedem Fall zeichnen!" Wer der Empfehlung folgte, verbuchte fast zwangsläufig Verluste: Die Aktie verlor bereits in den ersten sechs Monaten nach dem Börsengang im Sommer 1999 mehr als drei Viertel ihres Wertes. Selbst im Herbst und Winter 1999/2000 fiel sie, als die Börseneuphorie ihren Höhepunkt erreichte.

Förtsch legte generell ein ausgesprochenes Faible für marktenge Werte wie ComRoad an den Tag, von denen relativ wenige Aktien im Umlauf sind. Mit relativ geringen Kauforders lässt sich ihr Kurs nach oben treiben. Lag eine Aktie bereits im Fonds, und stieg die Notierung nach einer Empfehlung im Heft, wirkte sich das positiv auf das Fondsvermögen aus.

Der ComRoad-Kurs kletterte sogar schon in den Tagen vor Erscheinen der Zeitschrift nach oben. Redakteure von Anlegermagazinen müssen gewöhnlich unterschreiben, vor Erscheinen des Heftes ihr Wissen um die Auswahl der Aktien weder für sich zu nutzen noch an andere weiterzugeben, damit alle Leser die gleichen Chancen haben, eine Empfehlung umzusetzen. Das Heft aus dem fränkischen Kulmbach erhob dagegen die Mehrklassengesellschaft zum Prinzip. „Heiße Aktien-Tips aus „Der Aktionär" 26/99 per Faxabruf bereits 3 Tage vor dem Erscheinungstermin!", verhieß eine Anzeige in der Ausgabe Anfang Dezember, die für das Heft warb, in dem die „Millennium-Aktie" ComRoad vorkam. Die „Vorab-Infos" bekam, wer eine Faxnummer mit der Vorwahl „0190" wählte und bereit war, dafür 2,42 DM pro Minute zu bezahlen.

Das war noch nicht alles, es gab eine ganze Tipp-Industrie. Zu ihr gehörten auch Börsenbriefe wie „Neuer Markt Inside". Förtsch und weitere Redakteure besprachen außerdem Tonbänder, die sich über Telefon-Hotlines für 2,42 DM die Minute abhören ließen. Auch „die erste Live-Börsenhotline Deutschlands" betrieb das Förtsch-Team, wieder mit einer 0190er-Vorwahl. Dafür verlangten sie sogar 3,63 DM die Minute.

Im April 1999 berichtete später der Förtsch-Schüler Markus Frick im „Aktionär" über seine Erfahrungen damit: „Nun wurde ich auf die Aktien von Infomatec aufmerksam. Ich rief die Hotline von Bernd Förtsch an, und dort empfahl er diese Aktie richtig wütend und aggressiv bei einem Kurs von 70 DM", was ihn überzeugt habe. Er stieg ein und war dank dieser und weiterer Börsenerfolge bald Millionär. Später besprach er selbst eine 0190er-Hotline, die laut Eigenwerbung Aktienempfehlungen und „Gerüchte aus den Börsenbriefen" bot.

In seinem Buch „Ich mache Sie reich" schilderte der ehemalige Bäcker seinen Weg zum Wohlstand und zur ersten eigenen Aktie: „Noch im gleichen Jahr, es war 1986, wurde ich auf die Aktie des Flugzeugherstellers Boeing aufmerksam. Im Anlegermagazin „Börse Online" wurde sie sehr positiv beurteilt, und auch andere Fachzeitschriften erwähnten diese Aktie immer wieder." Bei so viel Hellsichtigkeit konnte der Erfolg gar nicht ausbleiben: Die erste Ausgabe von „Börse Online" erschien erst am 6. November 1987.

Das Ringelspiel der Förtsch-Crew blieb nicht verborgen. Ein Leser des „Aktionär" übte Ende Januar 2000 heftige Kritik: „Ihre angeblichen Top-Empfehlungen werden schon Tage vorher über Ihre Hotlines gepuscht", bemängelte er. „Ihr Faxabruf ist für mich der Gipfel der Unverschämtheit. Wieso beziehe ich Ihr Heft, werde aber nur als Leser zweiter Klasse behandelt, da ich nicht bereit bin, für schon bezahlte Informationen nochmals zu bezahlen." Antwort der Redaktion: „Sollte es von Zeit zu Zeit zu „Überschneidungen" kommen, bitten wir dies zu entschuldigen."

Von wegen „von Zeit zu Zeit": Das Wirtschaftsmagazin „Capital" ging im Jahr 2001 der Frage nach, wie Markus Frick sich reich machte: „Überschneidungen zwischen den Empfehlungen auf der eigenen Hotline, der Aufnahme in Musterdepots und privaten Aktienverkäufen gehörten zur Praxis." Am 18. Mai 2000 verkaufte „Der Aktionär" zum Beispiel Aktien des Biotechnologieunternehmens Morphosys aus dem Musterdepot, der Kurs rutschte ab. Frick kaufte für 375000 Euro. Am Tag danach lobte Förtsch den Wert in der 3satBörse, am 22. und 23. Mai pries sie Frick auf seiner Hotline an und stieß die eigenen Papiere an den beiden folgenden Tagen wieder ab – mit 60 000 Euro Gewinn. Ein „noch glücklicheres Händchen" bescheinigte das Blatt dem Bäcker bei Team Communications: Am 17. März 2000 kaufte Frick Aktien im Wert von 1,6 Millionen Euro. Am selben Tag empfahl er sie auf seiner Hotline, und die Abonnenten des Börsenbriefs „Neuer Markt Inside" erfuhren, dass die Aktie „absolut unterbewertet" sei. Im „Aktionär" vom 23. März galt die Aktie als „Schnäppchen". Am 22. und 23. März verkaufte Frick mit 230 000 Euro Gewinn.

„Sein Meisterstück" hat Frick laut „Capital" im Januar 2000 vollbracht: Vom 21. bis 25. Januar kaufte er Aktien der Beteiligungsgesellschaft Sparta. „Wieder ist ihm das Glück hold: Sparta wird Top Tipp im ‚Aktionär'", schildern die Journalisten den Fortgang. Frick riet auf seiner Hotline zum Einstieg – und sich selbst zum Verkauf, mit einem Gewinn von mehr als 1,1 Millionen Euro. „Jeder hat an der Börse die gleichen Chancen", pries Frick bei einem Vortrag Mitte Mai 2002 den großen Vorteil des Aktienmarktes – einige haben aber offenbar noch etwas gleichere als andere. Seinen Zuhörern gab er eine Warnung mit auf den Weg: „Manche geben Aktienempfehlungen aus Eigeninteresse, zum Beispiel in der 3satBörse", erzählte er ihnen. „Da gibt es so viele schwarze Schafe."

Die 3satBörse war einst die Königsdisziplin der „Ich finde noch einen Dümmeren"-Gurus, die Aktien empfehlen und die kursteigernde Wirkung zum eigenen Wohle oder dem ihrer Fonds nutzen. „Skalping", schlechter informierte Anleger skalpieren, heißt die umstrittene Praxis, Aktien vorzukaufen, hochzujubeln und dann abzustoßen, wenn andere aufspringen. In der populären Börsensendung des Fernsehsenders 3sat traten freitags um halb zehn Uhr drei Experten für sechs Monate mit ihren Musterdepots in einen Wettstreit um die beste Performance.

Immer wieder beobachteten Börsenhändler Orders der besprochenen Aktien, oft schon bevor die Sendung begann. Im Anschluss kauften Anleger und trieben die Kurse nach oben. In einem Internetchatboard schrieb ein Nutzer über das System, es gebe nur zwei Möglichkeiten: entweder „bei dem Schneeballeffekt mitmachen und hoffen, dass man noch jemanden findet, der einem das abkauft, was man zu teuer von einem anderen gekauft hat", oder „das Geld bei dem investieren, der den größten Erfolg mit der Kursmanipulation erzielt".

Der Börsenjournalist Egbert Prior wurde durch die Sendung so berühmt, dass vom „Prior-Effekt" gesprochen wurde, um die Kursbewegungen seiner Empfehlungen zu erklären. Er lobte auch Werte, die er sich selbst zugelegt hatte. Sein Nachfolger Bernd Förtsch fiel damit auf, dass er Aktien in den Himmel hob, die in den Portfolios der von ihm betreuten Fonds lagen. Als Förtsch am ersten Freitag im Februar 2000 bei einer neuen Runde des Börsenspiels antrat, kündigte er eine „aggressiv-spekulative Strategie" mit einem Fokus auf „Trend-Titel" an. Eine Woche später nahm er ComRoad auf. Auch die Aktien von D.Logistics, Morphosys und einige andere Werte aus den Fonds stellte er in der 3satBörse vor. Die ComRoad-Aktie war schon in den Tagen vor der Aufnahme kräftig gestiegen. Nach der ersten Woche im 3sat-Depot lag sie mit 30 Prozent, in der vierten Februarwoche sogar mit mehr als 50 Prozent im Plus.

Gelegen kam, dass „Der Aktionär" vom 24. Februar die Aktie zum „Top-Tipp Spekulativ" erkor: Der Telematikspezialist „schickt sich an, zum Global-Player zu avancieren". Das war ein bisschen dick aufgetragen, denn das Unternehmen hatte im Jahr 1999 gerade mal zehn Millionen Euro Umsatz erzielt. In dem Artikel wurde die absurde Bewertung der Aktie deutlich – selbst wenn das Unternehmen die Wachstumsprognosen erfüllt hätte. Der Börsenwert betrug 963 Millionen Euro. Das war fast vierzehn Mal so viel wie der für das Jahr 2001 geschätzte Umsatz von 70 Millionen Euro. Das Kurs-Gewinn-Verhältnis erreichte auf Basis der für 2001 geschätzten Gewinne stolze 114.

Dennoch zog die Redaktion das Fazit, Anleger sollten „sich auf jeden Fall ein paar Aktien ins Depot legen". Die Redaktion versicherte ihren Lesern: „Die Aktie ist – entgegen der Meinung einiger selbsternannter Börsengurus – noch lange nicht überbewertet." Das Kursziel gaben sie mit 400 Euro (splitbereinigt 100 Euro) an, das hätte einem Börsenwert von rund zwei Milliarden Euro entsprochen. „Wir sind als Magazin natürlich aggressiver als alle anderen", sagte Förtsch im November 2000 über die exorbitant hohen Kursziele, für die Förtsch und „Der Aktionär" berühmt waren.

Kurz vor Erscheinen des Artikels hatte die Aktie allerdings bereits mit 251 Euro (splitbereinigt 62,75 Euro) ihr Top für die nächsten Monate überschritten. Sie erreichte damit ihren Höchstkurs Wochen vor dem Börsenindex des Neuen Marktes. Ob es an Verkäufen der Förtsch-Fonds lag, dass sie früher zu fallen begann als der Gesamtmarkt, lässt sich nicht nachweisen, denkbar wäre es. Förtsch warf das Papier in der ersten Aprilsendung mit leichtem Verlust aus seinem 3sat-Depot. „Der Aktionär" riet in der darauffolgenden Ausgabe aber: „Die Aktie von ComRoad gehört in jedes Langfristdepot." In den nächsten Monaten folgten weitere Kaufempfehlungen im Magazin, auf den Hotlines und im Börsenbrief „Neuer Markt Inside".

Anfang März 2000 fand ich zwei aufschlussreiche Tabellen, in denen ComRoad und die Förtsch-Fonds vorkamen. „Börse Online" verglich das Abschneiden verschiedener Aktienfonds und stellte im Feld deutsche Nebenwerte „ein Kopf-an-Kopf-Rennen zwischen dem DAC Kontrast Universal Fonds und dem Multistock Special German Stock vom

Schweizer Bankhaus Julius Bär" fest. Diesen Fonds managte Kurt Ochner, der ähnlich wie Förtsch für seine Vorliebe für marktenge Aktien bekannt war. „Der Aktionär" wiederum stellte eine Rangfolge der vergangenen 50 Neuemissionen am Neuen Markt auf. Die beiden Spitzenreiter: ausgerechnet ComRoad und das Biotechnologieunternehmen Evotec. Sie hatten gegenüber dem ersten Kurs an der Börse um jeweils knapp 700 Prozent zugelegt.

Auch Ochner-Fonds hätten bei der Emission ComRoad-Aktien zugeteilt bekommen, sagt Bodo Schnabel. Genau wie bei ComRoad war der Börsengang von Evotec nicht ganz problemlos verlaufen, wie der „Spiegel" berichtete. Ochner habe die Platzierung gerettet, seine Fonds seien bei der Zuteilung bedacht worden. Da Fonds sich in der Regel mit höheren Stückzahlen engagieren als Privatanleger, bewegen sich die Kurse kleiner Werte durch ihre Orders. Hält ein Fonds bereits einen Gutteil der Aktien aus dem Streubesitz und kauft erneut, kann es sein, dass die Notierung in die Höhe schießt und die Aktie mit mehreren Hundert Prozent Kursgewinn unter den Spitzenreitern in Performance-Tabellen auftaucht. Auf der Hauptversammlung des Medienunternehmens EM.TV verkündete Ochner im Juli 1998 zum Beispiel, ein Drittel aller umlaufenden Papiere liege in den Depots von Julius-Bär-Fonds. Die EM.TV-Aktie wiederum fiel 1998 und 1999 durch eine sehr positive Kursentwicklung auf.

Bei den kleinen Werten des Neuen Marktes, so zitiert der „Spiegel" den Fondsmann Ochner, „reicht eine Order von weniger als einer Million Mark, um den Kurs innerhalb eines Tages um zehn Prozent nach oben oder nach unten zu drücken". Auf Leute wie ihn und Förtsch passte damit ein Spruch in einer Anzeige, die ich im „Aktionär" entdeckte: „Die Kurse von gestern kennt jeder. Er macht die Kurse von morgen." „Er" war in diesem Fall allerdings der junge Börsenjournalist Axel Mühlhaus, der für seinen eigenen Börsenbrief warb und von der Anlegergemeinde nie zu den „Gurus" gezählt wurde.

Förtsch leugnete den Vorwurf des „Frontrunning", also des Vorkaufens, nicht einmal. In einem Interview mit der Zeitung „Tagesspiegel" sagte er im Mai 2000: „Das machen alle in der Branche. Ich kann doch nur eine Aktie empfehlen, die ich für aussichtsreich halte. Und die habe ich dann auch in den Fonds." Er fragte zurück: „Und was ist schlecht daran, andere reich zu machen?" Ja, was eigentlich? Hauptsache, Anleger machen Geld, oder nicht? Leider nicht. Die „Ich finde noch einen Dümmeren"-Gurus pervertieren den Sinn des Aktienmarktes.

Die Börsen dienen dazu, das Kapital jenen Unternehmen zur Verfügung zu stellen, die die beste Verwendungsmöglichkeit dafür haben. Das sind die profitabelsten Firmen oder die mit den besten Wachstumsaussichten. Nach diesen Werten suchen die Anleger, weil sie sich bei ihnen die höchsten Kurssteigerungen oder Dividenden erhoffen. Auf diese Weise wird das Kapital möglichst effektiv eingesetzt, was der ganzen Volkswirtschaft zu Gute kommt. Bei den „Ich finde noch einen Dümmeren"-Gurus sind es aber nicht die aussichtsreichsten Unternehmen, die am besten abschneiden, sondern Firmen mit marktengen Aktien und einem besonders größenwahnsinnigen Management, das bei ihrem Spiel mitmacht.

Der volkswirtschaftliche Nutzen könnte den Anlegern zunächst egal sein. Aber auch für sie gleicht das Investment in Aktien oder Fonds der Gurus einer Zeitbombe. Verpassen sie den rechtzeitigen Ausstieg, sitzen sie schnell auf horrenden Verlusten. Denn das System funktioniert nur in guten Zeiten. Kippen die Kurse, setzt sich eine Spirale nach unten in Gang. Bei marktengen Werten ist das Handelsvolumen pro Tag zu klein, um große Verkaufsorders aufzunehmen. Die Fonds werden ihre Bestände dann nur schwer und mit einem hohen Abschlag los. Nach dem Platzen der Spekulationsblase am Neuen Markt stürzten etliche Ochner-Werte ab. Einige davon nahm zwar das Finanzmagazin „Focus Money" ins Musterdepot auf, doch das verhinderte den Niedergang letztendlich nicht.

Für Ochner war es nicht die erste Erfahrung dieser Art. In den achtziger Jahren betreute er einen Fonds für eine Hamburger Privatbank mit marktengen deutschen Nebenwerten, der ebenfalls durch einen spektakulären Aufstieg und anschließenden Fall auffiel. Nun geschah das Gleiche wieder. Sein Arbeitgeber Julius Bär trennte sich im April 2001 von dem Fondsmanager mit dem umstrittenen Anlagestil. Mehrere Investoren zogen vor Gericht. Sie warfen der Fondsgesellschaft vor, im Verkaufsprospekt nicht auf die hohen Risiken hingewiesen zu haben. Unter ihnen war auch der Musikproduzent Jack White, dessen eigene Aktie selbst zu den „Ochner-Werten" gezählt hatte. Am 22. November 2002 entschied das Landgericht Frankfurt, dass ihm die Fondsgesellschaft 3,5 Millionen Euro Schadensersatz zahlen muss. Erstmals wurde damit eine Investmentgesellschaft wegen Prospekthaftung verurteilt. Julius Bär kündigte Berufung gegen die Entscheidung an.

Die DAC-Fonds der Universal Investment erlebten einen ähnlichen Niedergang wie die Ochner-Fonds. Bernd Förtsch wurde im April 2002 von www.manager-magazin.de in die „Hall of Shame" der größten Geldvernichter in der Fondsindustrie aufgenommen. Förtsch jedoch blieb sowohl Fondsberater als auch Chefredakteur seiner Zeitschrift. Im Internet fand ich einen treffenden Kommentar dazu: „Förtsch ist nicht die Krankheit, sondern nur ein Symptom eines kranken Systems." Bei der Finanzaufsichtsbehörde gingen zwar etliche Beschwerden über die Gurus ein, doch bislang kamen die meisten glimpflich davon.

Als erster Börsenjournalist wurde Egbert Prior angeklagt. Der Staatsanwalt warf ihm vor, er habe in der 3satBörse Insiderwissen ausgenutzt, weil er die Aktien von MobilCom und SCM Microsystems gekauft, in der Sendung empfohlen und dann mit Gewinn veräußert habe und ihm klar war, dass seine Empfehlungen eine kursrelevante Wirkung hatten. Das Landgericht Frankfurt lehnte es aber am 9. November 1999 ab, das Hauptverfahren zu eröffnen. Es argumentierte, eine solche Vorgehensweise sei an sich strafbar – aber nur, wenn der Tippgeber beim eigenen Aktienkauf schon wusste, dass er diese Werte in der nächsten Sendung empfehlen würde. Es sei aber nicht möglich, das bei dem Journalisten zu belegen. Dieser Nachweis werde kaum jemals gelingen, räumten die Richter ein, aber das Gesetz verbiete es nun einmal nicht, empfohlene Aktien selbst zu besitzen. Das müsse der Gesetzgeber ändern, wenn ihm die Verhinderung solcher Vorkommnisse wichtig sei. Er tat es nicht: Der fragliche Paragraph 14 Wertpapierhandelsgesetz blieb bislang unangetastet.

„Strafrechtlich relevant ist die umstrittene Praxis nur bei falschen Tatsachenbehauptungen", sagt Harald Petersen von der Schutzgemeinschaft der Kleinaktionäre. Genau das warfen die Ermittler Prior in einem anderen Fall vor, als er in der Börsensendung über Pläne für Firmenaufkäufe beim Medienunternehmen EM.TV sprach. Gegen eine Zahlung von 9000 DM an eine gemeinnützige Einrichtung stellte das Gericht das Verfahren ein. Nur Prior geriet mehrmals ins Visier der Justiz, auch wenn die Aktionen anderer Börsenjournalisten seinen eigenen in nichts nachgestanden haben dürften. Die Gewinnchancen für die Gurus sind groß, die Gefahr einer Bestrafung erscheint vernachlässigbar. Kein Wunder, dass sie diese Situation ausnutzen.

Nur einer ging offenbar zu weit: Die Staatsanwaltschaft durchwühlte die Büros der Zeitschrift „Der Aktionär" in Kulmbach gemeinsam mit dem Landeskriminalamt und der Finanzaufsichtsbehörde im Herbst 2000, gegen den stellvertretenden Chefredakteur Sascha Opel erhob sie Anklage. Ihm wurden Insiderhandel, Verstöße gegen das Kreditwesengesetz sowie Fälschung von Urkunden zur Last gelegt. Er gehörte dem Anlageausschuss eines Fonds an, beriet weitere Fonds und wusste, dass seine Vorschläge häufig befolgt wurden. Gemeinsam mit einem Bekannten, der angeblich dem Stuttgarter Rotlichtmilieu angehörte, versprach er Investoren quasi sichere Gewinne, wenn sie bestimmte Aktien kauften, so der Vorwurf. Die würden danach massiv im „Aktionär" empfohlen. Die Investoren könnten dann mit einem hübschen Gewinn aussteigen, wenn die Leser der Empfehlung folgten. Auf eigene und fremde Rechnung kauften er und sein Kumpan selbst diese Aktien und erzielten dabei Gewinne von knapp 60 000 Euro. Im September 2002 wurde er als erster Börsenjournalist wegen Insiderhandels zu einem Jahr Haft auf Bewährung verurteilt.

Sein ehemaliger Chef Bernd Förtsch schrieb im April 2002 unter der Überschrift „Dem Schwindel aufgesessen" über den Fall ComRoad: „Selbst Börsenmagazine, die weder über die Funktion noch über die Stellung eines Wirtschaftsprüfers verfügen, sind in dieser Situation überfordert." Er habe daher kein Problem damit einzugestehen, dass sein Blatt die Aktie zum Kauf empfohlen habe, „weil wir eben die geprüften Bilanzen als Maßstab unserer Bewertung herangezogen haben". Das war nicht der Punkt. Selbst wenn die Bilanzen alle gestimmt hätten, wären seine Kursziele aberwitzig gewesen. Sogar der nicht gerade für seine vorsichtigen Äußerungen bekannte Bodo Schnabel hatte auf der Hauptversammlung 2001 gesagt, die Höchstkurse für die Aktie seien wohl auch etwas übertrieben gewesen.

Nach dem Platzen der Spekulationsblase am Neuen Markt und an der Technologiebörse Nasdaq war die große Zeit der Gurus aber ohnehin vorbei. Bodo Schnabel und ComRoad hatten dagegen ihre wahre Glanzzeit erst vor sich.

Ein Qualitätswert erfindet sich selbst

Die Sparkasse Pfaffenhofen erlebte im Mai 2000 einen wahren Ansturm. Mehr als 1000 Besucher kamen zu ihrem Wirtschaftsforum „Neuer Markt". Das Wachstumssegment galt immer noch als heiß. Der Börsenindex Nemax hatte zwar schon im März seinen höchsten Stand erreicht und war seitdem gefallen, aber das betrachteten die meisten Anleger nur als Korrektur. Es war längst noch nicht klar, dass hier Luft aus einer Spekulationsblase wich.

Bei der Veranstaltung stellten sich unter anderem EM.TV und ComRoad vor, zwei Unternehmen aus der Region, die kaum gegensätzlicher erscheinen konnten, aber beide später ins Visier der Staatsanwaltschaft München gerieten. Strahlemann Florian Haffa, Finanzvorstand von EM.TV, war unbestritten Star des Abends. Er verkündete bei dieser Gelegenheit den Deal, der dem Medienunternehmen später beinahe das Genick brach: Nur Stunden vorher war EM.TV bei der Formel-1-Holding SLEC eingestiegen. Der „Pfaffenhofener Kurier" widmete der damaligen Kultfirma den größten Teil des Artikels über die Veranstaltung, ComRoad kam nur am Rande vor, obwohl auch der bodenständig wirkende Bodo Schnabel eine vermeintliche Erfolgsstory zu erzählen hatte. Im Gegensatz zu EM.TV hatte ComRoad noch lange Positives zu bieten.

Während immer mehr Unternehmen am Neuen Markt einknickten, drehte ComRoad im Jahr 2000 richtig auf. Das Unternehmen lebte in der besten aller Welten, jedenfalls nach Darstellung des Firmenchefs. Auf der ersten Hauptversammlung am 8. Juni im Kempinski Hotel Vier Jahreszeiten in München präsentierte Schnabel den Anlegern gigantische Zahlen und ebensolche Aussichten. Verträge mit 25 Partnern waren bereits abgeschlossen, bis zum Jahr 2005 konnten es 150 werden. ComRoad hatte keine Großkunden, von denen das Unternehmen abhängig war, keine direkten Konkurrenten und noch nicht einmal Forderungsausfälle. Ein Umsatzplus von 400 Prozent für das Jahr 2000 sei „mehr als realistisch", da sich der Telematikmarkt mit immer größerer Geschwindigkeit entwickle. Aktienverkäufe von Vorstand und Aufsichtsrat seien nicht geplant. (Kurz nach Ende der Zwangshaltefrist von sechs Monaten nach dem Börsengang hatte sich Schnabel das allerdings anders überlegt: Bereits im August 2000 verkaufte er Aktien im Wert von über 13 Millionen Euro.)

„Unglaublich!", titelte das Magazin „Der Aktionär" Mitte Juni und berichtete über die geplante Erhöhung des Umsatzes von 79 Millionen DM im Jahr 2000 um das 22fache auf 1,75 Milliarden DM im Jahr 2005. Das war in der Tat kaum zu glauben, denn in der Branche wich die frühere Euphorie langsam einer Ernüchterung. Speditionen und andere Fuhrparkbetreiber ließen sich nur zögerlich davon überzeugen, dass sie unbedingt ein Flottenmanagementsystem brauchten. Die Verbraucher fanden zwar zunehmend Gefallen an Navigationsgeräten, nicht aber an den viel umfangreicheren Telematikdienstleistungen. Die Umsätze der Anbieter blieben weit hinter den Prognosen zurück, von Gewinnen sprach erst gar niemand.

Nur ComRoad war anders. Quartal für Quartal übertrafen die Unterschleißheimer ihre ohnehin ambitionierten Wachstumsprognosen vom Börsengang und hoben die Planzahlen sogar noch mehrmals an. Schnabel hatte eine zunächst einleuchtende Erklärung für das Phänomen. In den Verträgen mit den Partnern seien Mindestabnahmemengen vereinbart. Da eine weitere Zusammenarbeit an das Erreichen der Ziele geknüpft war, wurden diese „Milestones" konservativ angesetzt. Lief das Geschäft also nur ein bisschen besser als erwartet, übertraf ComRoad bereits die Planungen. So habe zum Beispiel der erste Auftrag mit dem Hongkonger Partner GTS ein Volumen von 5 Millionen DM statt der üblichen eine Million DM. Vielleicht hatte ich mich ja geirrt mit meiner pessimistischen Einschätzung, dachte ich in der ersten Jahreshälfte 2000.

ComRoad hatte sich auch am britischen Partner Skynet beteiligt, der mit einem großen Autovermieter zusammenarbeitete. „Dadurch eröffnet sich ComRoad alleine durch den Skynet-Kunden Avis ein Markt-Potenzial von 140 000 Fahrzeugen in Europa", verkündete ComRoad zu Beginn des Jahres 2000. „Im laufenden Kalenderjahr wird Avis den Telematik-Service von Skynet/ComRoad bei 24 000 Fahrzeugen in England einführen."

Und das war beileibe nicht das einzig Tolle. Alle paar Wochen kamen neue Partner dazu. Anfang Juni waren es gleich vier auf einen Schlag, darunter ITSA in Südafrika, wie der Telematikanbieter stolz bekannt gab: „ComRoad erwartet durch die neuen Partner Umsätze in zweistelliger Millionenhöhe. Allein der Erstauftrag von ITSA beläuft sich auf rund fünf Millionen DM." Im Spätsommer und Herbst verkündeten die Unterschleißheimer eine Partnerschaft mit Mannesmann Mobilfunk und ASL Auto Service Leasing sowie dicke Verträge über mehr als 50 Millionen Euro in Spanien und der Slowakei beziehungsweise mehr als 25 Millionen Euro in Norwegen und Ägypten.

Die positiven Nachrichten im Monatsrhythmus taten dem Aktienkurs gut. Fondsmanager und Privatanleger wurden zunehmend auf den Wunderwert aufmerksam, der sich so phantastisch gegen den Abwärtstrend stemmte. Während der Börsenindex des Neuen Marktes seinen Zenit längst überschritten hatte, setzte das ComRoad-Papier ab Mitte des Jahres 2000 zu einem neuen Höhenflug an und erreichte erst im Spätherbst den höchsten Schlusskurs seiner Karriere von 64,95 Euro. Das Unternehmen war damit 1,3 Milliarden Euro wert. ComRoad entwickelte sich zu einem der Spitzenreiter am Neuen Markt. Bodo Schnabel nutzte die Gunst der Stunde, präsentierte sein Geschäftsmodell im November 2000 institutionellen Investoren auf einer „Roadshow" und sammelte bei einer Kapitalerhöhung in November 2000 unter Leitung von Concord

Effekten und der HypoVereinsbank 50 Millionen Euro ein. Mitte Dezember gab die Deutsche Börse die Aufnahme in den Auswahlindex Nemax-50 bekannt. Die Aktie war im Establishment angekommen.

Im Jahr 2001 setzte sich der Reigen guter Nachrichten fort. Der TÜV erteilte ein Zertifikat, dass das Unternehmen den Qualitätsstandard ISO 9001 erfüllte. „ComRoad übertrifft Planzahlen im ersten Quartal 2001", „ComRoad erhöht Planzahlen", „ComRoad mit Rekordergebnis", „ComRoad gewinnt zwei neue Partner mit einem Vertragsvolumen von mehr als 40 Millionen Euro", so waren einige der vielen Pressemitteilungen überschrieben.

Irgendwie waren die Zahlen aber zu regelmäßig für mein Gefühl. Trotz hoher Gewinne war der Cash Flow negativ, es floss ständig Geld in hohem Umfang aus der Kasse. Die liquiden Mittel nahmen rasch ab. Bodo Schnabel erklärte den Geldabfluss mit den hohen Wachstumsraten. Um die sprunghaft steigende Produktion der Bordcomputer zu finanzieren, müsse ComRoad mehr Geld vorstrecken, als durch den Verkauf der bereits hergestellten Geräte hereinkomme. „VTech hat eine größere Menge hergestellt", behauptete er zum Beispiel auf der Hauptversammlung für das Jahr 2001. Das Hongkonger Unternehmen habe wegen der Knappheit an Bauteilen Anzahlungen verlangt. Die Forderungen und Anzahlungen seien selbstverständlich besichert.

Die Forderungen und Anzahlungen nahmen aber zum Teil abstruse Höhen im Vergleich zu den Umsätzen an. Mal waren die Forderungen sehr hoch, mal wurden enorme Anzahlungen ausgewiesen, manchmal beides. Ein dicker Batzen der Finanzmittel war damit stets irgendwo auf der Welt, nur nicht auf den Konten des Unternehmens. Im ersten Quartal 2001 wies ComRoad zum Beispiel Forderungen in Höhe von 13,6 Millionen Euro und Anzahlungen über 6,1 Millionen Euro aus. Zusammen überstieg diese Summe den Quartalsumsatz von 14,3 Millionen Euro deutlich. Was wäre, wenn wichtige Kunden nicht mehr zahlten oder ein wichtiger Hersteller in Konkurs ginge? Das Geld wäre weg.

Erstaunlich war auch das Hase-und-Igel-Spiel, das ComRoad technologisch mit der Konkurrenz spielte – jedenfalls auf dem Papier. Bevor die Öffentlichkeit neue Schlagworte wie „Bluetooth" schreiben konnte, posaunte ComRoad per Pressemitteilung heraus, die neue Technologie schon in die eigenen Produkte integriert zu haben. Möglich sei das mit einem „Netzwerk von über 200 hochqualifizierten Telematik-Spezialisten". Ein Institute of Transport Management im britischen Birmingham zeichnete ComRoad mit dem „Award of Excellence" aus. Niemand in der Branche allerdings kannte diese Organisation. Auch auf mehrfache Nachfrage bekam ich keine Informationen von den Briten. Überhaupt ließen sich die tollen Deals nicht nachprüfen, weil so gut wie nie Adressen oder Ansprechpersonen der Vertragspartner genannt wurden. Ich hatte den Eindruck, dass bei ComRoad alles „geheim" war.

Stillschweigen war angeblich auch über den Inhalt der Gespräche mit „allen großen Autoherstellern" vereinbart worden. Im März 2001 behauptete Schnabel, ab der zweiten Jahreshälfte 2001 würden zwei Automobilfirmen die ComRoad-Technologie ab Werk anbieten. Audi und DaimlerChrysler dementierten uns gegenüber im Juni 2001, jemals Pilotprojekte mit ComRoad gehabt zu haben. Die Unterschleißheimer ließen sich durch solche Aussagen nicht aus der Ruhe bringen. „Sie haben mit den falschen Leuten geredet. Die können das nicht wissen", sagte der PR-Mann von ComRoad zu mir.

Lediglich BMW bestätigte im August 2001 eine Studie für Motorräder. „Eine Studie ist eine Kooperation, bei der keine Gelder fließen", hieß es in der Mitteilung. Das war selbst dem Landgericht Berlin zu wenig. Als ComRoad „Börse Online" verbieten wollte zu behaupten, kein Autobauer habe je von ComRoad gehört, schrieben die Richter in ihrer Ablehnung: „Weder hat die Antragstellerin glaubhaft gemacht, dass BMW mit ihr in Geschäftsbeziehung steht, noch, dass sie andere namhafte Autohersteller in Deutschland zu ihren Geschäftspartnern zählt und durch diese nennenswerte Umsätze erzielt."

Unverdrossen tönte ComRoad auf der firmeneigenen Webseite: „ComRoad hat die Telematik nicht erfunden. Aber es ist mit unser Verdienst, wenn sie jetzt weltweit erste nachhaltige wirtschaftliche Erfolge feiert." Das Unternehmen tauchte auch als Messeteilnehmer und Sponsor von Telematik-Konferenzen auf. In Berichten über die Branche fehlte ComRoad dagegen so gut wie immer, obwohl kein anderes Unternehmen schwarze Zahlen schrieb und solch riesige Wachstumsraten aufwies. „Warum testen Sie eigentlich nie die Com-Road-Geräte?", fragte ich daher Journalisten bei Fachzeitschriften für mobile Kommunikation. „Es ist so schwierig, ein Testgerät zu bekommen", war die übliche Antwort. Die Zeitschrift „Connect" schaffte es im Herbst 2001. Sie kürte das ComRoad-Gerät sogar zum Sieger, obwohl es noch keine Stau- oder Verkehrsinfos berücksichtigte und „waghalsige Wendemanöver" vorschlug.

Im Jahr 2000 wollte ComRoad 6000 Nutzer in Deutschland haben. Weltweit waren es noch viel mehr: „In 1999 wurden 15 000 Fahrzeugcomputer an die Partner geliefert und berechnet, im Jahr 2000 waren es 77 000 Geräte." Allein im ersten Halbjahr 2001 wollte Schnabel 50 000 Geräte verkauft haben. Die Planzahl für das Gesamtjahr lag bei etwa 160 000 Stück. Gegen den Branchentrend stieg auch noch der Durchschnittspreis pro Gerät, weil die Kunden zunehmend zu „höherwertigen" Bordcomputern griffen. Diese Zahlen amüsierten Branchenkenner zwar, niemand hatte aber Daten, mit denen sich die ComRoad-Angaben eindeutig hätten widerlegen lassen. Wen immer ich aber fragte, niemand kannte einen ComRoad-Kunden. „Potenzielle Kunden oder ein funktionierendes Produkt sind dem ADAC nicht bekannt", schrieb auch ein Anlegermagazin.

„Wir haben versucht, ein ComRoad-Gerät zu kaufen, aber es ist uns nicht gelungen", hörte ich immer wieder. Ich konnte zunächst nicht verstehen, was daran so schwierig sein sollte. Nach einem Interview-Termin mit einem Aktienstrategen einer großen Bank im feinen Hotel Adlon in Berlin machte ich mich daher auf den Weg zum einzigen Händler in der Stadt. Schnell stellte ich fest, dass ich nicht ganz passend für die Gegend angezogen war. Der schmale Mobilfunk-Laden gegenüber dem Café Ali Baba hatte vergitterte Schaufenster, der Rollladen vor der Tür war heruntergelassen, wie auch bei den Fenstern einiger Parterrewohnungen in der Gegend. Öffnungszeiten waren nicht angegeben. Einige Häuser weiter waren die Erdgeschossfenster verklebt, nur rote Glühbirnen leuchteten darin.

„Der Laden macht erst um 17 Uhr auf", klärte mich eine Frau auf, die ihren Kinderwagen vorbeischob. Ich wartete, doch auch dieser Zeitpunkt verstrich, ohne dass sich etwas tat. Am Telefon meldete sich nur der Anrufbeantworter. In einem jugoslawischen Imbiss um die Ecke bestellte ich daher ein frühes Abendessen. Etwa 30 Sekunden später hatte ich männliche Gesellschaft: „Biss' du aus Deutschland?" Das bestätigte ich, aus München. Tiefer Blick in meine Augen: „Ich hab' ne Wohnung, brauchst kein Hotel bezahlen, kannst bei mir schlafen." Dieses Angebot lehnte ich dankend ab. „Weiss' du überhaupt, wo du hier biss'?" Ich nannte die Straße. „Ja, aber weiss' du, was das heißt?" Offenbar nicht. Mein Tischnachbar setzte an, mir die Bedeutung der roten Glühbirnen zu erläutern, an denen ich vorbeigekommen war. In dieser Gegend wurden also die mehrere Tausend Mark teuren ComRoad-Geräte verkauft. „Du musst mir versprechen, dass du gut auf dich aufpasst!", sagte meine Zufallsbekanntschaft zum Abschied. Nun verstand ich auch die wahre Bedeutung des Werbespruchs auf dem ComRoad-Plakat des Ladens: „Geh wohin du willst, aber geh nie verloren."

Bei Händlern in anderen Städten kam es nicht zu vergleichbaren zwischenmenschlichen Kontakten, ComRoad-Geräte sah ich aber auch dort nicht. Die Geräte waren gerade aus, Vorführgeräte waren gerade keine da. Auch in Berlin nicht, wo ich bei einem zweiten Versuch sicherheitshalber eine Person männlichen Geschlechts losschickte. Mich beschlich der Verdacht, dass die Zahlen vielleicht ein bisschen zu schön sein könnten, um wahr zu sein. Belege dafür fand ich zunächst nicht. In der Redaktion diskutierten wir über das Unternehmen. Meinem unguten Gefühl und den Ungereimtheiten vom Börsengang standen von Wirtschaftsprüfern testierte Zahlen und stets übertroffene Prognosen entgegen. Wir blieben bis Sommer 2001 bei einer positiven Einschätzung für die Aktie.

Durch die Lücken im System geschlüpft

„Wie konnten nun unsere antisozialen „Hochfinanziers" überhaupt zum Zuge kommen? Zuerst arbeiteten ihnen die laxen Vorschriften der früheren Gesetzgebung hinsichtlich der Buchprüfung von Gesellschaften sowie der öffentlichen Unterrichtung bei Subskriptionsanzeigen geradezu in die Hände. (…) So lange alles gut ging und Dividenden ausgeschüttet werden konnten, war nur selten ein Aktionär hinsichtlich der Verwendung „seines" Geldes neugierig." *Aylmer Vallance, Glücksritter und Spekulanten, 1955.*

Tuscheln hinter vorgehaltener Hand

Das Trommelfeuer guter Nachrichten aus Unterschleißheim zeigte Wirkung. Analysten großer Banken begannen sich für den Telematikanbieter zu interessieren, und auch das wusste Bodo Schnabel wirkungsvoll zu vermarkten. Wie die Zeitschrift „Der Aktionär" im Juni 2000 berichtete, „arbeiten die Analysten von Dresdner Kleinwort Benson an einer Studie zu ComRoad, die innerhalb der nächsten zwei Wochen präsentiert werden soll". Mit den Banken Goldman Sachs und Merrill Lynch gebe es Gespräche über eine Aufnahme in die Liste der von ihnen beobachteten Unternehmen.

Die Investmentbankingsparte der Dresdner Bank veröffentlichte im Sommer in der Tat ihre erste Beurteilung zu ComRoad. Sie fiel positiv aus. Die Aktie wurde sogar in ihr „German Top 10"-Portfolio aufgenommen. „ComRoad ist einer der aufregendsten Spieler im relativ neuen Bereich Telematik", fand die niederländische Bank ABN Amro in ihrer ersten Einschätzung vom November 2000 und gab dem Unternehmen Gelegenheit, sich auf einer Investorenkonferenz in London zu präsentieren. „ComRoad hat das Potenzial, einer der leuchtendsten Sterne in der sich schnell entwickelnden Telematikwelt zu sein", schrieben die Analys-

53

ten und erklärten den Wert zu ihrer Lieblingsaktie unter den kleinen Unternehmen der Automobilbranche Europas.

Die Deutsche Bank fand das Geschäftsmodell in ihrer ersten Studie im Februar 2001 auch clever. Sie schätzte die künftige Entwicklung der Aktie „neutral", also in etwa wie die des Gesamtmarktes ein, denn das gewaltige Umsatz- und Gewinnwachstum spiegle sich schon im Kurs wider. Auf etwa eine Milliarde Euro taxierte die HypoVereinsbank den Wert des Unternehmens, bevor sie im November 2000 eine Kapitalerhöhung für ComRoad platzierte.

Alle Studien waren positiv oder höchstens neutral, auch aus dem Unternehmen kamen nur gute Nachrichten. Der Kurssturz, der im Februar 2001 einsetzte, war daher auf den ersten Blick unerklärlich. Die Aktie gab in jenem Monat von 50 auf 40 Euro nach, im März halbierte sich der Wert sogar, und das war noch lange nicht das Ende des Niedergangs. Nach einer Übersicht der Nachrichtenagentur Bloomberg empfahlen aber noch Mitte April sechs Analysten die Aktie zum Kauf, zwei rieten zum Halten und keiner zum Verkaufen.

Selbst am 19. Februar 2002, dem Tag, an dem die Wirtschaftsprüfer das Mandat niederlegten, schrieben die Analysten von ABN Amro noch: „ComRoads Aktienkurs ist in Reaktion auf Gerüchte um die Nichtexistenz oder Nichtsichtbarkeit von asiatischen Partnern stark gefallen. Diese Gerüchte sind im Prinzip eine Fortsetzung von Geschichten, die das Unternehmen das vergangene Jahr umgeben haben" – und bestätigten ihre Kaufempfehlung.

Hatten die Analysten da wieder mal etwas verschlafen? Beim ehemaligen Börsenstar EM.TV, bei der Deutschen Telekom, bei fast allen Werten rangen sie sich meist erst dann zu einer Verkaufsempfehlung durch, wenn der Großteil des Kurssturzes bereits vorbei war, wenn überhaupt. Hatten sie aus dem Platzen der Spekulationsblase am Neuen Markt nichts gelernt und waren immer noch zu optimistisch? Keineswegs. Manche ließen von vornherein die Finger von dem Wert. Den Branchenanalysten der Bank WestLB schreckte der dürftige Auftritt auf der Computermesse CeBIT ab. Die Commerzbank bedachte ComRoad in einer Studie zur Europäischen Telematikbranche im Mai 2001 mit wenigen Worten und gab kein Rating ab.

Andere merkten ebenfalls schnell, dass etwas nicht koscher war. ComRoads Geschäftsmodell funktionierte nur, wenn die Partner stark und erfolgreich waren. Im Januar 2001 kursierten erste Gerüchte in der Analystenwelt, dass das Abnehmernetz zu wünschen übrig ließ. „Nahezu alle unsere Partner sind mit Wagniskapital finanziert", räumte Schnabel ein. Bei Details hielt er sich bedeckt. „Nie ist ganz klar gewesen, wo die Umsätze hergekommen sind", erinnert sich Jochen Reichert, Analyst der Schweizer Bank Vontobel. Er habe das Geschäftsmodell schon im März 2001 bezweifelt. „Unsere Recherchen ergaben schon im vergangenen Jahr, dass mit zwei europäischen Partnerunternehmen keine Umsätze getätigt wurden", sagt er. „Wir konnten das nur deshalb nicht beweisen, weil die Firmen nicht genannt werden wollten."

Und wie schlugen sich diese Erkenntnisse in seinen Studien nieder? „Neutral" lautete sein Votum im Frühjahr 2001, das er später immer wieder bestätigte. Einige Partner befänden sich in Ländern, wo die Telematik noch kein Thema für den Massenmarkt sei, in den lukrativen Märkten sei der Wettbewerb intensiv. Gab es einen Hinweis darauf, dass angebliche Partner gar keine Geschäfte mit ComRoad machten und damit etwas ernsthaft mit dem Unternehmen nicht in Ordnung war? Nur zwischen den Zeilen lugte seine negative Einschätzung hervor.

In Kurzkommentaren an seine Kunden wies er immer wieder auf die Risiken im Geschäftsmodell hin. Auf „Verkaufen" stufte er die Aktie aber nicht herab. „Die Einschätzung galt im Verhältnis zum Börsenindex", erklärte er mir. „Ich ging davon aus, dass sich der Wert noch eine ganze Weile wie der Markt entwickelt." Diese relative Bewertung ist weit verbreitet. Vergeben Analysten zum Beispiel das Rating „Übergewichten", und die betroffene Aktie fällt weniger als der Vergleichsindex, liegen sie richtig. Solche Ratings helfen Fondsmanagern bei der Entscheidung, ob sie eine Aktie im Verhältnis zum Vergleichsmaßstab über-, unter- oder gleichgewichten sollen. Privatanlegern nützt das wenig, wenn sie nicht wissen, wie die jeweilige Bank ihre Einstufungen definiert und wie sie den jeweiligen Markt einschätzt.

Auch Reicherts Kollege bei einer anderen Bank hatte früh Probleme erkannt. „Warum haben Sie keine Verkaufsempfehlung abgegeben?", fragte ich ihn. „Aus Ihrer Studie lässt sich doch herauslesen, dass Sie eigentlich raten, sich von der Aktie zu trennen." – „Stimmt", entgegnete er. „Aber ich wollte mich nicht vom Informationsfluss aus dem Unternehmen abschneiden. Und meine institutionellen Kunden haben das auch so richtig verstanden." Kommt der Kunde nicht von selbst darauf, wie eine Studie wirklich gemeint ist, hilft vielleicht ein mündlicher Hinweis. So ging es mir, als ich einmal versehentlich für eine Fondsmanagerin gehalten wurde und erfuhr, was Analysten wirklich dachten.

Nach meinem ersten negativen Artikel schrieb Bodo Schnabel in einem Brief an die Aktionäre: Jeder Leser solle „auch die Analysen von professionellen Analysten zu Rate ziehen, die mehrere Wochen an einer umfangreichen Studie über ein Unternehmen arbeiten". Dann zählte er die positiven oder neutralen Einschätzungen auf. Solche Listen haben fast keinen Informationsgehalt. Mit dem Rating allein können Anleger wenig anfangen. Es wäre unklug, mit einem Ausstieg zu warten, bis die Analysten einen Verkauf empfehlen.

Das wäre schon allein deshalb nicht anzuraten, weil Kunden der Banken die Studien früher sehen dürften als die meisten Privatanleger. Kursbeeinflussende Studien müssten eigentlich allen Marktteilnehmern gleichzeitig zugänglich gemacht werden. Der Erlanger Professor Wolfgang Gerke fand aber in einer Untersuchung von Empfehlungen aus 43 Finanzhäusern zwischen August 1995 und Dezember 1996 heraus, dass die Aktien einen Teil ihrer Kursverluste verbuchten, bevor negative Einstufungen bekannt wurden, ein Indiz, dass Personen schon vor der Öffentlichkeit davon wussten und danach handelten. Ließe sich das beweisen, dann wäre das nicht besser als das Verhalten der „Börsengurus", die Vorkaufen und dann Aktienkurse über Fernsehauftritte, Faxabrufe und Hotlines pushen.

In der Öffentlichkeit werden Analysten, die ihre Einschätzungen und Studien den Medien und Anlegern zur Verfügung stellen, häufig für ihre vermeintlich lahme Reaktion kritisiert, oder ihnen wird gar Unfähigkeit unterstellt. Dabei tun sie nur, was ihre Aufgabe ist. Sie sind dafür da, den Umsatz ihres Arbeitgebers zu steigern, nicht umsonst werden sie als „Sellside-Analysten" bezeichnet (im Gegensatz zu ihren „Buyside"-Kollegen, die nicht für die Öffentlichkeit gedachte Studien für die eigene Bank schreiben). Mit ihren Analysen werben die Analysten für Investmentideen – große Kunden wie Fondsmanager sollen ihre Handelsaufträge doch bitte beim eigenen Arbeitgeber platzieren, Unternehmen den Börsengang oder Wertpapieremissionen in Auftrag geben. Für Kleinanleger sind ihre Studien ohnehin nicht gedacht.

Die überpositive Darstellung liegt am System, und das lässt sich nicht ändern. Ein Unternehmen wird sich kaum das Finanzhaus für eine Wertpapieremission aussuchen, das den Daumen für die eigene Aktie gesenkt hat. Das ist verständlich. Eine negative Einschätzung kann Millionen kosten. Die Bäckereikette Kamps plante zum Beispiel 1999 eine Kapitalerhöhung, als eine „Verkaufen"-Studie erschien. Das Kursziel lag deutlich unter der damaligen Notierung. Der Kurs rutschte ab, das schmälerte den potenziellen Erlös um mehrere Millionen Euro. Manche Firmen reagieren daher allergisch auf ungünstige Bewertungen.

Als ein Analyst der Schweizer Bank Credit Suisse First Boston auf bedrohliche Entwicklungen beim Luftfahrtkonzern SAir Group hinwies, beschwerte sich der Konzernchef, der im Verwaltungsrat der Bank saß. Das Finanzinstitut trennte sich von dem Analysten – obwohl er Recht behielt. Auch sein Kollege von BNP Paribas verlor den Job, als er Monate vor dem Zusammenbruch des US-Energieriesen Enron Probleme beschrieb. Kritische Fragen habe der Konzern als Provokation empfunden, erinnerte er sich später. Auch bei der US-Bank Merrill Lynch wurde plötzlich ein Analyst ausgewechselt, der sich ebenfalls kritisch über Enron geäußert hatte.

Umgekehrt ist mir kein einziger Fall bekannt, dass einem Analysten der Stuhl vor die Tür gesetzt worden wäre, weil er viel zu optimistisch war. Einer fiel mir mit besonders aggressiven Kurszielen für Aktien wie EM.TV auf. Seine Position behielt er, als die Werte einbrachen. Er war auch zuständig für ein Unternehmen, das um das Überleben kämpfte, wie es später selbst einräumte. Aus dem Geschäftsbericht und den Quartalsberichten ließ sich das auch herauslesen. Als sich die Situation erkennbar zuspitzte, änderte der Analyst seine Einschätzung für die Aktie – von „Kauf" auf „starker Kauf".

Die „Wirtschaftswoche" untersuchte Studien zur Deutschen Telekom und erhielt ein eindeutiges Ergebnis: Finanzhäuser, die den Konsortien bei den Aktienplatzierungen angehörten, schätzten die Aktie positiver ein als die anderen. Da der Konzern viele Institute mit den Emissionen beauftragte, waren kritische Stimmen Mangelware. Mit Börsengängen verdienen die Banken viel Geld. Dafür entwickeln sie auch Phantasie, um die Vorzüge ihrer Kandidaten herauszustellen. Der Fanartikelhersteller Sunburst wurde zum Beispiel von der Commerzbank beim Börsengang kurzerhand zum „Medienunternehmen" erklärt, weil diese Branche gerade in war.

Auch die Emissionsbanken von ComRoad hielten zu ihrem Wert. Concord Effekten gab nach der Zeichnungsempfehlung zum Börsengang zwar keine Einschätzung mehr ab – warum das so war, mochte das Institut mir nicht erklären –, bei anderen Kandidaten aus dem eigenen Haus war es nicht so zurückhaltend. Seine Analysten Daniel Lainsa und Rüdiger Vogel verteidigten das Unternehmen allerdings in der Öffentlichkeit. Im November 2001 sagte Vogel, das Management arbeite nach seiner Wahrnehmung „handwerklich sauber". Noch nach der Mandatsniederlegung durch die Wirtschaftsprüfer urteilte er: „Die Vorwürfe, die ich in der Vergangenheit gehört habe, waren nicht vollständig fundiert."

ComRoad weise die Anschuldigungen bereits seit über einem halben Jahr zurück. „Warum sollte ein Unternehmen, das nicht seriös arbeitet, noch immer an dieser Story festhalten?"

Meine Zweifel an der Existenz einiger Vertriebspartner tat er mit den Worten ab: „ComRoad ist pro-aktiv mit solchen Behauptungen umgegangen und hat Listen über Geschäftsverbindungen offen gelegt." Aha, dann hätte er ja leicht nachprüfen können, ob ich Recht hatte oder nicht. Die Chance ließ er sich offenbar entgehen. Gegenüber dem „Wall Street Journal" räumte er ein, er habe nie Geschäftspartner von ComRoad kontaktiert. Trotzdem behauptete sein Chef Dirk Schaper, die Bank habe keine Möglichkeit gehabt zu entdecken, dass ComRoads Zahlen gefälscht waren: „Wir sind Opfer wie alle anderen." Finanziell war sie durch ihre Vergütung beim Börsengang und Aktienverkäufe zumindest keines.

Von Banken, die Geschäftsinteressen bei den jeweiligen Unternehmen haben, erwartet niemand ein wirklich unabhängiges Urteil – auch wenn „chinesische Mauern" im Institut sensible Bereiche voneinander abschotten. Dadurch soll verhindert werden, dass Investmentbanker dem hauseigenen Fondsmanager von der tollen Fusion erzählen, die sie gerade einfädeln. Er hätte damit einen unfairen Vorteil gegenüber anderen Marktteilnehmern. Die betroffenen Aktien dürfen nur unter Auflagen oder gar nicht gehandelt werden, die Analysten sich nicht dazu äußern. Es ist aber für Außenstehende unmöglich herauszufinden, wie undurchlässig diese Barrieren wirklich sind.

Auf die „chinesischen Mauern" beriefen sich laut Medienberichten zum Beispiel die Deutsche Bank und Goldman Sachs: Die Deutsche Bank veröffentlichte eine Kaufstudie für die Aktie der Deutschen Telekom und verkaufte wenige Tage später 44 Millionen Stück im Auftrag eines Kunden. Das Papier verlor innerhalb von zwei Tagen ein Viertel seines Wertes, der Aufschrei der Öffentlichkeit war groß. Die Order sei noch nicht erteilt worden, als der Analyst die Empfehlung abgab, behauptete die Bank. Damit sei das nicht zu verhindern gewesen. Auch die Investmentbank Goldman Sachs verwies auf die „chinesische Mauer", als Aktien des Softwarehauses Ixos verkauft wurden, nachdem das Haus die Aktie zweimal zum Kauf empfohlen und die Ergebnisprognosen angehoben hatte. Ixos sprach wenig später eine drastische Gewinnwarnung aus.

Wie löchrig die Trennung sein kann, wurde im Sommer 2002 bei der Untersuchung in den USA gegen den Staranalysten Jack Grubman deutlich, der sich für die Bank Salomon Smith Barney um die Telekommunikationsbranche kümmerte. Er gestand, dass er sogar beratend an Vorstandssitzungen von Unternehmen teilgenommen hatte, wo Vorschläge seiner Investmentbankkollegen diskutiert wurden – ein klarer Verstoß gegen die Regeln. Seine überoptimistischen Analysen brachten seinem Arbeitgeber Aufträge. Laut dem Finanzinformationsdienst Thomson Financial erhielt Salomon von nur drei Firmen – Worldcom, AT & T Wireless und Winstar – zwischen 1997 und 2001 Provisionen und Gebühren von etwa 449 Millionen Dollar.

In den USA klagen Anleger nun sogar gegen Investmentbanken wegen übereuphorischer Einschätzungen. Untersuchungen eines Staatsanwalts brachten ans Licht, dass zum Beispiel der Internetanalyst Henry Blodget von Merrill Lynch nichts dabei fand, der Öffentlichkeit Aktien zum Kauf zu empfehlen, die er intern als „Schund" oder „Ramsch" bezeichnete. In Deutschland geriet im Frühjahr 2001 erstmals ein Analyst ins Visier der Staatsanwaltschaft. Die Ermittler in Augsburg verdächtigten einen ehemaligen Mitarbeiter der Bayerischen Landesbank, Insider durch wohlwollende Analysen bei Aktienverkäufen unterstützt zu haben. Seit 1. Juli 2002 ist zwar gesetzlich vorgeschrieben, dass Analysten mit der „erforderlichen Sachkenntnis, Sorgfalt und Gewissenhaftigkeit" arbeiten müssen, es dürfte Anlegern aber unmöglich sein, ihnen nachzuweisen, dass sie das nicht getan haben.

Möglicherweise fehlende Unabhängigkeit ist aber nicht nur ein potenzielles Problem von Analysten. Der Finanzdienstleister MLP beauftragte zum Beispiel den Professor Peter Albrecht aus Mannheim, seine in die Kritik geratene Bilanzierungspraxis unter die Lupe zu nehmen. Die Universität hatte eine Spende von 750 000 DM von dem MLP-Granden Manfred Lautenschläger über dessen Stiftung erhalten, ein Hörsaal wurde nach ihm benannt. Der Professor selbst hielt Aktien des Unternehmens.

Analysten müssen Interessenskonflikte mittlerweile offen legen, zum Beispiel wenn ihr Haus mit einem Prozent oder mehr an dem betreffenden Unternehmen beteiligt ist oder wenn es in einem Konsortium saß, das Wertpapieremissionen begleitet hat. Selbst wenn sie keine solchen Angaben machen, sollten Privatanleger damit rechnen, eher eine Werbebroschüre als eine unabhängige Analyse in den Händen zu halten. Gäbe es keine Möglichkeit für die Finanzhäuser, ihren Kunden irgendeinen Vorteil zu verschaffen, würden sie wohl kaum mehr Studien veröffentlichen. Das wäre schade, denn manche enthalten hervorragende Analysen und gut aufbereitete Zahlen, die auch als Entscheidungshilfe für Privatanleger nützlich sind, wenn sie mit kritischer Distanz betrachtet werden.

Auch für die Fondsmanager ist es lästig, die wahren Gedanken der Analysten zwischen den Zeilen suchen zu müssen. Darin entdeckten von Banken unabhängige Analysehäuser eine Marktlücke. Sie müssten eigentlich negative Urteile abgeben, ohne mit der Wimper zu zucken. Wie war das bei ComRoad? Die Absatzplanungen seien „sehr offensiv", warnte ein Analyst von SES Research im Juli 2001. Trotzdem ging er davon aus, die Aktie werde sich wie der Markt entwickeln. Independent Research riet zur gleichen Zeit zum „Übergewichten", trotz Gerüchten, dass Partner mehr Geräte abgenommen hätten, als sie weiterverkaufen könnten. Später nahmen die Analysten die Einschätzung auf „neutral" zurück. Man kann es ihnen gar nicht verdenken, dass auch sie zögerlich mit negativen Urteilen sind. Auch ihnen machen die Unternehmen das Leben dann schwerer. Dabei sind auch Tricks recht. War es wohl Zufall, dass der Trickfilmproduzent TV Loonland einem kritischen Analysten eine falsche Hausnummer für den Ort einer Veranstaltung nannte?

Bei ComRoad waren es nicht die von Banken unabhängigen Häuser, die als erste Verkaufsempfehlungen aussprachen. Die Analystin Anamica Broetz von der Investmentbanksparte der Dresdner Bank gab den Anstoß. Sie besuchte im April 2001 gemeinsam mit ComRoad-Vorstand Hartmut Schwamm zwei Partner. Skynet in London war genauso klein wie ComRoad selbst. Das System war bei der Vorführung langsam, das Netz instabil. Die Geschäfte mit dem großen Autovermieter Avis waren beendet worden.

Noch mehr zu denken gab der Analystin, dass sich die Angaben von Skynet-Chef Tom Wilmot mit denen ComRoads widersprachen. Sein Unternehmen habe im Jahr 2000 gerade mal 500 Bordcomputer gekauft, erzählte er. Bodo Schnabel beharrte darauf, dass es etwa 2000 Stück gewesen waren. Auch die Planzahlen passten nicht zusammen. Für das Jahr 2001 nahm sich Skynet 8000 Stück vor. Das war ambitioniert, denn bis dahin hatte die Firma nur 150 Einheiten installiert. Aber es war konservativ im Vergleich zu der Planmenge von 13 000 Stück, die ComRoad für Skynet vorsah. Die Briten hatten gar nicht genügend Kapazitäten, um so viele Geräte in Fahrzeuge einzubauen. Ähnlich das Bild in Madrid: Scoobi hatte gerade erst den Geschäftsbetrieb aufgenommen und zwei Dutzend Geräte installiert. Die Manager waren davon überzeugt, bis zum Jahresende 25 000 bis 27 000 Bordcomputer zu schaffen. ComRoad hatte gar 30 000 bis 40 000 Stück eingeplant. Der Neuling wäre damit der größte Partner gewesen.

„Zauberei bei den Zahlen?", fragte die Analystin nach ihrer Rückkehr, bemängelte die fehlende Transparenz für die Umsätze des Jahres 2000 und riet Ende Mai 2001 zum Verkauf. Die Deutsche Bank sah das nicht so kritisch. Ihr Analyst rechnete aus, dass Umsatz und Gewinn nur um rund zwanzig Prozent niedriger ausfallen würden, wenn sowohl Skynet als auch Scoobi als Kunden völlig ausfielen. Nur: Warum sollte ComRoad die Analystin ausgerechnet zu zwei der wackeligsten Partner mitgenommen haben?

Scoobi habe schon 100 Stück statt nur 20 abgenommen, verteidigte sich Schnabel. Statt nur eines Tropfens waren also schon zwei Tropfen im Wassereimer. Das überzeugte die Finanzgemeinde nicht. Nach und nach stuften Analysten die Aktie auf „Verkaufen" oder „Untergewichten" zurück. Ungewöhnlich offen kritisierte die DG Bank die Zahlen: „Die Qualität der Berichterstattung ist verheerend." Bodo Schnabel hatte seine eigene Erklärung dafür, dass sich negative Beurteilungen häuften: „Hier zeigt sich, dass viele Analysten unser Geschäftsmodell überhaupt nicht verstanden haben."

Das sahen die Shortseller anders. Sie leihen sich Aktien gegen eine Gebühr und stoßen sie zum aktuellen Börsenkurs ab. Fällt die Notierung, kaufen die Leerverkäufer die Papiere billiger ein, geben die Leihpiere zurück und streichen die Differenz als Gewinn ein. Damit profitieren sie von fallenden Kursen. In den USA werden die „Short-Ratios" veröffentlicht, die das Interesse der Leerverkäufer an einem Wert anzeigen. Das ist oft ein guter Indikator für die Überbewertung einer Aktie. Die Shortseller werden häufig in der Öffentlichkeit beschimpft und für Kursstürze verantwortlich gemacht. Sie tragen aber dazu bei, dass die Papiere auf einem angemessenen Niveau notieren, und üben damit eine wichtige Rolle für die Kapitalmärkte aus.

Je marktenger und abstruser bewertet eine Aktie ist, desto besser für sie. ComRoad war gut für sie geeignet. Einige Hedge Fonds und Banken nahmen ComRoad ins Visier. Dennoch dauerte es noch Monate, bis ans Licht kam, wie verwegen das Geschäft wirklich war, und der Kurs kollabierte. Denn Außenstehende – und damit auch die Medien – taten sich schwer, Beweise zu finden, dass mit dem Unternehmen etwas nicht stimmte.

Gibt es hier etwas, das es nicht gibt?

„Vorsicht Falle! Kleinanlegerbetrug durch Börsenbriefe?"

Mein ungutes Gefühl verstärkte sich, aber im Herbst und Winter 2000 hatte ich noch zu wenig Hinweise, um dubioses Verhalten bei ComRoad zu belegen. Anderen Finanzjournalisten ging es wie mir. Der Artikel „Der nächste Schwindel am Neuen Markt?" im Börsenbrief von Egbert Prior, einst einem der Pioniere des „Ich finde noch einen Dümmeren"-Prinzips, der sich später wandelte, zweifelte zum Beispiel im März 2001 die Geschäftsaussichten an.

Nachfragen bei der Telematiktochter von Mannesmann Mobilfunk (heute Vodafone) hatten ergeben, dass die Unterschleißheimer nur mit der Münchner Niederlassung zusammenarbeiteten und nicht mit dem Gesamtkonzern, wie ComRoad verkündet hatte. Auch der „strategische Partner" ASL Auto Service Leasing GmbH aus München hatte in einem halben Jahr nur drei Testgeräte gekauft. Die „Prior-Börse" warf außerdem die Frage auf, ob Schnabel wirklich mit zwei Partnern in Spanien und der Slowakei 100 Millionen DM innerhalb von drei Jahren umsetzen konnte wie behauptet. Prior hinterfragte die Prognosen, nahm die ausgewiesenen Umsätze aber als gegeben hin. Schnabel ging in die Offensive, Analysten zeigte er sogar den „Marketing-Vertrag" mit Mannesmann im Original, um sie vom Wahrheitsgehalt seiner Aussagen zu überzeugen.

Einen Monat später, Mitte April, berichtete der Journalist Gerd Rückel im Börsenbrief „Platow Brief" über die verheerenden Ergebnisse des Analystenbesuchs bei Skynet und dem spanischen Partner: „Branchenkenner befürchten, dass Skynet den Münchnern die Einheiten bewusst ohne die Chance auf einen Weiterverkauf abnimmt." ComRoad präsentiere so „saubere Erlöse und Erträge". Um ein „Ausbluten" von Skynet zu verhindern, habe Schnabel dem Unternehmen mit einer Finanzspritze in Form einer Beteiligung unter die Arme gegriffen.

Diesmal wetterte Schnabel in einem offenen Brief, bei den Autoren müsse er die „betriebswirtschaftlichen Kenntnisse erheblich in Frage stellen", und belehrte die Redaktion: „Eine Finanzspritze aus Unternehmensgeldern der ComRoad AG zu einem anderen Zweck als der beschriebenen Beteiligung hat es nicht gegeben und wäre aus wirtschaftlicher Sicht vollkommen unsinnig." Wie wahr. Doch genau das tat ComRoad in der Folgezeit immer wieder, um Skynet am Leben zu halten.

Schnabel hatte einen österreichischen Börsenbrief ausgegraben, von dem weder meine Kollegen noch ich jemals zuvor gehört hatten. Unter der Überschrift „Vorsicht Falle! Kleinanlegerbetrug durch Börsenbriefe?" wurde über eine „angeblich abgestimmte Miesmache-Aktion zweier großer Börsenbriefe" berichtet, mit der die ComRoad-Aktie gedrückt werden sollte, um einem Großinvestor einen „billigen" Einstieg zu ermöglichen. Das glich der typischen Reaktion vieler Anleger: „Kritische Berichte sind recht, aber doch nicht bei Aktien, die ich im Depot habe." Keine Verschwörungstheorie ist in solchen Fällen abwegig genug, um nicht vorgebracht zu werden. Schnabel jedenfalls kündigte an, dem Gerücht nachzugehen und gegebenenfalls die Staatsanwaltschaft einzuschalten. Eine „Räuberpistole" nannte er den Bericht auf der Hauptversammlung: „Die Anschuldigungen haben sich in Luft aufgelöst, weil sie nicht beweisbar waren." Noch nicht.

Das virtuelle Büro in Hongkong

Ich plante im Mai 2001 eine Reise nach Asien. Dort wollte ich unter anderem bei den Töchtern von drei deutschen Unternehmen vorbeischauen. Meine Wahl fiel auf den Chiphändler CE Consumer Electronics, die Beteiligungsgesellschaft Internetmediahouse.com (heute UBAG) und ComRoad. Ingrid Schnabel nahm meine Anfrage entgegen. Wenige Minuten später klingelte mein Telefon. Bodo Schnabel teilte mir mit, ich könne gerne ComRoad (Far East) in Hongkong besuchen, und gab mir die Telefonnummer und E-Mail-Adresse des Asienchefs Alfred Prillmann. Ich wunderte mich, dass mich der Chef eines Nemax-50-Unternehmens deswegen persönlich anrief. Auch bei den anderen beiden Unternehmen sorgte die aus meiner Sicht harmlose Bitte aber offenbar für etwas Unruhe. Internetmediahouse.com etwa gab erst auf mehrmalige Nachfrage die Adresse heraus, obwohl mich die beiden Asienchefs während eines Interviews im Vorjahr eingeladen hatten, sie in Hongkong zu besuchen. Vor Ort warteten einige Überraschungen auf mich.

„Ich komme zu Ihnen ins Hotel", sagte Alfred Prillmann, als ich ihn nach meiner Ankunft im feucht-heißen Hongkong anrief.

„Nein, ich möchte zu Ihnen kommen", entgegnete ich.

„Das geht nicht", ließ mich Prillmann wissen. „Wir haben in Hongkong nur ein virtuelles Büro."

„Ein virtuelles Büro? Sie meinen einen Briefkasten?"

„Ja", antwortete er. „Das wirkliche Büro ist in Shenzhen, das ist viel billiger als hier in Hongkong." Shenzhen ist die Nachbarstadt der ehemaligen Kronkolonie in der Volksrepublik China. Sie ist in einer knappen Stunde mit dem Zug zu erreichen. Das Problem: Ich brauchte ein Visum, denn das Gebiet zählt nicht zur Sonderverwaltungszone Hongkong. Das hätten die mir doch gleich sagen können, dachte ich ärgerlich. Ein paar Tage zuvor hatte ich die Stadt auf meiner China-Reise sowieso besucht. Nun war mein Visum verbraucht. Es würde mindestens 24 Stunden dauern, ein neues zu bekommen und ich musste meinen Terminplan umstellen. Prillmann erklärte, in Shenzhen würde ich niemanden antreffen. Alle drei Mitarbeiter seien zu einer Messe nach Schanghai geflogen und, er selbst folge ihnen morgen.

Am Abend trafen wir uns daher im Renaissance Harbour View Hotel. Ich erkannte ihn leicht, denn er passte vom Typ her gut zu Bodo Schnabel. Er hatte in etwa das gleiche Alter, die gleiche Statur und trug ein einfaches Polo-Shirt. In einem der Hotelrestaurants plauderten wir über ComRoad, den Telematikmarkt in Asien und das Leben in Hongkong, wo er sich seit Jahrzehnten regelmäßig aufhielt. „Frau Schnabel hat gesagt, ich soll nett zu Ihnen sein", scherzte der Österreicher.

„Unser Zielmarkt ist der gesamte Ferne Osten", erklärte er mir. In Hongkong und Kuala Lumpur, der Hauptstadt Malaysias, waren bereits Telematikzentralen bei den Partnern installiert, in Singapur gab es Kontakte zu Interessenten, aus Peking und Schanghai Anfragen. Bordcomputer waren in etwa 1000 Fahrzeuge in Asien eingebaut, die meisten in Hongkong. In China gab es noch keine Endkunden. „Unsere Hauptarbeit besteht darin, das ganze Informationsmaterial und die sichtbare Software auf chinesische Schriftzeichen umzustellen", erläuterte er. „Wir müssen ein Produkt haben, das reif für den chinesischen Markt ist." In Asien produzierte VTech Holdings die Geräte für ComRoad.

Wie viel Umsatz macht ComRoad (Far East)? „Das weiß ich nicht so genau", sagte der Asienchef. „Die ganze Abrechnung läuft direkt über Deutschland." Der Asienanteil betrage aber sicherlich nicht mehr als zwei Prozent des ComRoad-Umsatzes. Referenzkunden? Geheim, die dürfe er nicht bekannt geben.

„Herr Prillmann, sind Sie fester oder freier Mitarbeiter der ComRoad AG?" Er stutzte bei dieser Frage. „Eigentlich bin ich frei – oder eher so halb fest und halb frei – Seit 1. April bin ich angestellt von ComRoad (Far East)", sagte er schließlich. Und wie lautet die Anschrift des Büros in Shenzhen? „Die fällt mir gerade nicht ein. Hinter der Grenze ist es links bei dem großen Hochhaus." Auf einem Stadtplan konnte er mir die Stelle nicht zeigen, obwohl er gerade von dort gekommen sein wollte. War ComRoad beteiligt am Hongkonger Partner Global Telematic Service? „Meine eigene Firma Global Electronics Engineering Services hält einen Anteil von 15 Prozent." Beim Abschied versuchte er mir auszureden, den Briefkasten ComRoads zu fotografieren. Der Grund wurde mir erst bei meinem nächsten Besuch in Hongkong klar: Es gab das Postfach in einem noblen Business Centre in einem der feinsten Wolkenkratzer auf der Insel nicht mehr. Es war zum 30. April 2001 gekündigt worden.

Immerhin gab es den Partner Global Telematic Service (GTS) in der Stadt. Neben Prillmanns Firma war eine Essential Management mit 25 Prozent beteiligt. Wer steckte dahinter? „Die Anteile werden im Auftrag von Bodo Schnabel gehalten", sagte mir Patrick Yuen, Mitarbeiter der Firma Kingston, ein paar Tage später. Die Gesellschaft führte unter anderem die Liste der Anteilseigner. Wirklich Bodo Schnabel? Er schickte seine Assistentin noch einmal los, um die Information zu überprüfen: „Ja, Bodo Schnabel." Sowohl Schnabel als auch Prillmann gehörten außerdem zur Führungsspitze des Unternehmens. Damit war es möglich, dass GTS Geräte von ComRoad ohne Chance auf Wiederverkauf abnahm, um hohe Umsätze bei ComRoad auszuweisen.

„Privat investiere ich in verschiedene private und börsennotierte Telematikgesellschaften", vernahm ich nach meiner Rückkehr von Bodo Schnabel. Später behauptete er, nicht an GTS und anderen Partnern beteiligt zu sein. Im Rahmen der polizeilichen Ermittlungen wurde später jedoch ein Vertrag Schnabels über eine Beteiligung an GTS gefunden.

Zum Abschluss der Reise besuchte ich Wilson Chan, den Chef des Hongkonger Partners GTS. Das Büro lag im 21. Stock eines Hochhauses an einer belebten Hauptstraße auf der Insel Hongkong. Sechs Schreibtische hätten vielleicht darin Platz gehabt. Chan hatte jedoch keine Raumnot, er hatte nur eine Mitarbeiterin. Am Eingang lagen Prospekte von ComRoad aus. Chan wirkte etwas jünger als Schnabel, wenn er auch schon einige weiße Haare hatte. „Mit der Vermarktung haben wir erst im Mai 2000 begonnen", erzählte er mir.

Der Markt war schwierig, denn er bestand hauptsächlich aus unzähligen kleinen Speditionen und Flottenbetreibern. Daher hatte GTS im Jahr 2000 weniger als umgerechnet 150 000 Euro Umsatz gemacht, und auch für das laufende Jahr rechnete Chan mit einem Umsatz von weniger als 400 000 Euro. „Es wird wahrscheinlich vier Jahre dauern, bis GTS profitabel wird", war seine wenig optimistische Prognose. Wie war das mit Hutchison? Den Mobilfunkanbieter hatten Schnabel und Schwamm immer in einem Atemzug mit GTS genannt. GTS bezog lediglich Dienste von Hutchison, erfuhr ich von Chan. Es gab keine Beteiligung. Als Referenzkunden nannte er mir zwei Speditionen. Ihre Namen fand ich in den Gelben Seiten Hongkongs. Die Angaben von Chan schienen zu stimmen.

Der bescheidene Sitz von GTS blieb das einzige Büro auf meiner Tour, in dem zu diesem Zeitpunkt normal gearbeitet wurde. Die Tochter des Chiphändlers CE Consumer zog gerade um, ihr Chef führte mich durch die noch nicht fertig eingerichteten Räume. Beim Asienableger von Internetmediahouse.com ging nie jemand ans Telefon. So fuhr ich ohne Voranmeldung zu der Adresse in einem edlen Wolkenkratzer. Durch die Glastür am Eingang sah ich im Inneren das Firmenlogo und einige Umzugskartons, sonst nichts. Auf mein Klingeln öffnete Frank Lavin, ein Amerikaner, der mir im Sommer zuvor in Deutschland das Asiengeschäft in hellsten Farben ausgemalt hatte. Er lächelte gequält, als er mich hereinbat: „Es ist gerade ungünstig, ich bin mitten im Umzug." Etwas überdimensioniert wirkten die Räume. Sie mussten einmal schick ausgesehen haben.

Lavin deutete an, dass die Gesellschaft nach meinem Interviewtermin keine einzige Beteiligung eingegangen war. Auch ein geplanter Fonds war nicht zustande gekommen. „Melden Sie sich in zwei Wochen noch einmal bei mir. Dann kann ich Ihnen mehr sagen." Okay, dazu brauchte ich aber die neue Anschrift. Er konnte mir keine nennen, brachte es aber nicht über sich, das Offensichtliche zuzugeben: Es würde keine neue Adresse geben, die große Asienstrategie war gescheitert. Sie hatte Internetmediahouse.com nur Verluste in Millionenhöhe eingebracht. Einige Wochen später erhielt ich eine E-Mail von Lavin: US-Präsident George Bush hatte ihn als Botschafter der USA in Singapur vorgeschlagen. Diese Position trat er später auch an. In seinem beigefügten Lebenslauf war keine Rede von seinem Abstecher zu Internetmediahouse.com.

Die Suche nach den Phantompartnern

Erst nach meiner Rückkehr nach Deutschland kam ich dazu, den ComRoad-Geschäftsbericht für das Jahr 2000 zu studieren. Bei der Stelle mit der geographischen Aufteilung der Umsätze traf mich fast der Schlag:

ComRoad wollte fast die Hälfte der Erlöse in Asien erzielt haben, 19,9 Millionen Euro! Das war ein Vielfaches von dem, was sich aus der Schilderung Prillmanns ergab. Hier konnte irgendetwas nicht stimmen.

Wenige Tage danach hörte ich Bodo Schnabel auf der Hauptversammlung sagen: „Im Jahr 2000 haben wir das Büro in Hongkong eröffnet. Dort arbeiten vier Mitarbeiter." Warum erzählte er nicht, dass es in Wirklichkeit in Shenzhen war? Noch mehr verwunderte mich seine Behauptung: „Asien ist sehr stark gewachsen. Wir hatten also sehr gute Partner." Er zeigte eine Weltkarte, auf der 33 Partner in 30 Ländern eingezeichnet waren. „Auch wenn sich einer nicht so entwickelt, wird das Geschäft nicht zusammenbrechen", erläuterte er. In Asien sollte es acht Partner geben, die jeweils eine Telematikzentrale betrieben. Das passte alles nicht zusammen, dachte ich, umringt von Aktionären, die zumeist des Lobes voll waren über das tolle Unternehmen. Kritik äußerten sie höchstens moderat. Sie schimpften nur über die Medien, die den Aktienkurs „niedergeschrieben" hatten.

In der Redaktion fand ich die Namen und Länder der acht Asienpartner in einer Studie. Warum hatte mir das Alfred Prillmann ganz anders geschildert? Ich konfrontierte Schnabel mit den Widersprüchen. Die Asientochter sei „nur für neue Kunden in China zuständig", schrieb er mir. „Ich habe mit Herrn Prillmann gesprochen und er hat nur Aussagen für den Bereich gemacht, für den er zuständig ist – China." Aus meinen Gesprächsnotizen ergab sich etwas anderes, und es war unplausibel für mich, dass der Asienchef keine Ahnung vom Asiengeschäft haben sollte, selbst wenn er nur für ein Land zuständig war. Aber ich wollte Prillmann nicht in Schwierigkeiten bringen und beschränkte mich auf seine Aussagen zu China.

Ich durchforstete alle Pressemitteilungen, Werbebroschüren, Geschäftsberichte nach Informationen zum Asiengeschäft. GTS war seit 1999 Partner. In einer Pressemitteilung vom Juni 2000 hieß es, neben GTS und Hutchison in Hongkong sei nun Globalwatch als dritter Partner in Fernost dazugekommen. Das war merkwürdig, da Hutchison ja gar nicht dazu zählte. Ende August waren auch Partner in Malaysia, auf den Philippinen, Australien und Neuseeland genannt. Bis auf GTS mussten die Asienpartner also ab Sommer 2000 gewonnen worden sein. ComRoad hatte zwar schon vor 1999 Asienumsätze ausgewiesen, aber das konnten Partner sein, mit denen es keine Geschäftsbeziehungen mehr gab.

Nur über GTS und den malaysischen Partner Globalwatch fand ich Informationen, die nicht von ComRoad stammten. Malaysische Zeitungen berichteten im Mai 2001 über eine Pressekonferenz mit Bodo Schnabel und dem Globalwatch-Chef Chan Tien Ghee. „Globalwatch hat eine exklusive Lizenz von ComRoad für Malaysia gesichert", sagte Chan. Einige Unternehmen hätten das ComRoad-System getestet, aber noch keines erworben, schrieben die Journalisten. „Wir sind daran interessiert, nach China zu expandieren", zitierte ein Reporter Bodo Schnabel. Laut Liste gab es doch schon zwei Partner in der Volksrepublik, Shenming und China Telematics. Und was machte eigentlich der Partner Likom, der laut Liste für Malaysia und Hongkong zuständig war, wenn doch exklusive Lizenzen an GTS und Globalwatch vergeben waren? Der Telematikmarkt war noch sehr unreif in den Ländern, in denen ComRoad vertreten war. Woher kamen die hohen Asienumsätze? „Globalwatch verkauft zur Zeit sehr gut in Malaysia und wird eine weitere GTTS-Telematikzentrale in Thailand installieren", teilte mir Schnabel mit.

Der PR-Mann von ComRoad schlug mir vor, direkt mit den Partnern in Kontakt zu treten. Die Idee fand sein Auftraggeber Schnabel gar nicht gut: „Gespräche mit Kunden, die wir unter hohem Zeit- und Kostenaufwand gewonnen haben, können wir in Kooperation mit dem ComRoad-Management nur qualifizierten Bankanalysten und Fachjournalisten anlässlich von Messen, Roadshows und speziellen Events gewähren." Außer dem Namen und dem Land gab er keine Informationen über die Partner preis, nicht einmal die Stadt, in der sie ihren Sitz hatten: „Die mit den Kunden abgeschlossenen Verträge und Vereinbarungen unterliegen der Vertraulichkeit." Wie aber sollten die Kunden die Partner finden, wenn Telefonnummer und Adresse geheim waren?

Diese Fragen stellte ich Bodo Schnabel, der den Kontakt zu mir abbrach. In Anspielung auf meinen früheren Artikel für die „Süddeutsche Zeitung" schrieb er mir: „Eine Tageszeitung mag für Sensationsjournalismus geeignet sein, ein seriöses Wirtschaftsmagazin wie „Börse Online" ist dies bestimmt nicht. Hier geht es um die Fundamentaldaten von Unternehmen, die an der Börse gehandelt werden, sowie um die Marktanalysen von erfahrenen Fachleuten. Ich hoffe, Sie haben seit Ihrer SZ-Zeit dazugelernt und wollen seriösen Fachjournalismus betreiben."

Ein Kollege und ich versuchten, die Asienumsätze nachzuvollziehen. Selbst wenn wir unrealistisch optimistische Annahmen zu Grunde legten, wie etwa, dass die Partner keine Kosten hatten, kamen wir höchstens auf die Hälfte der ausgewiesenen Erlöse. Da fast die Hälfte des gesamten Geschäfts auf Asien entfiel, mussten die Umsätze im Jahresabschluss 2000 daher um mindestens ein Viertel zu hoch ausgewiesen worden sein. Darüber schrieben wir im Juni 2001 unter dem Titel „Asienumsätze im Dunkeln verborgen". Das Umsatzziel von 95 Millionen Euro für das Jahr 2001 hielten wir für völlig unrealistisch und rieten zum Verkauf der Aktie, solange das Unternehmen die Ungereimtheiten nicht aufklärte.

Bodo Schnabel schrieb den Aktionären daraufhin einen Brief, in dem er mich und meine Arbeitsweise vorstellte: „Insgesamt bleibt festzuhalten, dass bei dem kurzen Ausflug von Frau Daum nach Hongkong die Recherche zu kurz gekommen ist. Wie früher wollte sie nur einen kurzen Sensationsartikel schreiben." Meine Berechnungen seien allein deshalb falsch, weil die Partnerschaft mit Shenming aus China schon seit August 1998 und mit T-Asia aus den Philippinen seit Oktober 1999 bestand und nicht erst seit Sommer 2000. Aber die zeitliche Reihenfolge war ich doch extra mit dem PR-Mann von ComRoad durchgegangen … Der entschuldigte sich bei mir für die Falschinformation: „Das habe ich auch nicht gewusst."

Nach der Veröffentlichung des Artikels bot mir ComRoad an, den Asienumsatz aufzuschlüsseln. Adressen und Ansprechpartner würden mir aber nicht genannt. Das war witzlos. Ich hatte keine Möglichkeit, den Wahrheitsgehalt zu überprüfen. Das Unternehmen schlug daraufhin vor, mir Einsicht in die Bücher zu gewähren, wenn ich eine Vertraulichkeitserklärung unterzeichnete. Mein Chef warnte mich: „Tu das nicht! Was ist, wenn du tatsächlich Ungereimtheiten findest und dir dann die Hände gebunden sind?" Ich wollte die Fragen jedoch unbedingt klären und war daher zu diesem ungewöhnlichen Schritt bereit. ComRoad reagierte merkwürdig: „Was haben Sie denn davon, wenn Sie nicht darüber berichten dürfen?", wurde ich gefragt. „Das ist doch mein Problem und nicht Ihres", entgegnete ich. Trotzdem zog das Unternehmen das Angebot zurück und machte keinen neuen Vorschlag.

Warum aber hatten mir Bodo Schnabel und Mitvorstand Hartmut Schwamm nichts von T-Asia und Shenming erzählt, als ich sie im November 1999 nach dem Asiengeschäft gefragt hatte? Kurz vor einem Börsengang stellen sich Unternehmen gewöhnlich so positiv wie möglich dar. Da mir ComRoad keine Antwort gab, musste ich T-Asia und Shenming selbst fragen. Die Suche nach den Asienpartnern begann. Das war wie die Fahndung nach einer Stecknadel in einem Heuhaufen. Ich wusste die chinesischen Schriftzeichen nicht, und es gab Dutzende von Kombinationen, um das Wort „Shenming" zu schreiben. Der Name des anderen Partners, China Telematics, ließ sich zwar wörtlich übersetzen. Der chinesische Name kann aber von der englischen Übersetzung abweichen. Weder Branchenvertreter noch Journalisten oder die Handelsvertretungen Chinas in Deutschland beziehungsweise Deutschlands in China konnten mir ohne die richtigen Schriftzeichen weiterhelfen.

Ich rief daher bei Alfred Prillmann an. Zu meiner Verblüffung bestätigte er seine Darstellung, die er mir in Hongkong gegeben hatte. „In China hat noch kein Partner unterschrieben", sagte er. Vor Beginn seiner Tätigkeit als Chef der Asientochter sei China eine „weiße Landschaft" für ComRoad gewesen. Aber wie war das denn nun mit China Telematics? Er zögerte: „Ja, ein Partner ist schon da, da tut sich was, aber den betreut Bodo Schnabel persönlich." Er wisse nichts darüber. Saß China Telematics in Peking, wie der Punkt auf der Karte von der Hauptversammlung vermuten ließ? Prillmann murmelte unsicher etwas Zustimmendes. Aber wieso sprach er eigentlich nur von einem Partner? Was war mit Shenming? Nun wurde Prillmann noch unruhiger. „Shenming in Shenzhen ist ein ganz, ganz alter Partner, auch um den kümmert sich Bodo Schnabel persönlich." Er wisse darüber nichts, und im Übrigen müsse er das Telefonat jetzt abbrechen. Prillmann schien wirklich keine Ahnung davon zu haben. Der Mann, der Neukunden in China gewinnen sollte, kannte die Geschäfte nicht, die angeblich seit über zwei Jahren in dem Land liefen? Das schien mir unmöglich. Es wäre ja extrem peinlich, wenn Prillmann versuchte, Shenming als Partner anzuwerben, obwohl schon Jahre zuvor ein Vertrag unterzeichnet worden war.

Mit „T-Asia" hatte ich ebenfalls Probleme. Ich suchte nach „T-Asia", „T Asia", „Tasia", in Datenbanken, bei den Handelsregistern und Handelsvertretungen der Botschaften. Das Handelsregister in Manila hatte eine T-Asia zu bieten – aber die war erst am 3. Oktober 2000 ins Handelsregister eingetragen, und der Geschäftszweck war Groß- und Einzelhandel von Lebensmittel, Getränken und anderen Waren. Es konnte also nicht die gesuchte Gesellschaft sein. War T-Asia eine Abkürzung? Ich fand eine „Trans-Asia Oil", für die das gepasst hätte. Sie dementierte, etwas mit Telematik zu tun zu haben.

Vielleicht entdeckte ich ja die übrigen drei Partner in der Region, die mir noch fehlten: Likom in Malaysia/Hongkong, Fleetwood in Australien und Guardian in Neuseeland. Ich fand ein paar Unternehmen in den jeweiligen Ländern mit einem einigermaßen passenden Geschäftsfeld. „Wir sind nicht in der Verkehrstelematikbranche tätig", teilte mir der Wohnwagenhersteller Fleetwood aber mit. „Wir bei Guardian Data repräsentieren ComRoad nicht in Australien", schrieb mir ein Mitarbeiter mit dem Namen Kevin. „Leider", fügte er hinzu, „scheint ein interessantes Produkt zu sein." Keine Verbindung gab es auch zu dem Hersteller von Feuersicherheitssysteme Guardian Alarms in Wellington, Neuseeland. Der Computerkonzern Likom in Melaka, Malaysia, dementierte ebenfalls eine Partnerschaft mit ComRoad.

Wie sollten Kunden die Unternehmen finden, wenn es mir nicht gelang? Ich hatte über Wochen gesucht. Nur die Existenz von zwei der angeblich acht Partner in Asien ließ sich bestätigen, die Telematikzentralen betrieben und Bordcomputer vermarkteten: GTS und Globalwatch, die beiden auffindbaren Firmen, konnten aber höchstens zwei Millionen Euro Umsatz gemacht haben. Das waren nur zehn Prozent der von ComRoad ausgewiesenen Zahl von 19,9 Millionen Euro. Ich schrieb daher im August über die „Phantompartner in Asien". Der Verdacht erhärte sich, „dass der Jahresabschluss 2000 auf falschen Zahlen beruht."

Das war ein harter Vorwurf, dennoch reagierte ComRoad zunächst nicht. Im Internet veröffentlichte ein Nutzer die Antwort Schnabels auf seine Anfrage: „Unsere Rechtsabteilung geht davon aus, dass sich eine Klage nicht lohnt, da diese Publikation langfristig im Markt nicht bestehen wird." Das hatte er sich in einem Interview ein paar Tage später aber anders überlegt: „Da schon einige Anzeigen von Anlegern und anderen Betroffenen laufen, nehmen wir an, dass sehr bald die Staatsanwaltschaft bei den Verursachern der Vorwürfe vor der Tür steht." In einer Aktionärsinformation schrieb er Mitte August, es sei unverständlich, „wie einige Journalisten nicht mehr zwischen Phantasie und Wirklichkeit unterscheiden können und vorsätzlich Vorwürfe ohne jeden Beweis verbreiten." ComRoad habe einen Fachanwalt mit der Angelegenheit beauftragt.

Von diesem Herrn hörte ich bald. Teil seines Auftrags schien zu sein, mich zu beschäftigen, so dass ich keine Zeit für Recherchen hatte. So kam es mir zumindest vor, denn ComRoad ließ ihn auch gegen Phantom-Äußerungen vorgehen. Angeblich hatte etwa ein „Börse-Online"-Redakteur im „Wallstreet-Report" des Fernsehsenders N24 etwas gesagt, dessen Wiederholung ComRoad uns und dem Sender verbieten wollte. Niemand von uns war aber in dieser Sendung aufgetreten. N24 überprüfte die entsprechenden Bänder, ohne Ergebnis. Wir baten den Anwalt um genauere Informationen. Es stellte sich heraus, dass ComRoad selbst keine hatte. Die Sache kostete etliche Stunden Arbeit und verlief im Sande.

Im September bekam ich Post vom Landgericht Berlin, eine einstweilige Verfügung. Ab sofort durften wir fast nichts mehr von dem behaupten, was ich in dem „Phantompartner"-Artikel geschrieben hatte. Falls es irgendjemand im Verlag doch tat, war ein Ordnungsgeld bis zu 500 000 DM oder Ordnungshaft für unseren Geschäftsführer fällig. Die Richter hatten diese Verfügung auf Antrag von ComRoad erlassen, ohne dass wir uns dazu äußern durften. Bodo Schnabel hatte dafür eine Versicherung an Eides statt abgegeben, die mir nun in Kopie vorlag. Ich las sie mit Erstaunen. Manche Formulierungen wirkten auf mich seltsam. Er zählte die acht Partnerunternehmen ComRoads zum 31. Dezember 2000 auf und schrieb: „Mit diesen Gesellschaften wurde im Geschäftsjahr 2000 der größte Teil des im Jahresabschlusses ausgewiesenen Umsatzes für Asien in Höhe von rund 19,9 Millionen Euro tatsächlich erzielt. Zur Vereinfachung hat die ComRoad AG nach dem allgemeinen kontinentalen Verständnis auch ihre afrikanischen Partner der Region Asien zugeordnet." In Afrika seien Umsätze von etwa fünf Millionen Euro erzielt worden.

Als reiner Asienumsatz, ohne Afrika, blieben demnach 14,9 Millionen Euro übrig. Das grundsätzliche Problem blieb damit bestehen: Auch diese Summe ließ sich nicht nachvollziehen, ich war noch nicht einmal auf zwei Millionen Euro gekommen. Wir legten Widerspruch ein, die Verhandlung wurde für den 22. November 2001 angesetzt. Vorher kündigte der ComRoad-Anwalt an, den Richtern Verträge und sonstige Unterlagen zu zeigen, um die Existenz der Partner zu belegen.

Außerdem fügte er eine Liste mit den Namen und Anschriften der Unternehmen bei. Sie wich in mehreren Punkten von der Aufstellung aus den Analystenstudien und der eidesstattlichen Versicherung von Bodo Schnabel ab. T-Asia hieß nun Telematics-ASIA, Shenming wurde zu Sheng Ming. China Telematics war von China nach Hongkong gewandert und Fleetwood von Australien nach Neuseeland. Guardian tauchte gar nicht mehr auf, dafür aber eine Australia and New Zealand Technologies. „Kein Wunder, dass ich die Partner nicht gefunden habe", dachte ich mir. Erstaunlich fand ich, dass sich die neuen Angaben auch nicht mit dem deckten, was Bodo Schnabel auf der Hauptversammlung erzählt hatte. Auf der Weltkarte, die er gezeigt hatte, war zum Beispiel eine Telematikzentrale in Australien eingezeichnet. Da gab es nun aber gar keinen Partner mehr.

Ich war neugierig, wie ComRoad die Unterschiede begründen würde. Neben dem Anwalt erschien Steffen Ruppert von der Rechtsabteilung bei ComRoad zur Verhandlung vor dem Landgericht Berlin. Er erklärte: „Guardian ist nicht der Firmen-, sondern der Markenname." Australia and New Zealand Technologies vertreibe Telematikdienstleistungen unter dieser Bezeichnung. Und wieso war Fleetwood von Australien nach Neuseeland gewandert? Bei der Länderangabe in der eidesstattlichen Versicherung sei nicht gemeint, dass sich der jeweilige Partner in dem Land befinde, sondern dass er Partner für das Land sei, sagte er dazu. Schön und gut, nur liegen zwischen Neuseeland und Australien ein paar Flugstunden, damit erschien mir die Betreuung des Riesenlandes recht umständlich.

Im Übrigen erfuhren wir vom Anwalt ComRoads, Alfred Prillmann sei gar nicht der Asienchef. Der Asienchef war nicht der Asienchef? Und wieso hatte man ihn mir dann so vorgestellt, und warum stand das auf seiner Visitenkarte? Schon wieder war plötzlich etwas angeblich ganz anders, als man mir es zuvor präsentiert hatte. Sich mit ComRoad zu befassen glich dem Versuch, einen Pudding an die Wand zu nageln. Verträge oder sonstige Unterlagen legten die Vertreter ComRoads zu meiner Enttäuschung nicht vor. Die Richter entschieden zu unseren Gunsten und hoben die einstweilige Verfügung vollständig auf.

Nun hatte ich ein Papier mit sechs Adressen ohne Telefonnummern in der Region Asien. Ob diese Unternehmen tatsächlich Geschäfte mit ComRoad machten, war damit nicht gesagt. Also bat ich ComRoad um Nachweise. Solche Informationen würde man mir nicht übermitteln, erfuhr ich. „Die Referenzpartner wurden im Rahmen der Gerichtsverhandlung am 22. November in Berlin vorgelegt sowie Zweifel an deren Existenz und Beziehung zu ComRoad ausgeräumt", teilte mir der PR-Vertreter von ComRoad mit. „Ich möchte Sie daher herzlich bitten, die Existenz der ComRoad-Partner sowie die Kooperation der Partner mit ComRoad als gegeben zu akzeptieren." Das hätte ich gerne getan, wäre da nicht die gähnende Millionenlücke im Fernost-Umsatz gewesen. Ich würde also selbst weiter nach Beweisen suchen müssen. Der Flug nach Hongkong war gebucht.

Willkommen in Absurdistan

Ich vermutete mittlerweile, dass es nicht nur in Asien, sondern weltweit Löcher im Partnernetz gab. Das bestätigte sich, als ich ab Sommer 2001 die weltweite Liste durchging. „Europ Assistance stand nie in irgendeiner Geschäftsbeziehung zu ComRoad", erfuhr ich vom angeblichen Österreich-Partner aus Wien. Teknobil in der Türkei hatte noch nie von ComRoad gehört. Teletransit in Dänemark existierte seit einem Jahr nicht mehr. ComWorxx in den USA hatte den Vertrieb noch nicht aufgenommen. Bei Voktell in Norwegen und Online Telematics in Großbritannien, die ComRoad beide zu den zehn größten Umsatztreibern gezählt hatte, war noch nicht einmal die Telematikzentrale installiert. Das mit den Briten angepeilte Vertragsvolumen von 80 Millionen DM in drei Jahren war wohl nicht mehr zu schaffen. Online-Telematics-Chef Bill Prescott wirkte erstaunt, als ich ihm die Plansumme nannte: „Das war sehr ehrgeizig."

Sohard in der Schweiz hatte die Beziehung im Frühjahr 2000 beendet, tauchte aber noch ein Jahr später als Partner auf der ComRoad-Webseite auf. Von der spanischen Scoobi hatten Branchenkenner noch nie installierte Geräte gesehen. Über Skynet hörte ich die Beschreibung: „Ein Risikokapitalmantel, der versucht, über ein paar Pilotinstallationen weitere Investments zu gewinnen." Andere Partner wie Wackenhut in Griechenland nahmen im Jahr 2001 keine oder wie Planet GPS in Frankreich nur wenige ComRoad-Bordcomputer ab. Mit mehr als der Hälfte der Partner hatte ich Kontakt aufgenommen, trotzdem hörte ich immer noch den Vorwurf, ich könne doch keine Schlussfolgerungen über Umsatzlöcher ziehen, solange ich nicht mit allen gesprochen hatte. Es ließen sich nur gar nicht alle finden.

Ich stellte einen bemerkenswerten Zusammenhang fest: Je deutlicher die Kritik in den Medien und bei den Analysten wurde, desto absurder fielen die Meldungen aus Unterschleißheim aus. ComRoad reagierte dabei mit Vorliebe auf das, was gerade besonders angegriffen wurde. Wenn neue Ungereimtheiten auftauchten, fand Bodo Schnabel stets schneller eine Ausrede als eine Maus ein Schlupfloch. Mit seinen Erklärungen gaben sich viele – Mitarbeiter, Aktionäre, Journalisten – zufrieden, selbst wenn sie noch so hanebüchen waren. Sie nahmen ihm auch die unglaublichsten Ankündigungen ab. Bei jeder Mitteilung aus dem Hause ComRoad war ich gespannt, was sich Schnabel diesmal ausgedacht hatte und ich wurde selten enttäuscht.

Eine Woche nach Erscheinen meines ersten Artikels über die Asienumsätze kündigte ComRoad im Juni 2001 ein Aktienrückkaufprogramm an. Wie üblich bei einer solchen Ankündigung, hüpfte die Aktie in die Höhe. Denn das Unternehmen signalisiert damit, dass es die eigene Aktie für ein Schnäppchen hält. Hier handelte es sich aber offensichtlich um Aktionismus, um den Kurs zu stützen. Das war eine Kapitalvernichtungsmaßnahme sondergleichen, denn der Effekt verpufft gewöhnlich schnell. Der Onlinereiseanbieter Travel24.com etwa kaufte im Jahr 2001 Aktien zurück. Trotzdem sank der Kurs unaufhaltsam. Mehr als eine Million Euro an liquiden Mitteln vernichtete er damit, die er gut hätte brauchen können, als das Geld im Jahr 2002 knapp wurde.

In solche Schwierigkeiten brachte sich ComRoad nicht, verräterisch war aber die fadenscheinige Begründung: Die erworbenen Papiere waren für Beteiligungen an anderen Unternehmen gedacht. Erst ein gutes halbes Jahr zuvor hatte ComRoad neue Aktien ausgegeben, um Geld für diesen Zweck einzunehmen. Nun verwendete der Telematikanbieter diese Mittel, um eigene Aktien zu kaufen. Das war unsinnig. Laut einer Studie hatte ComRoad mindestens bis Februar 2001 alle Beteiligungen bar bezahlt. Warum sollten sich potenzielle Verkäufer in einer schlechten Börsenphase lieber in ComRoad-Aktien als in bar bezahlen lassen? Mehr als eine halbe Million Euro verpulverte das Unternehmen für die Aktion, die sich nur kurzfristig positiv auswirkte.

Noch besser gefiel mir eine Pressemitteilung Anfang Juli 2001. ComRoad verkündete einen Vertragsabschluss mit Shanghai Shihua in China, einer Tochter des großen Mobilfunkbetreibers China Unicom. Die Anleger waren begeistert: Endlich ein bedeutender Partner! Von den bisherigen Partnern hatte kaum jemand je gehört. Insgesamt sollten sieben Telematikzentralen aufgebaut werden. „Bis Ende August werden bereits zwei Stationen installiert sein, die restlichen bis zum Ende des Jahres", sagte Schnabel. Peking und Schanghai seien zuerst an der Reihe. „Denkbar ist auch eine Ausweitung auf alle 30 Provinzen Chinas." Als ich das anvisierte Vertragsvolumen hörte, fiel ich fast vom Stuhl: Laut Schnabel war es „ein höheres dreistelliges Millionenvolumen" innerhalb von drei Jahren.

„Wenn ComRoad das auch nur annähernd schafft, schlage ich persönlich Herrn Schnabel als Manager des Jahres vor", sagte ich zu meinen Kollegen. Ich hatte gelesen, dass die meisten Speditionen in Schanghai nur kleine Flotten hatten. In einem solchen Markt ist es schwer, schnell viele Kunden zu gewinnen. Shihua bestätigte zwar eine Übereinkunft mit ComRoad, äußerte sich aber nicht zum Inhalt. Im November 2001 behauptete Schnabel, in Schanghai sei ein Pilotprojekt mit 10 000 Bussen angelaufen. Branchenkenner schüttelten mit dem Kopf. Ein Auftrag dieses Volumens wäre selbst in einem Industrieland etwas Besonderes. Es waren etliche technische Probleme zu lösen, dann würden erst ein paar Dutzend, danach ein paar Hundert Geräte installiert und über einige Monate getestet, niemals jedoch so viele auf einmal. ComRoad-Mitarbeiter bemühten sich nach meinen Informationen auch weiterhin um Partner in China. Das wäre undenkbar, wenn es die große Beziehung wirklich gab.

Der zweite große Asienpartner ComRoads, SatNav, die Telematiktochter des indischen Computerkonzerns Satyam Computer, erkundigte sich im Frühjahr 2002 beim Besuch einer deutschen Delegation nach möglichen Kooperationspartnern, obwohl ComRoad im Dezember 2001 verkündet hatte, einen Vertrag mit einem Volumen von mindestens 20 Millionen Euro über drei Jahre mit den Indern abgeschlossen zu haben. Ein Foto, das Bodo Schnabel händeschüttelnd mit SatNav-Chef Amit Prasad zeigte, verschwand nach einiger Zeit wieder von der Webseite der Inder.

„Immer nur Partner im Ausland", lästerten Kritiker. Auch da wusste ComRoad Abhilfe zu schaffen. Ende August kam ein deutscher Partner dazu, und was für einer: Die M-Tec GmbH aus Memmingen vertrieb den Cybercat, eine Art Katalysator, mit dem Laster weniger Diesel verbrauchten. Der ComRoad-Bordcomputer sollte das System unterstützen. Zum Geschäftszweck zählte der Handel mit Anlagen, die den Nutzungsgrad der Energieträger erhöhten und „den menschlichen Organismus vor Strahlungen, ausgehend von elektrischen und elektronischen Geräten, schützen und die körpereigene Energie harmonisieren".

Die Webseite, auf der ich diesen Satz las, war freilich erst Tage vor der Bekanntgabe der Partnerschaft mit ComRoad ins Netz gestellt worden. Das Unternehmen war gerade mal drei Monate alt und bestand aus sieben Leuten, wobei einer der Chefs von der ComRoad-Tochter T+T Netcom stammte. In nur acht Wochen wollten sie ein marktreifes Produkt entwickelt haben, das sie der Presse wenige Wochen später vorführen wollten. Noch im laufenden Jahr plante M-Tec vier Millionen DM Umsatz und im Jahr darauf sogar 40 Millionen DM, obwohl der Cybercat noch nicht alle Zulassungen hatte. Die Presseeinladung kam nie, und das Firmengebäude sah in Wirklichkeit etwas weniger beeindruckend aus als auf dem Bild im Internet.

Auch bei den Zahlen wollte Bodo Schnabel den Kritikern den Wind aus den Segeln nehmen. Der hohe Geldabfluss sollte bald der Vergangenheit angehören. Im November 2001 kündigte der Firmenchef an: „Da wir ab 2002 weniger in Beteiligungen und Anzahlungen für Telematik-Endgeräte investieren, wird sich der Cash-Flow positiv entwickeln." ComRoad schaffte das sogar noch schneller: Kurz vor der Veröffentlichung der offziellen Zahlen flüsterte Schnabel einer Finanzwebseite Mitte Februar 2002 zu, der Cash-Flow sei im vierten Quartal des abgelaufenen Jahres positiv gewesen.

Nähere Informationen zu den Zahlen ließen aber schon mal auf sich warten. Der Quartalsbericht für das dritte Quartal 2001 wurde zum Beispiel erst am Tag nach den Zahlen veröffentlicht. „Mit dem Quartalsbericht fehlt aber das Instrument, um wenigstens andeutungsweise einen Blick in das ComRoad-Getriebe zu werfen", monierte die „Börsen-Zeitung" verstimmt. Gerade im Fall ComRoad hatten die blanken Zahlen wenig Aussagekraft. Da es immer mehr Leuten auffiel, dass sich das Unternehmen so vehement gegen den Branchentrend entwickelte, veröffentlichte Schnabel im dritten Quartal erstmals Zahlen, die leicht unter den Prognosen lagen – wegen verzögerter Auslieferungen nach den Terroranschlägen in den USA. Für das Jahr 2002 rechnete er aber mit einer Fortsetzung des starken Gewinn- und Umsatzwachstums.

Ich schwankte, ob ich die Öffentlichkeitsarbeit als genial oder wahnsinnig ansehen sollte. Mitte November 2001 legten mir Kollegen eine Agenturmeldung auf den Schreibtisch: ComRoad habe die Gewinn- und Umsatzprognose angehoben, berichtete Reuters unter Berufung auf Unternehmenssprecher Jürgen Wollenschneider. Für 2002 würden nun ein Umsatz von 176 Millionen Euro statt rund 152 bis 171 Millionen Euro und ein Gewinn vor Zinsen und Steuern von 42 Millionen Euro statt 38,5 Millionen Euro erwartet. Das war außergewöhnlich in einer Zeit, in der es fast jeden Tag Gewinnwarnungen gab. Der Aktienkurs stieg in der nächsten Minute von 10,93 Euro auf 11,53 Euro.

Moment mal, die Zahlen kamen mir irgendwie bekannt vor. Ich warf einen Blick in mein Archiv. Tatsächlich, es waren die gleichen Zahlen, die das Unternehmen schon im März bekannt gegeben hatte. Bodo Schnabel bestätigte dies auch wenig später gegenüber der Nachrichtenagentur Bloomberg. Ihre Dienste werden nicht von so vielen Redaktionen genutzt wie die von Reuters. Ich fragte bei Wollenschneider nach. „Der Journalist hat mich falsch verstanden, ich werde bei Reuters anrufen", erklärte er mir. Wie gut zu wissen, dass ich offenbar nicht die einzige Medienvertreterin war, die ihn falsch verstand. Später kam tatsächlich eine Korrektur der Meldung: In einem Satz sei das Wort „Millionen" vergessen worden, die eigentliche Fehlinformation blieb bestehen. Einige Zeitungen druckten die kursfördernde Meldung von der vermeintlich höheren Gewinnprognose.

Nicht ganz klar war mir zunächst, warum ComRoad ein Formel-1-Team unterstützte. In der Pressemitteilung hieß es, ComRoad werde die „technologische Entwicklung des Rennstalls durch die Implementierung ihrer Telematik-Technologie optimieren". Was immer das auch bedeuten sollte, denn gewöhnlich war es ja nicht nötig, Rennwagen auf den Rundkursen zu orten. Ab dem großen Preis von Monaco Ende Mai

2001 prangte ein Aufkleber am Heck der Formel-1-Boliden des Rennstalls Red Bull Sauber Petronas. Zu sehen war er eigentlich nur, wenn Sauber-Fahrzeuge aus dem Rennen fielen und der Abgang in Zeitlupe wiederholt wurde. ComRoad hatte aber Zugang zu VIP-Karten für Formel-1-Rennen, die schon mal Journalisten angeboten wurden – oder auch eine mehrtägige Reise nach Florida, um den ComRoad-Stand auf einer Messe live zu erleben.

Über mich wurden dagegen Gerüchte gestreut. Ein Händler rief einen Kollegen von mir an und fragte, ob es denn stimme, dass ich in einen alten Familienstreit mit Schnabel verstrickt sei. Daraus machte ich mir einen Spaß. Als ich mit meinen Angehörigen einmal eine Messe besuchte, auf der auch ComRoad einen Stand hatte, fragte ich sie: „Wollt Ihr den Mann kennen lernen, mit dem Ihr seit langem Krach habt?" Sie wollten. Ich führte sie in die richtige Halle, und sie unterhielten sich nett mit Bodo Schnabel.

„Alles, was Sie geschrieben haben, stimmt", sagte mir ein Branchenkenner, der Schnabel gut kannte. „Aber es ist mutig. Wissen Sie eigentlich, mit wem Sie sich da anlegen?" Aus dem Unternehmen selbst hörte ich später, ich müsse mit ernsten Konsequenzen rechnen, wenn ich so weitermache. „Was soll denn da noch kommen?", fragte ich zurück. „Sie haben sich doch schon bei der Chefredaktion über mich beschwert und Rechtsmittel eingelegt." – „Wir haben da schon noch Ideen", war die kryptische Antwort. Der Chefredakteur bot mir an, die ComRoad-Artikel künftig unter einem Pseudonym zu veröffentlichen. „Dafür ist es zu spät", entgegnete ich. „ComRoad weiß doch sowieso, wer hinter den Artikeln steckt." Wüste Beschimpfungen bis hin zu Morddrohungen gegenüber Mitarbeitern von uns stammten gewöhnlich eher von den Anbietern halbseidener Anlagen, die wir zum Grauen Kapitalmarkt zählen. Sicherheitshalber beobachtete ich danach mein Umfeld sehr genau und vermied menschenleere Orte. Wie auch in anderen Fällen blieb ComRoad selbst noch unbehelligt von allen Kontrollorganen und -instanzen, die hätten eingreifen können.

Formfehler und formidable Fehler

Im Sommer 2001 war ich mir sicher, dass etwas mit den ComRoad-Zahlen nicht stimmte. Das musste die Deutsche Börse interessieren, dachte ich, denn alle Unternehmen des Neuen Marktes waren verpflichtet, dort ihre Quartals- und Jahreszahlen vorzulegen. Die Mitarbeiter der Börse überprüften, ob das Eingangsdatum innerhalb der vorgeschriebenen Frist lag – zwei Monate nach Quartalsende und drei Monate nach Geschäftsjahresende – und ob das Zahlenwerk komplett war, also ob nicht vielleicht ein Teil wie die Gewinn- und Verlustrechnung beim Jahresbericht fehlte. Dann veröffentlichten sie es im Internet. Die Börse hatte damit kaum eine Chance, Ungereimtheiten selbst zu entdecken. Als ich von ComRoad erzählte, hieß es bei der Pressestelle jedoch lapidar: „Die Deutsche Börse prüft die Zahlen auf Vollständigkeit und inhaltliche Plausibilität. Wenn eine Bilanz falsch ist, dann gilt sie als nicht abgegeben." Das habe dann unter Umständen Sanktionen für eine verspätete Abgabe zur Folge. Mehr jedoch nicht.

Einen formalen Fehler hatte ich allerdings auch bemerkt: Der ComRoad-Jahresabschluss 2000 auf der Webseite der Deutschen Börse war nach den Vorschriften des Handelsgesetzbuches (HGB) aufgestellt. Das war im Jahr des Börsengangs und im folgenden Jahr erlaubt, aber nur mit einer Überleitungsrechnung zu einem der beiden internationalen Rechnungslegungsstandards International Accounting Standards (IAS) oder Generally Accepted Accounting Principles der USA (US-GAAP). Dieser Teil war nicht vorhanden.

Die Deutsche Börse hatte sich etwas dabei gedacht, als sie die internationalen Standards und nicht die des HGB für den Neuen Markt vorschrieb. Die deutschen Vorschriften sollen vor allem die Gläubiger schützen. Die Unternehmen müssen daher ihre Vermögenswerte vorsichtig ansetzen. Wenn sie in eine Schieflage geraten, haben sie noch genügend Reserven, um ihre Kreditgeber zu befriedigen – das ist jedenfalls die Grundidee. Aktionäre sind aber nicht Gläubiger, sondern Eigentümer. Sie wollen den Gesamtwert wissen, um abzuschätzen, ob eine Aktie günstig oder teuer ist. Die internationalen Standards kommen ihnen dabei eher entgegen als das deutsche HGB.

Die Regeln weichen zum Teil deutlich von den deutschen ab, zum Beispiel bei der Frage, was wann als Umsatz verbucht werden darf. Auch der ausgewiesene Gewinn fällt oft unterschiedlich aus. Das berühmteste

Beispiel dafür lieferte der Autohersteller Daimler vor der Fusion mit Chrysler. Für 1993 wies er einen Bilanzgewinn von 615 Millionen DM aus. Nach US-GAAP ergab sich für den gleichen Zeitraum ein Verlust von 1,8 Milliarden DM.

Als ich die Börse auf die fehlende Überleitungsrechnung hinwies, hieß es, ComRoad habe Zahlen vorgelegt, mit denen die Deutsche Börse nicht zufrieden war. Bodo Schnabel gab sich verwundert: ComRoad habe das 1999 auch so gemacht, und die Börse habe sich nicht beschwert, erzählte er dem „Platow Brief". Mit mehrwöchiger Verspätung lieferte das Unternehmen den fehlenden Part nach. Die Börse leitete zwar ein Sanktionsverfahren ein, es verlief jedoch offenbar im Sande. Auf der entsprechenden Webseite der Börse tauchte ComRoad jedenfalls nie in diesem Zusammenhang auf.

Sie störte sich generell wenig daran, wenn die Formvorschriften nicht eingehalten wurden. Experten lästerten, dass sie es nicht einmal merken würde, wenn ihr ein Abschluss in einem falschen Rechnungslegungsstandard untergejubelt würde, solange nur der Wirtschaftsprüfer seinen Stempel darunter setze. In einer Studie vom Mai 2002 untersuchte das Deutsche Aktieninstitut (DAI) die Jahresabschlüsse von 200 Unternehmen des Neuen Marktes. Im Schnitt enthielten sie nur 84 Prozent der erforderlichen Angaben. Gerade mal zwei waren vollständig, einer begnügte sich gar mit 42 Prozent der Informationen. Auffällig gut schnitten Unternehmen ab, deren Aktie auch in den USA gelistet ist. Sie werden auch durch die strenge US-Börsenaufsicht Securities and Exchange Commission (SEC) überwacht.

Die Deutsche Börse verwies mich wegen ComRoad an das deutsche Gegenstück der SEC, die Bundesanstalt für Finanzdienstleistungsaufsicht. „Wir überprüfen die Zahlen der Emittenten nicht", hieß es dort, als ich den Fall vortrug. Die Behörde nimmt nur die wirtschaftlichen Verhältnisse der Finanzbranche unter die Lupe. Etwa alle fünf Jahre und bei gegebenem Anlass auch zwischendurch versucht sie, Banken einer Sonderprüfung zu unterziehen. In Deutschland gibt es aber keine staatliche Stelle, die sich um die Zahlen von Unternehmen außerhalb der Finanzwelt kümmert.

Es ist kein Wunder, dass die Wissenschaftler des Aktieninstituts ein pessimistisches Fazit zogen: Den Investoren bringe es wenig, wenn die Unternehmen zwar nach anlegerfreundlichen Vorschriften bilanzieren müssten, aber „keine durchsetzungsfähige Marktaufsicht existiert, die sicherstellt, dass die hochwertigen Rechnungslegungsstandards von den Unternehmen auch tatsächlich befolgt werden". Ab 2005 müssen alle börsennotierten Unternehmen in der Europäischen Union den internationalen Standard IAS verwenden. Das werde die Information und Transparenz nicht verbessern, wenn nicht zugleich die Marktaufsicht „erheblich gestärkt" werde, glauben die Experten. „Abgesehen von der gesetzlich vorgeschriebenen Abschlussprüfung gibt es in Deutschland zur Zeit faktisch keine Institution, die die Einhaltung der Vorschriften zur Bilanzierung und Offenlegung überwacht und Verletzungen sanktioniert."

Die Unternehmen am Neuen Markt mussten sich immerhin zusätzlich zu den gesetzlichen Vorschriften an das „Regelwerk Neuer Markt" halten. Sie hatten sich vor dem Börsengang einem Zulassungsausschuss der Börse zu präsentieren – ComRoad stellte sich dort im März 1999 vor – und unterlagen strengeren Publizitätsbestimmungen als die anderen börsennotierten Gesellschaften. Den Anlegern kam der Neue Markt als eine Art Gütesiegel vor, er bescherte den Unternehmen eine weit größere Aufmerksamkeit als ähnlichen kleinen oder mittelgroßen Gesellschaften mit überdurchschnittlichen Wachstumsaussichten, die sich für andere Börsensegmente entschieden. Solche Firmen wurden eher etwas schief angesehen. Scheuten sie die höhere Transparenz durch die strengen Publizitätspflichten? Die Anleger konnten nicht ahnen, dass hinter der Fassade von Kontrolle und Aufsicht wenig steckte.

In den Regeln war zwar von Sanktionen die Rede, aber vor allem in den ersten Jahren sah die Deutsche Börse häufig über Verstöße hinweg. Damit entstand bei den Unternehmen wenig Unrechtsbewusstsein, wenn sie sich nicht so genau daran hielten. Mehrmals verschärfte die Börse das Regelwerk und veröffentlichte schließlich Übertretungen und Sanktionen im Internet, etwa wenn Zahlen nicht pünktlich eingereicht oder Aktienverkäufe von Insidern nicht rechtzeitig gemeldet wurden. Die Geldstrafen waren aber mit 2000 Euro bis 100 000 Euro gering. Im Juli 2002 sagte Rainer Riess, der damals im Vorstand der Deutschen Börse für den Neuen Markt verantwortlich war, es seien 120 Sanktionen mit einem Strafgeld von insgesamt 1,7 Millionen Euro verhängt worden. Das sind im Schnitt nur rund 14 000 Euro.

Gegenüber dem „Wall Street Journal" betonte Riess, kein Regelwerk hätte die Art falscher Buchungen verhindern können, die ComRoad begangen habe. Wären die Verdachtsmomente ernst genommen worden, wäre der Schwindel aber wahrscheinlich früher aufgeflogen. Auf kurze Sicht ist es verständlich, dass die Börse wenig Interesse daran zeigte, denn die Unternehmen sind ihre Kunden. Langfristig aber schadete sie sich dadurch.

Wegen des Vertrauensverlusts der Anleger beschloss die Deutsche Börse im Herbst 2002 sogar, den Neuen Markt abzuschaffen und neben einem Standardsegment mit relativ geringen Anforderungen ein strengeres Premiumsegment zu schaffen. Die Voraussetzungen für die erste Klasse waren allerdings nicht höher als die für den Neuen Markt. Das Problem des Wachstumssegments waren nicht die Regeln, sondern ihre Durchsetzung. ComRoad hätte die Hürden für die Aktien-Oberliga locker gepackt.

Als die Deutsche Börse zum Beispiel die Unternehmen zwang, strengere Standards bei den Quartalsberichten einzuhalten, verhielt sich ComRoad mustergültig. In einer Aktionärsinformation schrieb Schnabel am 13. August 2001: „Mit der Einführung strukturierter Quartalsberichte am Neuen Markt ab dem dritten Quartal 2001 geht die Deutsche Börse einen weiteren Schritt in Richtung Qualitätssicherung und mehr Markttransparenz. Die ComRoad AG wird die Berichterstattung für das zweite Quartal 2001 in den nächsten Wochen bereits auf das neue Format umstellen." Die Zeitschrift „Capital" lobte die Qualität der Pflichtmitteilungen des Telematikanbieters in einer Untersuchung.

Da ComRoad zunächst formal (fast) alles richtig machte, hatte die Deutsche Börse nach dem Regelwerk nicht einmal die Möglichkeit, das Skandalunternehmen aus dem Auswahlindex Nemax-50 zu verbannen. Sie musste auf einen Verstoß ComRoads warten: ComRoad beantragte eine Fristverlängerung von vier Wochen zur Abgabe des Jahresberichts 2001. Vergleichbares hatte die Börse vielen anderen Unternehmen gewährt, hier war ihr die Begründung nicht umfassend genug. Das Unternehmen stellte einen zweiten, nach eigenen Angaben sehr ausführlichen Antrag. Wieder lehnte die Börse ab.

Das „grob pflichtwidrige Verhalten von ComRoad durch inhaltlich unrichtige und unvollständige Angaben im Jahresabschluss 2001" führte die Deutsche Börse zwei Wochen später, am 19. April 2002, an, als sie die Aktie aus dem Neuen Markt warf. Sie wurde danach im Geregelten Markt gehandelt. Die Deutsche Börse entzog dem Unternehmen am 9. September 2002 sogar die Börsenzulassung. Gerade für den Neuen Markt seien die strengen Anforderungen an die Finanzberichterstattung ein wichtiges Qualitätsmerkmal, hieß es. Jahresabschluss 2001? Den gab es doch noch gar nicht. Oder doch? Hatte ComRoad Zahlen abgegeben, von denen bekannt war, dass sie falsch waren? Dieses Gerücht hatte mich einige Tage vorher erreicht. Da die Deutsche Börse inhaltlich nicht prüft, hätte ComRoad damit formal die Pflichten erfüllt. So dreist war der Tele-matikanbieter aber doch nicht gewesen. Die Börse hatte die Mitteilung nur ein wenig missverständlich formuliert.

Nicht nur den Sprung in das Premium-Segment hätte ComRoad wohl locker geschafft. Auch mit dem Verhaltenskodex zum Börsengang für Unternehmen und emissionsbegleitende Banken, den die Börse im Sommer 2002 vorstellte, hätte die Gesellschaft keine Probleme gehabt. Danach müssen zum Beispiel wesentliche Rechtsgeschäfte mit nahe ste-henden Personen veröffentlicht werden. Bei ComRoad gab es eine besonders pikante Variante, weil eine Aufsichtsrätin beim Erstellen der Zahlen half: „Der Aufsichtsrat hatte in seiner Sitzung vom 14.7.1999 zugestimmt, dass – zunächst bis zum Jahresende 1999 – die Firma CM Computer Marketing Ingrid Schnabel, Steinkirchen, Buchhaltungs-, Personalverwaltungs- und Marketingdienstleistungen für die ComRoad AG erbringt", heißt es in einem Protokoll des Aufsichtsrats.

Der Fanartikelhersteller Sunburst Merchandising wiederum mietete eine Immobilie und bezog Telekommunikationsdienstleistungen von Firmen, an denen Sunburst-Vorstände beteiligt waren. Eine noch raffi-niertere Verknüpfung gab es beim Trickfilmproduzenten TV Loonland: Der Finanzvorstand Carl Woebcken hielt einen Anteil an der Beteili-gungsgesellschaft M+A, die wiederum bei TV Loonland einstieg. M+A hatte damit einen direkten Draht ins Herz des Unternehmens. Woebcken wiederum wusste, wann welche Meldung veröffentlicht wurde. Im Herbst 2000 fiel die Aktie seltsamerweise nach der Bekanntgabe positiver Pflichtmitteilungen. Der Kursverlauf erweckte den Eindruck, als hätten Investoren solche Nachrichten abgepasst, um Papiere auf den Markt zu werfen.

Ob Verkäufe der M+A hinter dem unüblichen Kursmuster steckten, lässt sich nicht nachprüfen, denn die M+A galt trotz der Beteiligung Woebckens und des Aufsichtsrats Friedrich Thomée nicht als Insiderin und musste ihre Transaktionen nicht melden. Auch nach dem im Juli 2002 geänderten Wertpapierhandelsgesetz ist nur von natürlichen Perso-nen die Rede. Hält ein Insider Aktien nicht unter eigenem Namen, son-dern über ein Unternehmen, sind Käufe und Verkäufe nicht meldepflichtig, von Schenkungen ist ebenfalls keine Rede. „Wir sind uns der Problematik bewusst", räumte eine Sprecherin der Bundesanstalt für Finanzdienstleistungsaufsicht kurz nach In-Kraft-Treten der geänderten Regelung ein. Die Behörde prüfe den Sachverhalt gerade.

Die M+A gab im Frühjahr 2002 gezwungenermaßen zu, im Herbst 2000 Aktien verkauft zu haben – obwohl sie sich beim Börsengang freiwillig dazu verpflichtet hatte, die Papiere mindestens bis Frühjahr 2001 zu halten, wie im Emissionsprospekt zu lesen war. Von Woebckens Verbindung zur M+A war allerdings nichts vermerkt. Erst eine Recherche im Handelsregister brachte dies ans Licht.

Woebcken sagte im Sommer 2002: „Ich hatte und habe indirekt über die M+A weniger als ein Prozent an TV Loonland. In die Geschäftsführung der M+A war ich nicht verwickelt." War das wesentlich? Und fielen die Geschäfte der Sunburst-Vorstände und der ComRoad-Aufsichtsrätin unter diese Kategorie? „Was wesentlich ist, entscheidet das Unternehmen", sagte mir eine Sprecherin der Deutschen Börse dazu. Alle Rechtsgeschäfte dieser Art aufzulisten sei den Unternehmen nicht zuzumuten. Damit hätten ComRoad und Sunburst den Kodex ohne Probleme unterschreiben können, obwohl sie Beziehungen mit nahe stehenden Personen verschwiegen. Für Anleger ist es ohnehin schwer zu beurteilen, ob die Miete an die Immobiliengesellschaft des Vorstandes dem marktüblichen Preis entspricht oder überteuert ist. Kenntnis solcher Beziehungen sollten sie zumindest haben – und im Zweifel die Finger von Unternehmen lassen, die viele Verstrickungen aufweisen.

Bemerkenswert waren auch die Geschäfte von zwei Vorständen des Windparkprojektierers Umweltkontor: Im Juli 2000 beteiligte sich Umweltkontor an dem Unternehmen Nevag. Ein knappes Jahr später stieß er den Anteil aber wieder ab. „Bei der Nevag wurden unverzeihliche Fehler gemacht", sagte Umweltkontor-Vorstand Leo Noethlichs gegenüber „Börse Online". Erstaunlich war, dass er sich den angeblich desaströsen Laden selbst ans Bein band: Die Käuferin des Anteils war die Lohmann & Noethlichs Holding (LNH), die zu 100 Prozent den Umweltkontor-Vorständen Heinrich Lohmann und Leo Noethlichs gehört. Die LNH stockte den Anteil sogar auf, bis sie die Mehrheit daran hielt.

Außerdem plante Umweltkontor die Auflage eines Fonds, der in aussichtsreiche Unternehmen der Energieerzeugung und -speicherung investieren sollte. Ein Verkauf von Beteiligungen, die LNH hielt, war nicht ausgeschlossen. Die beiden Vorstände durften auch noch drei der fünf Beiräte des Fonds mitauswählen. Bei einer solchen Konstellation haben die Anleger keine Möglichkeit nachzuvollziehen, ob Marktpreise angesetzt oder Vermögenswerte zu Lasten der Aktionäre verschoben werden.

Derartige Verbindungen werden nicht zwangsläufig zum Nachteil der Anleger genutzt. In der Vergangenheit kam es aber mehrfach vor. Staatsanwälte ermittelten deshalb bereits mehrmals gegen Vorstandsmitglieder von Unternehmen. Der Sunburst-Chef versicherte mir zum Beispiel beim Börsengang, die Geschäfte mit den Firmen, in denen Vorstände ihre Hände im Spiel hatten, wiesen „marktübliche Konditionen" auf. Ein paar Jahre später interessierte sich dennoch der Staatsanwalt für das Treiben bei der Firma.

Nach dem Kodex müssen auch einschlägige Vorstrafen der Führungsspitze aufgeführt werden. Das Amtsgericht München hatte Bodo Schnabel wegen Konkursverschleppung, also einem einschlägigen Paragraphen, verurteilt. Dennoch hätte Schnabel nichts melden müssen, denn es handelte sich nur um ein Vergehen, das mit 100 Tagessätzen à 90 DM geahndet wurde. Damit galt er nicht als vorbestraft.

Ähnlich wenig Verlass ist auf die „Quiet Period", eine Schweigephase von zwei Wochen vor einem Börsengang. Die Emissionsbanken dürfen in dieser Zeit keine eigenen Studien zu dem Börsenneuling verteilen, damit alle Investoren, Privatanleger und Fondsmanager, gleich behandelt werden. Trotzdem bleiben einige Investoren wohl gleicher als andere, wie sich beim Börsengang des Solarstromanlagenherstellers Solar-Fabrik zeigte, bei dem der Kodex zum ersten Mal eingehalten wurde. Als die Emissionsbank Consors das Unternehmen präsentierte, kannte ein Analyst seltsamerweise die genauen Schätzungen für das Ergebnis pro Aktie, obwohl die nur in den nicht verfügbaren Emissionsstudien stand. Die Bank teilte zur Begründung mit, dass ihre Kunden die Studie kurz vor Beginn der „Quiet Period" im Internet herunterladen konnten.

Was wäre gewesen, wenn die neuen Verhaltensgrundsätze schon früher gegolten hätten, als etwa Sunburst und ComRoad an die Börse gingen? Und wenn den Vorständen bewusst gewesen wäre, dass es „wesentliche Rechtsgeschäfte" mit nahe stehenden Personen gab, die nicht im Emissionsprospekt standen? Nichts. Die Einhaltung der Grundsätze muss zwar ausgewiesen werden. Sanktionen sind aber nicht vorgesehen. Auf Grundlage dieses Kodex haben die Anleger keine Chance, die Unternehmen oder die Emissionsbanken zu belangen. Damit ist das Ganze witzlos. Wer durch geschickte Vorgehensweise nicht gegen den Buchstaben, wohl aber gegen den Sinn von Gesetzen verstößt, muss sich häufig „Missbrauch rechtlicher Gestaltungsmöglichkeiten" vorwerfen lassen. Im Börsenbereich scheint dies jedoch nicht zu gelten.

„Der Markt wird das sanktionieren", hofft die Sprecherin der Deutschen Börse. Wie soll das gehen? Wenn die Anleger bemerken, welches Spiel mit ihnen getrieben wurde, sind die Abzocker meist längst mit der

Beute davongerannt. Die Chefs von Skandalläden wie ComRoad oder Sunburst Merchandising werden aber wohl kein Unternehmen mehr an die Börse bringen. Damit haben die Investoren keine Gelegenheit, für ausgleichende Gerechtigkeit zu sorgen. Und wenn es diese Möglichkeit doch einmal gibt, haben sie die Taten der Verantwortlichen oft schon vergessen. Der „Junk-Bond-König" Michael Milken aus den USA zum Beispiel saß wegen Kapitalmarktdelikten sogar im Gefängnis. Trotzdem griffen die Anleger zu, als ihnen im Sommer 2002 Aktien des Lernspielzeugunternehmens Leapfrog angeboten wurden, hinter dem unter anderem Milken steckte.

Emissionsbanken, die Skandalläden an die Börse bringen, werden trotz des neuen Kodex argumentieren, sie selbst seien Opfer des schändlichen Vorgehens. Ihnen geht es weiterhin nicht an den Kragen, wenn sie unreife Unternehmen an die Börse bringen oder sich über Regeln hinwegsetzen. Auch ComRoads Emissionsbank Concord Effekten stellte sich taub, als ich sie mehrmals auf den Fall ansprach. Ohnehin bringen freiwillige Regelungen wenig. Bei TV Loonland genehmigte die Emissionsbank die Verkäufe der Altaktionäre vor Ablauf der freiwilligen Haltefrist. Die Anleger erfuhren davon aber nichts.

Die Aktionärsschützervereinigungen, die Hunderte von Hauptversammlungen jedes Jahr besuchen, prangern solche Tricks der Unternehmen immer wieder an. Mit ihren Gegenanträgen kommen sie auf den Veranstaltungen allerdings selten durch. Sie stellen manchmal sogar Strafanzeigen, wie zum Beispiel gegen Verantwortliche des Softwarehauses SER Systems, das von Altaktionären geradezu ausgeplündert wurde. Auch Klagen auf Schadensersatz reichen sie ein, bislang allerdings noch nie mit Erfolg.

Ihre Schlagkraft wird daher immer wieder in Zweifel gezogen. Das liegt aber in erster Linie an der schwierigen Rechtslage für Anleger. Es ist vielmehr erstaunlich, welchen Einsatz manche Sprecher und Mitglieder zeigen. Die größte Gruppierung, die Deutsche Schutzvereinigung für Wertpapierbesitz (DSW), hat etwa 18 000 Mitglieder und nur einige wenige hauptamtliche Mitarbeiter, bei der zweitgrößten, der Schutzgemeinschaft der Kleinaktionäre (SdK) mit etwa 2000 Mitgliedern (ohne Investmentclubs), sind alle Aktiven ehrenamtlich tätig.

Sie mussten sich Kritik anhören, weil Mitglieder einen Teil der Vergütung für eine Tätigkeit als Aufsichtsrat behalten dürfen – im Jahr 2002 hatte die DSW 23 solcher Mandate, die SdK drei. Sie sind damit nur bei einer verschwindend geringen Zahl der börsennotierten Unternehmen vertreten. Wer seine Kontrollfunktion ernst nimmt, muss einiges an Zeit investieren. Besonders lukrativ ist das nicht. Dass die Aktionärsschützer dadurch verlockt würden, weniger genau hinzuschauen, scheint weit hergeholt. Wahrscheinlich wäre es für eine effektive Kontrolle im Sinne der Anleger günstig, wenn mehr Vertreter dieser Organisationen in den Kontrollgremien säßen. Sie sind unabhängiger von den Unternehmen als die Rechtsanwälte, Steuerberater, Ehefrauen, Emissionsberater oder Hausbanken der Gesellschaften.

Eine schwierigere Frage ist, ob und inwieweit geschäftliche Beziehungen zwischen Mitgliedern und den Gesellschaften akzeptabel sind. So gab es Fälle, in denen DSW-Mitglieder etwa Mandate als Anwälte für die Unternehmen übernahmen. In einem Interview mit „Faz.net" erzählte der Würzburger Betriebswirtschaftsprofessor Ekkehard Wenger im März 2001: „Wir hatten den Fall, dass einer meiner Studenten Siemens auf Auskunft über den Beteiligungsbesitz verklagt hat. Der gegnerische Anwalt in der ersten Instanz war damals der Vizepräsident der Schutzvereinigung für Wertpapierbesitz. Das Gericht hat uns zwar am Ende Recht gegeben, aber Fakt ist: Der Vizepräsident der DSW hat damals versucht, einen begründeten Auskunftsanspruch eines Kleinaktionärs abwehren zu helfen."

Als ich einen DSW-Sprecher nach seinem Rat für Kleinaktionäre bei der geplanten Kapitalmaßnahme eines Unternehmens fragte, antwortete er: „Mit dieser Frage habe ich mich noch nicht befasst." – „Aber die Frist läuft doch schon", entgegnete ich. „Das, was dem Unternehmen an Ungereimtheiten vorgeworfen wird, ist noch nicht mal die Spitze des Eisbergs in der Branche. Da gibt es ganz andere Kaliber", erzählte er mir, ohne dass ich ihn auf die kursierenden Gerüchte angesprochen hatte. Ich wurde hellhörig: „Das ist ja interessant. Wir sollten uns treffen, damit Sie mir mehr darüber erzählen können." – „Das bringt mir doch nichts", war die Antwort. „Aber Sie sind doch Aktionärsschützer", warf ich ein. – „Schon, aber ich bin auch beratend in der Branche tätig." Er suche Investoren für das Unternehmen, nach dem ich gefragt hatte. „Wollen Sie mich zitieren?", erkundigte er sich, nachdem er mir seine Einschätzung mitgeteilt hatte. – „Ja!" – „Dann müssen wir das etwas anders formulieren, weil ich es mir mit den Leuten nicht verderben will."

Um jegliche Interessenskonflikte zu vermeiden, müsste so etwas eigentlich vermieden werden. „Wir wollen qualifizierte Leute für unsere Arbeit gewinnen, das wäre bei so einem Verbot schwierig", sagte DSW-Hauptgeschäftsführer Ulrich Hocker im „Spiegel". Das Magazin berichtete über enge Verknüpfungen zu Unternehmenslenkern. Einige von ihnen säßen in einem Beratungsgremium des Vereins.

Da wichtige Aktionäre wie große Fondsgesellschaften meist nur hinter verschlossenen Türen gegenüber dem Management Kritik üben, erführen die Kleinaktionäre und die Öffentlichkeit aber ohne die Vereine von vielen Missständen nie. Bei ComRoad dauerte es allerdings lange, bis sie etwas unternahmen. Auf der Hauptversammlung für das Jahr 2000 lobte der Sprecher der SdK die sehr erfolgreiche Geschäftsentwicklung und schimpfte, das Unternehmen werde in den Medien „schlecht gemacht und schlecht geredet". Er sprach auch von „Unterstellungen und Annahmen", „was für einen Aktionärsschützer doch sehr verwundert", wie die Webseite der Zeitschrift „Going Public" konstatierte. Auch als ich im Herbst 2001 mit ihm über ComRoad sprach, sah er „keinen Anlass, an den Aussagen Bodo Schnabels zu zweifeln". Er unternahm nichts. Die DSW teilte mir mit, sie beobachte die Gesellschaft, werde aber vorerst nichts tun.

Daniela Bergdolt von der Deutschen Schutzvereinigung für den Wertpapierbesitz räumte im Frühjahr 2002 selbstkritisch ein: „Im Nachhinein betrachtet hätten wir uns vielleicht früher mit den Vorwürfen auseinandersetzen sollen." Helmut Kroll von der Schutzgemeinschaft der Kleinaktionäre fragte dagegen: „Wie soll ich das als Aktionärsschützer sehen, wenn es nicht mal der Wirtschaftsprüfer merkt?" Daneben sah er Versäumnisse bei den Medien – obwohl einige Finanzjournalisten schon lange zuvor über Ungereimtheiten berichtet hatten.

Erleuchtung in Asien

ComRoad hatte die Partner sicher vorgewarnt, deren Adressen ich während des Rechtsstreits mit dem Unternehmen im November 2001 bekommen hatte, dachte ich. Mein erster Anruf verstärkte meine Vermutung, dass sie wussten, was sie mir zu erzählen hatten. Auf der Webseite von Fleetwood, der britischen Mutter des neuseeländischen ComRoad-Partners, sah ich einen Fahrzeugcomputer, der den Modellen aus Unterschleißheim überhaupt nicht ähnelte. Der Text wies ihn als Eigenentwicklung aus. Warum bot eine Tochter Geräte von ComRoad an, und warum gab es keinerlei Hinweis darauf? Passten die Systeme technisch überhaupt zusammen? Fleetwood-Chef John Clarfelt gab mir nicht einmal eine Antwort auf Fragen zu seinem eigenen Produkt. Das unterliege alles der Geheimhaltung, teilte er mir mit. Immerhin gab es das Unternehmen, und es kannte ComRoad.

Bei den anderen Firmen kam ich nicht einmal so weit. Ich suchte vergebens nach Internetauftritten, die Auslandsauskunft konnte die meisten Telefonnummern nicht ermitteln. Das Handelsregister und das Gewerbeamt in Manila schrieben mir, eine Telematics-ASIA sei nicht registriert. Unter dem Namen des angegebenen Präsidenten Jesus O. Co fanden sie eine Reihe von Unternehmen – nur keine Telematics-ASIA oder T-Asia. Die Mitarbeiter des Handelsregisters in Auckland, Neuseeland, forschten von sich aus sogar in Australien nach Fleetwood und Australia and New Zealand Technologies – ich war beeindruckt von ihrer Hilfsbereitschaft und ihrem Engagement. John Steven Ferreira, der Ansprechpartner für Fleetwood, war demnach mit einigen Unternehmen verbunden, nur nicht mit Fleetwood.

Das war alles sehr merkwürdig. In Auckland ließ ich Fotos von den Adressen schießen. Fleetwood residierte in einem Einfamilienhaus in einem Wohnviertel. Es gab kein Firmenschild, keinen Laden. Die andere Anschrift entpuppte sich als eine Vertretung des Autokonzerns Ford. An der Rezeption kannte niemand Australia and New Zealand Technologies. Auf den Philippinen sammelte ein Journalist Informationen über Telematics-ASIA/T-Asia für mich, zunächst ohne Kontakt mit dem Unternehmen aufzunehmen. Er fand nichts. Keine Behörde, kein Wirtschaftsverband, niemand in der Branche hatte je davon gehört. „Ich vermute, dass es ein Schwindelunternehmen ist", schrieb er mir. Das war offenbar eine heiße Geschichte. Es war besser, wenn ich vor Ort recherchierte. Kurz vor dem Jahreswechsel 2001/2002 flog ich ab.

Das Phantom von Quezon City

Mein Taxi quälte sich Anfang Januar durch die verstopften Straßen Manilas. Hier waren aktuelle Verkehrsnachrichten völlig überflüssig, dachte ich mir. Auf den Hauptverkehrsadern war sowieso immer Stau. Wie häufig steckte die Sonne hinter einem Smogschleier. Heiß war es, sicher über 30 Grad im Schatten. An den Ampeln boten Männer aller Altersgruppen den Insassen der wartenden Fahrzeuge Zeitungen, Staubwedel, Tücher an. Ummauerte Anwesen mit Stacheldraht wechselten sich fast unvermittelt mit Baracken der Armen ab.

Eine Dreiviertelstunde nach Beginn unserer Fahrt vom Stadtzentrum Manilas bog das Taxi in eine ruhige Seitenstraße in Quezon City ein. Die

Häuser waren meist mit hohen Zäunen gesichert, ein Wachmann hatte ein Auge auf die Passanten. Der Fahrer hielt vor einem Geschäftshaus. Ich trat durch die Glastür. Im Erdgeschoss waren deutsche Motorsägen und Gartengeräte ausgestellt. Hinter einer Barriere saß ein halbes Dutzend Mitarbeiter an ihren Schreibtischen. Weder von ComRoad noch von Telematikgeräten gab es eine Spur.

Die Empfangsdame blickte bei meiner Frage nach Telematics-ASIA ratlos, aber Jesus O. Co kannte sie. Sie telefonierte, und kurz darauf trat eine junge Frau mit chinesischen Gesichtszügen aus dem Lift. Miss Ching hatte noch nie von Telematics-ASIA gehört. „Vielleicht existiert das Unternehmen nicht mehr", sagte die Assistentin von Jesus O. Co. Von ComRoad hatte sie Informationsmaterial im Büro liegen sehen. Ich bat um ein Treffen mit Herrn Co. Sie machte mir wenig Hoffnung, er sei sehr beschäftigt.

Drei Tage später saß ich im Büro von Jesus O. Co. Er war etwa Mitte vierzig, schlank, trug ein kurzärmliches, kariertes Hemd und machte einen ernsthaften, aber nicht steifen Eindruck auf mich. An der Rezeption hatte ich ihn zunächst für einen der Angestellten gehalten. Ich stellte mich darauf ein, dass das Gespräch schnell eine unerfreuliche Wendung nehmen würde. Sicher würde er mir von seinen tollen Geschäften mit ComRoad erzählen, und ich würde ihn dann mit meinen gegenteiligen Rechercheergebnissen konfrontieren.

„Wie sind Sie auf mich gekommen?", fragte er. Ich erzählte ihm, dass er als Referenzkunde von ComRoad genannt worden war, und reichte ihm die Liste. Er war an erster Stelle genannt. „Telematics-ASIA, represented by President Mr. Jesus O. Co", las er da, die Adresse folgte. Wie gebannt blickte er auf das Papier.

„Das ist mein Name", sagte er schließlich langsam. „Und das ist meine Adresse – aber ich habe noch nie von dem Unternehmen Telematics-ASIA gehört." Eine Weile lang sagte niemand von uns etwas. Wir wussten beide, was das hieß: Es war gut möglich und sogar wahrscheinlich, dass es in Aktenordnern bei ComRoad einen Vertrag und Bestellungen eines Jesus O. Co der Firma Telematics-ASIA gab, ohne dass er die geringste Ahnung davon hatte.

„Gibt es die anderen Unternehmen auf der Liste?", fragte er schließlich. „Ich bin noch bei der Recherche", antwortete ich. Er erzählte mir, welche Unternehmen er wirklich hatte. Das deckte sich mit dem, was ich vom Handelsregister erfahren hatte. Seine wichtigste Firma vertrieb an dieser Adresse Motorsägen und Gartengeräte aus Deutschland. Kannte er ComRoad? „Ich habe Bodo Schnabel vor einigen Jahren zufällig im

Flugzeug kennengelernt. Was er erzählte, klang interessant. Ich überlegte, ob ich in die Telematikbranche einsteigen sollte und wir führten Gespräche. Aber das Geschäft hatte überhaupt nichts mit meinen sonstigen Aktivitäten zu tun, daher nahm ich Abstand davon." Und was war mit dem Vertrag vom Oktober 1999? „Ich habe nie einen Vertrag unterzeichnet und nie Geschäfte mit ComRoad gemacht", hörte ich. „Ich kenne weder Telematics-ASIA noch T-Asia", wiederholte er. Er wirkte schockiert.

„Vielleicht hat ComRoad bei der Zusammenstellung der Liste einen Fehler gemacht", sagte ich, um ihm etwas Hoffnung zu geben, dass sein Name nicht für ein übles Spiel missbraucht wurde. „Ja, vielleicht", nickte er – und wusste genauso gut wie ich, dass es nicht so war. Ich hatte seine Angaben in einen Fragebogen eingetragen. Er unterzeichnete das Papier und bestätigte mir damit auch schriftlich, dass es keine Geschäftsbeziehungen zu ComRoad gab und niemals gegeben hatte.

Das Gespräch ging mir lange nicht aus dem Kopf. Als ich am Nachmittag die Börse in Manila besuchte, konnte ich mich kaum auf das konzentrieren, was der Pressesprecher erzählte. Es war nicht zu fassen: Bodo Schnabel hatte einfach den Namen eines Bekannten auf den Philippinen benutzt und ihm ohne dessen Wissen ein Unternehmen angedichtet, das angeblich Geschäfte mit ComRoad machte. Er hatte sich nicht einmal die Mühe gemacht, einen Strohmann zu suchen und dessen Unternehmen ins Handelsregister eintragen zu lassen. Und an Eides statt hatte er versichert, dass sein Phantasiegebilde existierte.

Lauter Plauderpartner in Auckland

Von Manila aus erreichte ich endlich Steve Ferreira in Neuseeland am Telefon. Er war laut Liste Repräsentant von Fleetwood Electronics, dem Partner, der für Australien zuständig sein sollte. Nach meinen Erfahrungen mit seinem Chef John Clarfelt rechnete ich mit einem wenig ergiebigen Gespräch. Zu meiner Verblüffung hatte man ihn aber offenbar nicht vorgewarnt.

„Wir verkaufen Navigationssoftware von ComRoad", erzählte er mir. „Im Gegenzug bietet ComRoad unsere Hardware an." Ups? Das war nun nicht gerade die übliche Variante.

„Wir betreiben kein GTTS-Portal", fügte er hinzu, Fleetwood habe das auch nicht vor. Wenn ein Kunde die ComRoad-Bordcomputer haben wolle, dann könne er sie natürlich bekommen, aber Fleetwood habe eigene Produkte. „Es ist nicht wirklich eine Partnerschaft, eher eine Arbeitsbeziehung", sagte er.

„Gespräche führen wir seit eineinhalb Jahren. Wir haben im Oktober 2001 eine Übereinkunft mit ComRoad geschlossen." Das war auf einer Messe in Sydney. Details waren aber immer noch offen, daher war für Februar 2002 ein weiteres Treffen ins Auge gefasst worden. Nun war klar, wie es Fleetwood schaffte, die australischen ComRoad-Kunden von einem Einfamilienhaus in Neuseeland aus zu betreuen: Es gab noch nichts zu tun. Bodo Schnabel hatte ein Unternehmen als „Partner" im Jahr 2000 aufgeführt, mit dem in diesem Zeitraum lediglich Gespräche geführt, aber keine Umsätze gemacht worden waren.

Die zweite Andresse in Auckland gehörte eindeutig zu Ford New Zealand, das bestätigten mir Mitarbeiter der Gesellschaft. Eine Australia and New Zealand Technologies gebe es da nicht. Das sei seltsam, schrieb ich ihnen. ComRoad habe mir mitgeteilt, ein Unternehmen dieses Namens biete Telematikdienstleistungen unter der Marke „Guardian" an. Guardian war ihnen ein Begriff, allerdings als Firma. „Guardian Technologies hat von Ende 2000 bis Anfang 2001 Gespräche mit ComRoad über die Einrichtung von Telematikportalen exklusiv in Neuseeland und eventuell in Australien geführt", antwortete mir die Assistentin des Chefs von Ford New Zealand. Daraus sei aber nichts geworden. Seit 31. März 2001 war Guardian in Liquidation. Also noch ein „Gesprächspartner".

Liaison mit der Konkurrenz

In Shenzhen suchte ich mir ein Hotel in der Nähe des Grenzübergangs nach Hongkong. Nebenan war eine große Baustelle, in der ab dem frühen Morgen Maschinen dröhnten. Es wäre nicht einfach gewesen, eine Unterkunft ohne eine ähnliche Lärmquelle zu finden. In zwei Jahrzehnten war aus einem Dorf eine Stadt mit mehreren Millionen Einwohnern geworden, die sich über viele Kilometer an die Grenze zu Hongkong schmiegte. Ihre Längsader war entlang der geplanten Trasse für die erste U-Bahn-Linie aufgegraben, an jeder Ecke entstanden Hochhäuser.

Scharen von Arbeitern waren ständig damit beschäftigt, die Straßen zu kehren und die Grünflächen zu pflegen. Selbst im Trennstreifen zwischen den Spuren der Schnellstraße zum Flughafen waren die Blumenbeete so exakt gepflanzt und gepflegt wie in einem europäischen Schlosspark. In dieser sauberen und ordentlichen Stadt leben einige der risikofreudigsten und unternehmungslustigsten Chinesen der Volksrepublik. Nachdem das

Gebiet zur Sonderwirtschaftszone erklärt worden war, zogen sie in Scharen aus dem ganzen Land nach Shenzhen. Manche wurden reich, viele landeten in den zahlreichen Fabriken, in denen sie viele Stunden am Tag Schuhe nähten oder elektronische Geräte zusammenbauten. Hongkonger stürzen sich am Wochenende ins rege Nachtleben der Stadt.

Westliche Gesichter sind selten zu sehen, ich fiel auf. Ich sprach kein Chinesisch, die meisten Einwohner kein Englisch, dennoch halfen sie mir freundlich, zur Not mit Zeichensprache. Ratlos blickten sie allerdings auf die Liste von ComRoad. Mit „Sheng Ming Technical Development" konnten sie nichts anfangen. Sie wussten nicht, wie der Name in chinesischen Zeichen geschrieben wurde. Die Anschrift lag im Science & Industry Park. Das war ein weitläufiges Areal, wie ich von meinem letzten Besuch wusste. Ohne die korrekte Umschrift konnte ich dort nicht nach dem Weg fragen. Schließlich rief ein Chinese für mich bei der Parkverwaltung an. Schnell war klar, wo das Problem lag: ComRoad hatte einen Buchstaben zu viel eingefügt, die Firma hieß „Shenming". Das klang nicht nur anders, sondern wurde auch mit einem anderen Zeichen geschrieben. Mein Helfer schrieb mir die Adresse auf Chinesisch auf.

Das Fabrikgebäude in dem Industriepark war mehrstöckig und beherbergte Dutzende von Unternehmen. Alle hießen ähnlich. Ihre Namen und ihr Standort waren auf einer Tafel vor dem Gebäude verzeichnet, allerdings nur in chinesischen Zeichen. Was hatte ich gestöhnt, als ich vor Jahren Japanisch gelernt und viele Zeichen studiert hatte, die aus dem Chinesischen übernommen worden waren. Nun war ich froh, wie so oft, wenn ich mich in einem chinesischsprachigen Land aufhielt. Ich konnte zwar fast nichts auf Chinesisch sagen, aber die Bedeutung geschriebener Wörter erkannte ich ab und zu.

So stand ich wenig später vor dem Eingang von Shenming im Erdgeschoss des Gebäudes. Als ich meinen Fotoapparat zückte, kamen zwei junge Chinesen in Uniform auf mich zu. Durfte man hier keine Fotos machen, fragte ich mit Zeichensprache. Doch, doch, signalisierten sie mir. Sie wunderten sich offenbar nur, was die Ausländerin an diesem unscheinbaren Metalltor und dem Firmenschild so fotografierenswert fand.

Ein Mitarbeiter ging an mir vorbei in das Gebäude und zog die Tür langsam hinter sich zu. „Hinterher!", schoss es mir durch den Kopf. Wenn ich klingeln müsste, würde es mir schwer fallen zu erklären, was ich hier wollte. Ich sprang los und schlüpfte gerade noch rechtzeitig hinter dem Mann durch die Tür, bevor sie ins Schloss fiel. Nun standen wir uns in einem kaum erleuchteten Vorraum gegenüber. Seinem Gesicht war anzusehen, dass er fieberhaft überlegte, was er tun sollte. Ich lächelte und zeigte ihm den Zettel mit der chinesischen Adresse. Er nickte. Ja, das war hier. Nun überreichte ich ihm meine Visitenkarte. Er studierte sie, ohne zu verstehen, was er da sah. Ich hatte zwar eine deutsche, englische und japanische Variante, aber leider keine chinesische. Vielleicht war ich irgendwie wichtig, dachte er wohl, von meiner Kleidung her hätte ich eine Geschäftsfrau sein können.

Er machte einen Schritt und winkte mir, ich solle ihm folgen. Wir durchquerten die Vorhalle und stiegen eine schmale Treppe hinauf zu Büros, von denen man aus über Glasscheiben in die nicht mehr ganz neue Fabrikhalle hinunter blicken konnte. Dort standen zwei Dutzend Maschinen, etwa an einem Drittel davon waren Arbeiter am Werk. Es ging ruhig zu, aber das war wohl kein Wunder, denn es war später Freitagnachmittag. Ich konnte nicht erkennen, was die Männer genau taten, befand mich aber offenbar in einem kleinen, metallverarbeitenden Betrieb.

In einem Büro am Ende des Gangs lieferte mich mein Begleiter bei einer älteren und einer jüngeren Chinesin ab und verschwand. Wir lächelten uns an, auch sie sprachen kein Englisch. Ich überreichte wieder meine Visitenkarte und wurde gebeten, Platz zu nehmen. Das Büro war voll mit Akten und Unterlagen, irgendetwas von ComRoad war nicht zu sehen, aber das wäre auch Zufall gewesen. Die Minuten verstrichen, meine Gastgeberinnen und ich überlegten, was wir nun tun sollten. Die ältere der beiden, Frau Yang, wählte eine Telefonnummer und bat mich an den Apparat. Eine Männerstimme sprach auf Russisch zu mir, ich erzählte auf Englisch, was ich hier wollte. Damit kamen wir nicht weiter.

Zum Glück hatte ich vor meinem Besuch die Möglichkeit in Betracht gezogen, dass niemand bei Shenming Englisch sprach. Daher hatte ich die englische und die chinesische Internetseite des Hongkonger ComRoad-Partners GTS genau studiert. Ich hatte die Seiten verglichen und die Zeichen abgeschrieben, die „ComRoad", „Telematikzentrale", „Bordcomputer" und Ähnliches bedeuten mussten. Nun zog ich diese Liste aus der Tasche, fragte auf Chinesisch: „Gibt es …?", und deutete jeweils auf eine der Vokabeln. „Mei you", also nein, antwortete Frau Yang stets. Die Verwunderung darüber war ihr anzumerken, dass ich auf Chinesisch noch nicht einmal sagen konnte, wie ich hieß, aber solche Begriffe kannte.

Nun wusste sie, was mich interessierte. Sie führte mich in ein anderes Büro und gab mir Prospekte. Eines davon zeigte ein Auto mit Planeten. Auf der Rückseite war ein Bordcomputer abgebildet. Es war kein Modell von ComRoad. Das Unternehmen war also in der Telematikbranche tätig, allerdings nicht oder nicht mehr als Partner von ComRoad. Mehr konnte ich hier wohl nicht in Erfahrung bringen. Den Prospekt wollte ich mir später übersetzen lassen.

Ich signalisierte Frau Yang, dass ich die Informationen erhalten hatte, die ich wollte. Sie fragte mich nach meinem Hotel. Ich schrieb ihr die Schriftzeichen auf. Die Telefonnummer wollte sie auch noch wissen. Die hatte ich mir nicht gemerkt, und die Karte des Hotels hatte ich im Zimmer liegen lassen. Das erschien mir auch nicht wichtig, denn wenn ich nicht von Angesicht zu Angesicht mit ihr reden konnte, dann würde das fernmündlich erst recht nicht klappen. Ich bedankte mich herzlich und verabschiedete mich.

Draußen holte ich tief Luft – das tat Frau Yang jetzt sicher auch. Ich fragte mich, was wohl geschehen würde, wenn eine Chinesin ohne Ankündigung in einem kleinen Betrieb in einem deutschen Gewerbegebiet aufkreuzen würde, ohne Deutsch zu sprechen oder eine andere Sprache, die dort jemand verstand. Sie wäre vielleicht nicht so geduldig und höflich behandelt worden wie ich hier.

Abends klingelte das Telefon auf meinem Hotelzimmer. Ein George He von der Marketingabteilung von Shenming meldete sich. Er hatte sich die Mühe gemacht, meine Telefonnummer herauszufinden. „Ich habe gehört, dass Sie heute Nachmittag bei uns waren", sagte er in hervorragendem Englisch. „Leider war ich zu diesem Zeitpunkt gerade nicht da, und die anderen Mitarbeiter haben nicht genau verstanden, was Sie bei uns wollten." Das konnte ich mir gut vorstellen! Ich erklärte ihm mein Anliegen. „Shenming hat früher mit ComRoad zusammengearbeitet, aber es gab technische Probleme", erzählte er mir. „Seit einigen Jahren ist ein kanadisches Unternehmen unser Partner." Wir vereinbarten ein Treffen.

Für mich gab es in Shenzhen noch ein interessantes Besuchsziel: das echte Büro von ComRoad (Far East). Im Auslandsinvestmentbüro der Stadt hatte ich erfahren, dass es eigentlich nur ein Repräsentanzbüro war. Die Straße im Zentrum war leicht zu finden, schwerer tat ich mir mit dem Eingang. Man musste die Lobby eines Hotels durchqueren und dann den Aufzug nehmen, wie ein Übernachtungsgast. Das Stockwerk wirkte ebenfalls wie die Etage eines Hotels, nur dass neben manchen Türen Firmenschilder angebracht waren. ComRoad hatte eine besonders große Metalltafel mit dem Unternehmensnamen in lateinischen Buchstaben und chinesischen Zeichen auf goldfarbenem Grund. Ich klopfte, aber es war niemand da. Daher rief ich bei ComRoad (Far East) an und machte einen Termin mit den Mitarbeitern aus. Aber ich fand zum vereinbarten Zeitpunkt nur einen Zettel an der verschlossenen Tür, dass leider niemand da sein könne.

Einige Tage später machte ich mich erneut auf den Weg zum Science & Industry Park. George holte mich am Firmeneingang ab. Er war Anfang Zwanzig. Im Gebäude führte er mich in die Büroräume, die ich schon vom ersten Besuch kannte. Dort stieß sein Vater zu uns, He Shanqin. Der Präsident von Shenming war um die Fünfzig, sein schwarzes Haar hatte er so gekämmt, dass es die lichter werdenden Stellen am Kopf überdeckte. Seine lebhaften, hellwachen Augen musterten die Besucherin aus Deutschland. George übersetzte unser Gespräch. Das Unternehmen entwickelte und produzierte Industriemaschinen, es war außerdem in der Telematikbranche tätig.

„Wir haben 1997 einen Vertrag mit ComRoad geschlossen", sagte der Präsident. „Er lief nach der Internationalen Messe für Sicherheitsprodukte in Peking 1998 aus, weil wir die Absatzziele wegen des hohen Preises nicht erreicht hatten." Zwei Mitarbeiter von ComRoad seien mehrmals zu Besuch gekommen und hätten das System immer wieder verändert, aus technischen Gründen habe es zum damaligen Zeitpunkt in der Volksrepublik aber nicht eingesetzt werden können. Shenming habe ein Server-Set und zwei Testgeräte für die eigene Entwicklung erworben. Es habe nur 1997 und 1998 Zahlungen an ComRoad gegeben, danach nicht mehr. Das trug ich in meinen Fragebogen ein. He ließ sich den Inhalt übersetzen, machte einige Anmerkungen, die ich einfügte, und unterzeichnete ihn dann. Seit 1999 bestehe die Partnerschaft mit den Kanadiern, erzählte er. Damit waren die Chinesen seitdem eher Konkurrenten von ComRoad. Bodo Schnabel hatte sie aber in seiner eidesstattlichen Versicherung für das Jahr 2000 noch als Partner bezeichnet.

Da He lange nichts von ComRoad gehört hatte, war er neugierig, was es Neues gab. Ich zeigte ihm einen Prospekt mit den neuesten Produkten. Er wollte genau wissen, was die Geräte alles konnten. Das hatte ich einigermaßen im Kopf. „Kann man sie auch als Taxameter benutzen?", interessierte ihn. Bei dieser Frage musste ich allerdings passen. Ich erzählte ihm, dass ComRoad vor kurzem Testsieger in einer Fachzeitschrift geworden war, und gab die Vor- und Nachteile wieder, die der Autor des Beitrags angeführt hatte.

„Und was kostet das?" Gemeinsam rechneten wir die Euro-Preise in chinesische Renminbi um. Vater und Sohn blickten sich an. „Das ist ja gar nicht so teuer für das, was die Geräte alles können." Für den chinesischen

Markt seien zwar einfachere und billigere Produkte angemessen, aber interessant klinge das schon. „Können Sie uns eine neue Preisliste und Informationen zuschicken?" Das versprach ich. „Richten Sie Bodo Schnabel einen schönen Gruß von mir aus. Er soll uns mal wieder besuchen", gab mir Präsident He zum Abschied mit. Das tat ich. Als ich Wochen später die Preisliste von ComRoad bekommen hatte und meinen Brief nach Shenzhen losschickte, war allerdings schon klar, dass es mit dem Besuch für längere Zeit nichts werden würde.

Doppelpack in Hongkong

Das hatte ich wahrlich nicht erwartet: Im buddhistischen, taoistischen, konfuzianistischen, aber ganz bestimmt nicht überwiegend christlichen Hongkong sah ich mehr Weihnachtsschmuck als in der Adventszeit in München. Kaufhäuser hatten kleine Weihnachtserlebniswelten aufgebaut, in denen Kinder bei T-Shirt-warmem Wetter durch Landschaften aus Watteschnee an Lebkuchenhäuschen vorbeiliefen und einem Weihnachtsmann begegneten. An den Fassaden der Hochhäuser blinkten nachts riesige Christbäume, Weihnachtsmänner und Sterne aus bunten Glühbirnen. Dazwischen drängten sich chinesische Glückstiere, vor allem Pferde, denn das chinesische Jahr des Pferdes stand bevor. Die Figuren spiegelten sich dekorativ im Wasser der Meerenge zwischen Kowloon und Hongkong.

Tagsüber war die Wirkung nicht ganz so magisch. Ohne die sommerlich-feuchte Schwüle war es eigentlich angenehm, durch die Häuserschluchten zu schlendern. Selbst bei herrlichem Sonnenschein gab der Dunst aber den Blick auf den Gipfel Hongkongs, den „Peak", selten frei: Der Smog erreichte an manchen Tagen bedenkliche Werte.

Auf der Insel Hongkong teilte ich mir die Gehwege mit zahlreichen Hongkongern und Touristen, die im „Weihnachts-Sonderverkauf" nach Schnäppchen suchten. Von einer der Haupteinkaufsmeilen bog ich in eine ruhigere, steil ansteigende Straße ab, die Richtung Peak führte. Rechter Hand stand das Bürohochhaus, in dem laut ComRoad-Liste gleich zwei Partner zu finden waren, China Telematics und Likom. Sie teilten sich nicht nur die exakt gleiche Anschrift, sondern auch noch den Ansprechpartner beziehungsweise Präsidenten Francis Ip. An der Metalltafel am Eingang, auf der alle Unternehmen im Gebäude verzeichnet waren, fand ich weder die eine noch die andere Firma. Die Adresse stimmte nur mit der Firma „Flextrade" überein.

Ich nahm den Lift in den elften Stock. Durch die Glastür des Büroeingangs las ich die Firmennamen an der gegenüberliegenden Wand: Flextrade Technology, Beijing Huasan Computer, Well Computer und Likom (H.K.). Immerhin eine hatte ich gefunden. Auf mein Klingeln öffnete eine junge Chinesin. Ich stellte mich vor und fragte nach Francis Ip. „Herr Ip ist nicht da", sagte sie. Wann war er da? „Das weiß ich nicht. Er ist fast nie da." Ich wolle nur ein paar Informationen zu Likom (H.K.) haben. Ob sie mir vielleicht Prospekte oder Informationsmaterial geben könne? Sie ging in den hinteren Teil des kleinen Büros, in dem ihre Managerin, ebenfalls eine junge Chinesin, an einem Schreibtisch saß, und kam mit deren Visitenkarte zurück. Informationsmaterial sei nicht da, das müssten sie mir per Post schicken.

Ob sie mir wenigstens kurz das Geschäft von Likom (H.K.) beschreiben könne? „Export und Import von Computersachen." Likom (H.K.) sei das Büro der malaysischen Likom Group in Hongkong. Ist Likom (H.K.) auch im Bereich Telematik tätig? „Nein", kam die prompte Antwort. Und wie war das mit China Telematics? Ich zeigte ihr die Liste von ComRoad. Ein Unternehmen dieses Namens kannte sie nicht. Kannte sie ComRoad? Ich zeigte ihr das Firmenlogo. „Nein, nie gehört." Sie nahm beide Zettel und ging damit zu ihrer Managerin. Auch sie kannte weder ComRoad noch China Telematics. Wie viele Leute arbeiteten hier? „Nur wir beide." Wurde hier eine Telematikzentrale betrieben? „Ich weiß gar nicht, was das sein soll", sagte die Frau. Ich verabschiedete mich und kündigte einen erneuten Besuch an.

Beim nächsten Mal brachte ich meine Fragebögen mit, die ich nach den Angaben der beiden Frauen ausgefüllt hatte. Die Managerin bestätigte, dass es ihres Wissens keinerlei Geschäfte mit ComRoad gab. Das Büro in Hongkong sei ohnehin nur ein Repräsentanzbüro. Francis Ip war telefonisch nicht zu erreichen. Ich erhielt aber eine E-Mail aus Peking von ihm. „Ich war im März 2000 in München und habe für Likom (H.K.) ein Vertriebsabkommen mit Herrn Bodo Schnabel von ComRoad für Malaysia abgeschlossen." Das Management der Muttergesellschaft Likom Group in Malaysia habe aber die Investition gestoppt, das Projekt sei seit Juli 2000 beendet. Über das Geschäftsvolumen ließ er sich nicht aus.

Likom (H.K.), die in der Zwischenzeit offiziell in Futura umbenannt worden war, konnte im Jahr 2000 also wirklich Umsätze mit ComRoad gemacht haben. Es war aber nicht wahrscheinlich. Die Muttergesellschaft hatte mir bereits bestätigt, dass sie keine Verbindung zur Telematikbranche hatte. Ip selbst hatte nur von einem Vertriebsabkommen gesprochen. Nach den ComRoad-Partnerkategorien fielen darunter Firmen, die Bordcomputer verkauften, aber selbst keine Telematikzentralen betrieben. Im März 2000 gab es aber in ganz Asien keine GTTS-Station, über die kommerziell Telematikdienste angeboten wurden. Der Hongkonger Partner GTS vermarktete den Service erst ab Mai 2000.

Technisch wäre es kein Problem, die Likom-Kunden an irgendeine Zentrale auf der Welt anzuschließen. Sie mussten aber auch betreut werden, möglichst von Leuten, die ihre Sprache sprachen. Es hätte sich aber weder für ComRoad noch für einen anderen GTTS-Partner gerechnet, entsprechendes Personal einzustellen und diesen Dienst anzubieten, da nur kurze Zeit später, im Juni 2000, ein Partner in Malaysia selbst gewonnen wurde. Wie sollte es überhaupt echte Geschäfte gegeben haben, wenn die beiden Mitarbeiterinnen im zuständigen Büro noch nie davon gehört hatten? In jedem Fall hatte es Bodo Schnabel in seiner eidesstattlichen Versicherung offenbar wieder nicht so genau mit der Wahrheit genommen: Er hatte die Asienpartner zum Stichtag 31. Dezember 2000 aufgezählt und Likom aufgeführt. Dabei war die Beziehung schon im Juli des gleichen Jahres beendet worden.

Was aber war mit China Telematics, die Ip mit keinem Wort erwähnte? Im Handelsregister war die Firma nicht eingetragen, im Gewerbeamt auch nicht. „Wenn das Unternehmen nirgends in Hongkong registriert ist, dann existiert es nicht", erklärte mir ein Mitarbeiter der Behörde nach der erfolglosen Suche. Ich hatte einen weiteren waschechten Phantompartner gefunden.

Vom Gewerbeamt war es nicht weit zum Büro des Hongkonger Partners GTS. Ich wollte Wilson Chan kurz Hallo sagen. An der Tafel am Gebäudeeingang fehlte der Firmenname diesmal. Die Räume, in denen ich mich im Mai 2000 mit Chan getroffen hatte, waren leer. Ich rief an, eine Frau erzählte mir, GTS sei in ein Gewerbegebiet in den New Territories gezogen. Okay, sie hatten wohl vergessen, die Adresse auf der Webseite zu ändern.

Im Handelsregister entdeckte ich, dass Chan im November als „Director" von GTS zurückgetreten war. Ihn ersetzte das auf den British Virgin Islands registrierte Unternehmen Brenco Investment. „Er hat ein eigenes Unternehmen gegründet und musste den Posten daher aufgeben", sagte die Frau am Telefon zu mir. Und wer leitete nun das operative Geschäft? Chan war bereit, mich zu treffen, aber nicht in den neuen Räumen von GTS – die Umgebung sei „etwas unordentlich" –, sondern bei U-Drive, einem Hongkonger Automobilclub, von dem er mir schon früher erzählt hatte.

Als ich dort eintraf, begrüßte mich eine Mitarbeiterin. „Herr Chan lässt sich entschuldigen. Ihm ist etwas dazwischengekommen." Vielleicht konnte ich wenigstens aktuelles Informationsmaterial über ComRoad bekommen, das ich an Shenming schicken konnte? So etwas hatte sie nicht. Es gab nur einen Prospekt über die Angebote von U-Drive. Da war ein Gerät abgebildet, das wie ein Bordcomputer von ComRoad aussah, aber als Partner waren weder ComRoad noch GTS, sondern eine V-Guard Technology genannt, eine Tochter von U-Drive, die auch unter derselben Adresse wie U-Drive logierte. Vielleicht war es das neue Unternehmen Wilson Chans, von dem die Frau erzählt hatte.

Ich erzählte ihr, dass ich bei GTS nach Informationsmaterial über ComRoad fragen wollte, und verabschiedete mich. Die Adresse war von U-Drive aus in fünf Minuten zu Fuß zu erreichen. Es war ein großes Gewerbegebäude. Ich wanderte durch kahle, Neonlicht-beleuchtete Gänge mit Betonböden, ohne jemandem zu begegnen. Die Architektur war verwinkelt, ich fand mich nicht auf Anhieb zurecht. Bei Nacht wäre es mir hier wohl ein wenig unheimlich gewesen, aber unter einer „unordentlichen Umgebung" hatte ich mir noch etwas Schlimmeres vorgestellt. Manche der Büros wirkten einladend mit Schaufenstern und Glastüren, wenn sie auch geschlossen waren. Bei anderen waren Metallrollläden heruntergelassen, die keinerlei Blick ins Innere erlaubten. So war es auch bei der Raumnummer, wo GTS ansässig sein sollte. Kein Lebenszeichen.

Zurück am Eingang bemerkte ich, dass auf der Tafel nirgends GTS aufgeführt war. An der angegebenen Nummer war ein anderes Unternehmen genannt. Ich ging ins Büro des Verwalters. „GTS? Ja, die waren mal hier, aber die sind schon vor einer ganzen Weile ausgezogen", sagte er. Die neue Adresse hatte er nicht. Nun war klar, warum mich Wilson Chan hier nicht treffen wollte. Aber warum hatte man mir eine nicht mehr gültige Adresse gegeben und so getan, als existiere das Büro dort noch? Was war mit GTS passiert? Einer der wenigen echten Partner ComRoads schien sich in Luft aufgelöst zu haben. Wie kam es, dass die Geräte von V-Guard Technology denen von ComRoad so ähnlich sahen? Ich beschloss, dieser Frage nicht mehr nachzugehen. Die Antwort müsste ich erst wissen, wenn eine Umsatzschätzung für das Jahr 2002 zu machen war. Mein Gefühl sagte mir, dass es dazu nicht mehr kommen würde.

Ein anderes Rätsel blieb auf dieser Reise ebenfalls ungelöst. Ich besuchte VTech Holdings, den zweiten der beiden bekannten Hersteller von ComRoad-Bordcomputern. VTech hatte im Jahr 2000 nur einige Dutzend Prototypen gebaut. Erst im Frühjahr 2001 hatte ComRoad die erste Großbestellung aufgegeben, 10 000 Einheiten, und dafür 1,3 Millionen US-Dollar angezahlt. Auf Grund von Änderungswünschen der Unterschleißheimer wurde die erste Tranche von 1900 Stück erst mit Monaten Verzögerung in den Fabriken in China hergestellt und laut Plan Ende Januar 2002 zu ComRoad nach Deutschland geschickt. Damit hatte VTech bislang weniger Fahrzeugendgeräte produziert als BvR in Deutschland. Die Kirchheimer hatten schon ein paar Tausend Geräte geliefert.

Der dritte Hersteller, dessen Name in der Öffentlichkeit nie genannt wurde, musste daher der mit riesigem Abstand bedeutendste Lieferant sein. Rechnerisch entfielen auf ihn seit 1998 mehr als 150 000 Bordcomputer, eine phänomenale Menge in der Telematikbranche. Warum kannte trotzdem niemand im Markt den Namen? Warum nannte ComRoad immer nur die Namen der beiden mengenmäßig viel kleineren Produzenten?

Und wer hatte die enormen Anzahlungen wirklich erhalten? Auf der Hauptversammlung für das Jahr 2000 hatte Bodo Schnabel erklärt, VTech Holdings habe eine größere Menge produziert und wegen einer Knappheit an Bauteilen hohe Vorauszahlungen verlangt. Dabei hatten die Hongkonger nur Prototypen gefertigt. Auch die Anzahlungen im Folgejahr machten nur einen Bruchteil der Summe aus, die ComRoad dafür auswies.

Irgendwo in der chinesischen Provinz Guangdong sollte die Fabrik des geheimnisvollen Dritten stehen, hatte ich gehört, das war die Nachbarprovinz Hongkongs. Meine Versuche, ihn zu finden, liefen hier vor Ort genauso ins Leere wie vorher von Deutschland aus. Die ComRoad-Zahlen ergaben nach meiner Ansicht sowieso nur Sinn, wenn man annahm, dass es diese Geräte gar nicht gab. Dafür sprach, dass Wavecom, der Hersteller für die Modems der Bordcomputer, nur etwa 10 000 Stück an ComRoad geliefert hatte. An Phantompartner konnten keine echten Geräte geliefert werden, und finanziell hätte es sich die Telematikfirma nicht lange leisten können, Geräte in großen Mengen herstellen und in einem Lager verstauben zu lassen. Hatte ComRoad neben Phantomkunden auch einen Phantomhersteller? Es sah so aus, den Nachweis dafür würde bald jemand anderes finden.

„Aus dem Ruder gelaufen"

Kurz vor meinem Abflug aus Asien erhielt ich eine E-Mail aus Deutschland. „Was zum Lachen", stand in der Betreffzeile und der Inhalt brachte mich in der Tat zum Schmunzeln: ComRoad gab bekannt, der Umsatz sei im Jahr 2001 um 114 Prozent auf 93,6 Millionen Euro gestiegen. Schon die Erlöse von 43,8 Millionen Euro für das Jahr zuvor ließen sich nicht nachvollziehen.

In Asien hatten die Erlöse im Jahr 2000 laut Bodo Schnabel 14,9 Millionen Euro betragen. Aber sechs der acht „Partner" in der Region hatten in diesem Zeitraum keine Telematikzentrale betrieben und keine Bordcomputer vermarktet. Die übrigen zwei, GTS und Globalwatch, konnten nie und nimmer Umsätze in dieser Höhe mit ComRoad gemacht haben. Das ergab sich nicht nur aus ihren eigenen Angaben, sondern auch aus dem, was ComRoad sagte. Kein Partner machte mehr als zehn Prozent der Gesamterlöse aus, hieß es stets. Für GTS und Globalwatch waren das also höchstens zwei Mal 4,38 Millionen Euro, also 8,8 Millionen Euro. Das war deutlich weniger als die angeblichen 14,9 Millionen Euro. Es blieb eine Millionenlücke.

Für das Jahr 2001 fielen die sechs Pseudo-Partner wieder aus und … Moment mal … Zurück in Deutschland suchte ich eine Liste mit erwarteten Bordcomputer-Absatzmengen pro Partner für das Jahr 2001 in meinen Unterlagen. Stand: Frühjahr 2001. Jeder der sechs Nicht-Partner war darin aufgeführt, mit Planmengen zwischen 1000 und 7000 Stück. Die Summe für die sechs lag bei 20 500 Geräten, für alle Partner weltweit waren 175 000 Einheiten angegeben. Fleetwood war im Frühjahr noch kein Partner, die anderen fünf waren es längst nicht mehr oder nie gewesen. Das wusste Bodo Schnabel zu diesem Zeitpunkt. Trotzdem hatte er zwölf Prozent des Bordcomputer-Umsatzes für die sechs eingeplant … Ein stattlicher Anteil der Erlöse für 2001 musste erfunden sein …

Warum aber hatte Schnabel die Partner nicht vorgewarnt? Hätten sie seine Version bestätigt, wäre es viel schwerer für mich gewesen, den Kreis zu schließen. Offenbar hatte ich ihn in eine Zwickmühle gebracht. Vor Gericht musste er etwas vorlegen, um die Existenz der sechs zu beweisen. Deshalb hatte er die Adressenliste zusammengestellt. Da die Partner nichts von ihrem Glück wussten, hätte er sie nun einweihen müssen. Wenn ich sie nicht gefunden oder mich nicht bei ihnen gemeldet hätte, hätte er die Katze umsonst aus dem Sack gelassen. Er spielte Poker, und seine Chancen auf Sieg standen nicht schlecht. „Man kann ja nicht immer davon ausgehen, dass einem gleich ein Beobachter im Genick sitzt, der dann schlecht über das Unternehmen schreibt", sagte er, als das Desaster um ComRoad ans Licht kam.

Von Deutschland aus war ich mit meinen Recherchen ja nicht weit gekommen. Wenn ich nicht fest, sondern, sagen wir mal, nur zu 60 Prozent davon überzeugt gewesen wäre, dass etwas gewaltig faul war, hätte ich wohl kaum die Zeit und Energie investiert und wäre nach Asien geflogen. Fälle, bei denen man sich so sicher ist, sind aber selten. Glück hatte ich auch noch. Wenn ich einige Ansprechpartner nicht erreicht hätte oder sie mir keine Auskunft gegeben hätten, hätte Schnabel leicht behaupten können, genau diese Partner seien die umsatzstarken.

Es kommt häufig vor, dass Journalisten zwar auf der richtigen Spur sind, aber nicht genügend Hinweise finden, um die Sache veröffentlichen zu können. Manchmal platzt eine Geschichte auch aus unerwarteten Gründen. Ich hatte zum Beispiel mehrfach gehört, der Fanartikelhersteller Sunburst Merchandising nehme es nicht so genau mit Lizenzen. Er rechne weniger T-Shirts mit den Rechteinhabern ab, als er bedruckt und vertrieben hatte. Das war das Schlimmste, was man einem Merchandising-Unternehmen vorwerfen konnte. Wer würde künftig jemandem Rechte überlassen, der im Prinzip selbst Raubkopien herstellte? Wenn aber ein missgünstiger Konkurrent oder ein rachsüchtiger Ex-Angestellter die Informationen gestreut hätte, würde eine Veröffentlichung der Gesellschaft zu Unrecht schwer schaden.

Dann erfuhr ich, dass ein Produkt von Sunburst auf einer Veranstaltung beschlagnahmt worden war. Niemand mochte als Quelle genannt werden, nicht einmal ohne Nennung des Namens. Es gelang mir, das Unternehmen ausfindig zu machen, dessen Rechte verletzt worden waren. „Ja", sagte der Verantwortliche zu mir. „Alles, was Sie herausgefunden haben, stimmt. Aber wenn Sie es schreiben, werde ich es dementieren." Er wollte auf keinen Fall, dass sein Arbeitgeber mit dieser Angelegenheit in Verbindung gebracht wurde. Damit war die Geschichte gestorben. Ich hatte ein Opfer, das behaupten würde, kein Opfer zu sein. Monate später fiel Sunburst in sich zusammen, der Staatsanwalt nahm Ermittlungen auf, allerlei unfeine Vorgänge kamen ans Licht.

Ein anderes Mal berichtete mir eine sehr vertrauenswürdige Quelle, ein Unternehmen könne seine Rechnungen gerade nicht bezahlen. Ich wollte die Anleger gern warnen, falls sich eine Insolvenz anbahnte. War es aber nur ein temporärer Liquiditätsengpass, würde ich die Firma durch meinen Bericht vielleicht erst wirklich in Schwierigkeiten bringen, weil

Lieferanten und Kunden nervös würden. Ich war im Zweifel und schrieb daher nichts. Zum Glück, die Gesellschaft überlebte die Krise.

Es wäre unverantwortlich, schwerwiegende Anschuldigungen leichtfertig zu veröffentlichen, keine Frage. Oft ist es aber nicht möglich, mit journalistischen Mitteln Belege für unseriöse Machenschaften zu finden. Die Medien sind überfordert mit der Aufgabe, solche Skandale aufzudecken. So ist es kein Wunder, dass Unternehmen in etlichen Fällen ohne Vorwarnung abstürzten, wie Sunburst oder der Computerspielehersteller Phenomedia, der Luftforderungen verbucht hatte. Äußert die Presse einen Verdacht, steckt oft etwas dahinter, wie etwa bei dem Settopboxen-Entwickler Metabox, bei dem die Finanzstärke eines Großauftraggebers angezweifelt wurde. Mehr als warnen können die Medien aber nicht.

„Sie haben ja keine Beweise", wurde mir im Fall ComRoad oft vorgeworfen. Natürlich nicht. Ich konnte nicht in der Edisonstraße 8 klingeln, meinen Presseausweis zücken und Einsicht in die Bücher verlangen. Oder nachts in die Büros eindringen, die Schränke aufbrechen und Akten mitgehen lassen. Ich hatte aber Hinweise gefunden, dass die Zahlen nicht stimmten, viele und ungewöhnlich gute sogar. In diesem Fall hatte ein Vorstandschef hoch gepokert – und letztendlich doch verloren.

In einem Artikel schilderte ich Ende Januar 2002 meine Rechercheergebnisse in Asien, zweifelte die Höhe der Umsätze für 2000 und 2001 an und äußerte den Verdacht, dass Bodo Schnabel eine falsche Versicherung an Eides statt abgegeben hatte. Nur eine halbe Stunde, nachdem ComRoad den Artikel erhalten hatte, zitierten Medien bereits aus der Stellungnahme des Unternehmens: „ComRoad hat vor, gerichtlich gegen die neuen Vorwürfe von Börse Online vorzugehen." Die Zeitschrift wiederhole bereits verbreitete Gerüchte. „Schon jetzt weisen wir darauf hin, dass von Vor-Ort-Recherchen beziehungsweise Überprüfung aller Adressen vor Ort seitens Börse Online keine Rede sein kann. Frau Daum hat sich unserer Kenntnis zufolge bei unseren Partnern nur per Telefon oder E-Mail gemeldet." Offenbar pfiff der eigene Anwalt ComRoad später zurück, denn am nächsten Tag wurden rechtliche Schritte nur noch geprüft und „möglicherweise" gerichtliche Schritte angekündigt. Da hatten die Medien aber längst die erste Version verbreitet.

Die Aktie knickte am Erscheinungstag des Magazins um 20 Prozent ein, Aktionäre beschwerten sich. Da war die Rede von Schadensersatzforderungen gegen uns, von Beziehungen, die genutzt würden, „um Ihr Blatt zur Strecke zu bringen". Eine Flut negativer Reaktionen ist die Regel. „Die Intensität der Beteuerungen und Angriffe auf unsere kritische Berichterstattung ist meist überproportional zum folgenden Kursverfall", beschrieb der „Platow Brief" solche Erfahrungen. In diesem Fall wurden wenige Briefe und E-Mails direkt an mich geschickt. Die meisten waren an die Chefredaktion oder Kollegen gerichtet. Die übliche Standardbeschuldigung – „Sie haben nur den Kurs niedergeschrieben, damit Sie billig einsteigen können." – kam zwar vor, es wurde aber eher den Kollegen, nicht mir selbst vorgeworfen, materiellen Nutzen aus dem Artikel ziehen zu wollen. Dafür vermuteten etliche Schreiber und Anrufer, ich müsse persönlich etwas gegen ComRoad oder Herrn Schnabel haben, sei beleidigt und wolle meinen Frust abreagieren. Auch über Defizite in meinem Intimleben wurde spekuliert.

Hier war nach Ansicht der Schreiber „eine Journalistin aus dem Ruder gelaufen", die wieder unter Kontrolle gebracht werden musste. So hatte es ComRoad einige Monate zuvor formuliert und gebeten, dass künftig statt mir jemand anders über das Unternehmen berichten sollte. Es wäre interessant gewesen, den Artikel in einer Hälfte der Auflage unter dem Namen „Renate Daum", in der anderen Hälfte unter „Ralf Daum" zu veröffentlichen und die Leserreaktionen zu vergleichen. Wäre es wirklich unsere Absicht gewesen, „billig" ComRoad-Aktien zu kaufen, um damit zu spekulieren, dann wären wir baden gegangen. Die Papiere wurden bald noch viel, viel billiger – und die Leserreaktionen freundlicher.

Keiner Prüft Mehr Genau?

Das Rätsel um den unbekannten Hersteller ließ mir keine Ruhe. Wenn man nachweisen könnte, dass es gar nicht so viele Geräte gab, wie ComRoad bchauptete, wäre offensichtlich, dass die Zahlen nicht stimmen konnten. Gedankenverloren blätterte ich den Emissionsprospekt durch – und blieb wie elektrisiert auf der Seite hängen, wo von „VT Electronics" aus Hongkong die Rede war. Wenn man den Namen schnell aussprach, klang das fast wie VTech Holdings. Das ließ sich leicht verwechseln, vor allem, wenn es jemand beim Sprechen darauf anlegte. Das Unternehmen war eigentlich nicht als Lieferant für Bordcomputer aufgeführt, dennoch stellte ich Anfragen beim Handelsregister, bei Wirtschaftsdatenbanken, der Telefonauskunft. Es dauerte ein paar Wochen, bis ich alle Antworten hatte.

Derweil plante ich einen Artikel über den merkwürdigen Kurssturz der ComRoad-Aktie an einem Freitag und dem folgenden Montag

Mitte Februar 2002. Der „Platow Brief" hatte einen möglichen Grund gefunden: die Insolvenz des britischen Partners Skynet. In London hieß es aber, dass der Antrag dafür schon Tage vorher gestellt worden war und die Deutschen davon wussten. „Wir haben am Freitagnachmittag vom Vergleich von Skynet erfahren", behauptete dagegen Stefan Mehler, der Investor-Relations-Manager von ComRoad. Er deutete an, dass die Jahreszahlen 2001 wohl zunächst ohne Bestätigungsvermerk der Wirtschaftsprüfer vorgelegt würden. In den Vorjahren hatte ComRoad zu diesem Zeitpunkt den begehrten Stempel schon. Das nährte meine Vermutung, dass die Prüfer am Freitag ein ernstes Wort mit ComRoad gewechselt und Insider Verkaufsaufträge aufgegeben hatten.

Am folgenden Dienstag fahndete ich wieder nach VT Electronics und rang mit ComRoad um die Frage, wie das mit Skynet und den Prüfern war. Plötzlich verbanden sich die Recherchestränge auf unerwartete Weise. Die Wirtschaftsprüfer hatten den Hauptlieferanten ebenfalls gesucht und in Hongkong keinen Nachweis für seine Existenz gefunden. Daraufhin kündigten sie das Mandat bei ComRoad. Die Pressestelle der KPMG bestätigte meine Informationen am frühen Abend. Ja, an diesem Tag war das Prüfungsmandat für den Jahresabschluss 2001 aus wichtigem Grunde fristlos niedergelegt worden: „Es bestehen begründete Zweifel an der Vertrauenswürdigkeit von ComRoad." Zum ersten Mal ergriff KPMG bei einem börsennotierten Unternehmen die Flucht. Die Prüfer hatten einen dicken Hund gefunden, das war klar.

Als wir die Nachricht am nächsten Vormittag veröffentlichten, zog Bodo Schnabel dennoch den Kopf nicht ein, im Gegenteil. Von Interview zu Interview schmückte er seine Erklärung aus. Schuld seien hauptsächlich „manipulative Presseberichte" von „Börse Online". „Börse Online führt eine Vendetta gegen uns", sagte er. „Die Kollegen, die uns immer geprüft haben, hatten nur noch ein paar Nachfragen." Dann sei aber die KPMG-Risk Management-Abteilung in Berlin eingeschaltet worden. „Denn die ganzen Börse-Online-Berichte sind nicht nur gegen ComRoad, sondern auch gegen die KPMG gerichtet. Die KPMG ist halt recht vorsichtig und hat gesagt, dass sie das Mandat kündigen muss."

Die Prüfer hätten ComRoad laut Schnabel noch Gelegenheit gegeben, bis zum Wochenende weitere Dokumente vorzulegen. „Aber leider kam es nicht dazu, da die „Börse Online" wieder mal durch einen Kanal direkt zur KPMG von der Sache erfahren und sie veröffentlicht hat, so dass KPMG nichts anderes übrig blieb, als das am Mittwoch auch zu melden. Damit war die Sache nicht mehr zurückzunehmen." Wahrscheinlich war selbst diese Version noch nicht absurd genug, um von einigen Leuten für bare Münze gehalten zu werden.

Über die wahren Zusammenhänge ließ das Unternehmen die Anleger lange im Dunkeln. Stunden um Stunden verstrichen ohne Nachricht aus Unterschleißheim. Am Abend hieß es in einer dürren Meldung nur, eine Sonderprüfung werde in Auftrag gegeben und die Bestellung eines neuen Wirtschaftsprüfers bei Gericht beantragt. „Die Sonderprüfung hat den Zweck, dass ein neuer Prüfer schneller einsteigen kann", erklärte Schnabel.

Tage später erst führte ComRoad in einem Brief an die Aktionäre zwei Gründe auf. KPMG habe bemerkt, dass der Hongkonger Lieferant weder einen Telefonanschluss hatte noch im Handelsregister verzeichnet war. „ComRoad ist dieser Sachverhalt nicht bekannt gewesen." Solche Einträge lösen sich jedoch nicht in Luft auf. Im Klartext hieß das: Das Unternehmen war nie bei der Behörde angemeldet worden. „Ich kann nicht beschwören, dass es alle Geräte gibt", sagte Schnabel im „Spiegel", „aber wir haben Anzahlungen geleistet." ComRoad hätte sich demnach nie die Mühe gemacht nachzuprüfen, wer die vielen Millionen des Unternehmens in seiner Obhut hatte. Da ComRoad ein Büro vor Ort hatte, wäre das einfach gewesen. „Noch im Januar 2002 gab es Kontakt zu diesem Lieferanten. Die ComRoad AG hat mittlerweile Rechtsanwälte vor Ort beauftragt, um den Verbleib des Unternehmens zu klären", war die hilflose Auskunft im Aktionärsbrief. In Medienberichten ging Schnabel von einer „Umfirmierung" der Hongkonger Gesellschaft aus.

Ein weiterer Grund war die Frage, ob der spanische Partner noch existierte. Er habe sich von Idealab in Scoobi umbenannt, behauptete ComRoad: „Der Firmensitz ist bekannt." Den Wirtschaftsprüfern lagen aber doch die Rechnungen und Briefe mit Adressen, Telefonnummern und Handelsregisternummern vor. Hatte Scoobi in der Korrespondenz mit ComRoad altes Briefpapier aufgebraucht? Völlig unglaubwürdig.

Ich hatte den neuen Namen und die „neue" Adresse schon Monate vorher in einer Datenbank gefunden. Scoobi teilte mir mit, das Unternehmen ziehe Anfang November 2001 um. Danach war der offizielle Telefonanschluss tot, auch über Handy oder E-Mail erfuhr ich keine neue Nummer. Das roch danach, dass der Geschäftsbetrieb eingestellt war. ComRoad aber zog einen Brief hervor, in dem Scoobi die künftige Adresse mitteilte – Eingangsstempel 25. Februar 2002. Hatte ComRoad in der Zwischenzeit nie Kontakt mit einem der wichtigsten Partner? Ich vermutete, dass der Brief nicht wirklich von Scoobi stammte.

Die Sonderprüfer von Rödl & Partner fanden während ihrer Untersuchung im Frühjahr 2002 eine Menge fragwürdiger Rechnungen und Dokumente. „Ich kann nachvollziehen, warum KPMG das Mandat niedergelegt hat", sagte Bernd Rödl, Chef der Gesellschaft, als seine Mitarbeiter den 232-seitigen ersten Zwischenbericht vorgelegt hatten. „Mehrere Kollegen in Hongkong haben in relativ kurzer Zeit feststellen können, dass es die Firma VT Electronics Ltd. nicht gab."

Als die unglaublichen Luftbuchungen publik wurden, riefen Anleger und Journalisten bei mir an. Hätte KPMG das nicht früher merken müssen? Keine Ahnung. Ich nahm KPMG zunächst in Schutz. Dabei dachte ich an den Fall Lernout & Hauspie, in den KPMG ebenfalls verwickelt war: Der belgische Anbieter von Spracherkennungssoftware war einst einer der Börsenstars an der europäischen Wachstumsbörse Easdaq. Die Umsätze wuchsen beeindruckend, während sich die Konkurrenz mit technischen Problemen herumschlug und unter der Kaufzurückhaltung der Kunden litt. Später stellte sich heraus, dass die Belgier Phantasieumsätze in dreistelliger Millionenhöhe mit Dutzenden kleiner Unternehmen im eigenen Land und in Asien verbucht hatten.

Die Manager führten die Wirtschaftsprüfer dabei raffiniert hinters Licht. Mitarbeiter berieten in E-Mails, wie Unterlagen „für die Augen von KPMG" aufbereitet werden mussten. Etliche Kundenunternehmen waren nur auf dem Papier unabhängig von Lernout & Hauspie. Sie waren eingeweiht und wussten, was sie den Prüfern zu erzählen hatten. In Korea veräußerte das Unternehmen zum Teil Lizenzpakete an Bekannte und gab Darlehen an Dritte, mit denen die „Kunden" wiederum die Forderungen bezahlten. Zum Teil verkaufte es „Forderungen" an Banken. Die überwiesen dafür Geld auf Firmenkonten, auf die das Unternehmen nicht zugreifen konnte. Lernout & Hauspie bezahlte die Partner sogar „als Ausgleich für die Unannehmlichkeiten beim Umgang mit den Wirtschaftsprüfern".

KPMG erhielt Kontoangaben, konnte mit Partnern sprechen, sah Verträge. Die Prüfer hätten vielleicht stutzig werden können, warum Lernout & Hauspie Korea so viel Kapital ungenutzt auf einem Konto liegen ließ oder wie es sich die zum Teil sehr kleinen Unternehmen eigentlich leisten konnten, teuere Lizenzpakete in so großen Mengen zu beziehen, aber trivial war es nicht, dem Betrug auf die Spur zu kommen.

War das System ComRoad ähnlich clever? Die Testate waren das Totschlagargument, mit dem der Telematikanbieter allen Zweifeln begegnete. Die Zahlen habe KPMG „mit einem Aufwand von mehreren

Wochen Beleg für Beleg geprüft", schrieb Bodo Schnabel den Aktionären, nachdem ich eine Umsatzlücke errechnet hatte. In der Öffentlichkeit standen die Prüfer lange hinter ihrem Mandanten. Im Frühjahr 2001 rief ein Kollege von www.boerse-online.de beim zuständigen Wirtschaftsprüfer an. Er bestätigte die geprüften Zahlen für das Jahr 2000. „Vorwürfe von Luftbuchungen und Betrug sind nicht haltbar", erklärte er, Umsatz- und Auftragszahlen seien richtig. Die Konten, die Zahlungseingänge, die Aufträge, alles sei geprüft worden. An sich ist es gut, wenn sich die Prüfer für das Unternehmen einsetzen, soweit es ihre Verschwiegenheitspflicht erlaubt. Sie schaffen damit Vertrauen und unterstützen die Investor-Relations-Arbeit. In diesem Fall machten sie mir aber das Leben schwer. Aktionäre beschimpften mich, wie ich es wagen konnte, testierte Jahresabschlüsse in Frage zu stellen.

Als ich im Sommer 2001 nach Vorortrecherchen und Gesprächen mit Partnern die Höhe der Asienumsätze anzweifelte, sahen die Prüfer ihre Arbeitspapiere durch – und schlossen daraus, dass meine Vorwürfe nicht berechtigt waren. Dabei gab es eklatante Widersprüche. Ich hatte berichtet, der Hongkonger Partner GTS habe im Jahr 2000 nach eigenen Angaben weniger als 154 000 Euro Umsatz erzielt – nach den ComRoad-Unterlagen sollten allein die Lizenzeinnahmen von den Hongkongern 185 000 Euro ausgemacht haben. Nach dem Geschäftsmodell war es aber unmöglich, dass die Lizenzgebühren die Erlöse der Partner überstiegen. Der malaysische Partner Globalwatch hatte nach Angaben von Mitarbeitern und Journalisten erst im November 2000 eine Telematikzentrale installiert und selbst im Mai 2001 noch keine Bordcomputer verkauft, einige Unternehmen hatten das System lediglich getestet. Es hatte im Jahr 2000 also gar keine Lizenzgebühren zahlenden Endkunden gegeben. Dennoch nahmen die Prüfer ComRoad ab, dass im Jahr 2000 über Globalwatch Lizenzeinnahmen von 150 000 Euro angefallen waren.

Noch im Januar 2002 versicherte KPMG dem Investor-Relations-Manager von ComRoad, an den Gerüchten um überhöhte Umsatzzahlen sei nichts dran. Mitte des Monats kamen die Mitarbeiter wie gewohnt zur Abschlussprüfung in die Edisonstraße. Aufsichtsrat Manfred Götz, dessen Kanzlei die Bilanzen erstellt, erinnerte sich laut interner Unterlagen an keine Andeutungen im Rahmen der laufenden Prüfungen, dass etwas nicht in Ordnung war.

In der zweiten Januarhälfte nahm der zuständige Prüfer sogar an einem Treffen mit Bodo Schnabel und Analysten der DZ-Bank teil. Nach Ansicht der Bankvertreter enthielten die Zahlen Fehler. Wirtschaftsprüfer dürfen Abschlüsse an sich nur prüfen, nicht erstellen. Es ist ihnen aber erlaubt, an ungeprüften Quartalsberichten mitzuwirken, auch wenn Zahlen hineinfließen, die am Jahresende wieder von ihnen geprüft werden und bei ComRoad wirkten Mitarbeiter der KPMG an der Kapitalflussrechnung mit. Soweit waren sich alle einig, die an der Runde teilnahmen.

Unterschiedliche Versionen kursierten über den Verlauf des Treffens. „KPMG hat im Rahmen dieses Gesprächs mehrfach für ComRoad Partei ergriffen und die Solidität des Unternehmens bestätigt", schrieb das Unternehmen. „Insbesondere hat KPMG versichert, die Umsätze des Unternehmens seien real und die Forderungen werthaltig." Der „Spiegel" zitierte den Investor-Relations-Manager mit den Worten, der Prüfer habe erklärt, ComRoad sei „alles andere als eine virtuelle Firma". KPMG beharrt dagegen darauf, dass es nur um technische Fragen zur Berechnung ging. ComRoad habe sich zuvor schriftlich damit einverstanden erklärt, dass der Prüfer nur dazu antworten werde. Vermutlich hat KPMG Recht, denn die Wirtschaftsprüfer bleiben bei ihrem Standpunkt, während ComRoad die eigene Version nicht wiederholt hat. Allerdings dürfte allein die Anwesenheit des Prüfers einen vertrauenserweckenden Eindruck gemacht haben.

Am Tag nach Erscheinen meines Artikels in „Börse Online" schrieb Aufsichtsratschef Andreas Löhr am 1. Februar 2002 an KPMG und fragte, was von den Vorwürfen zu halten sei und ob die Prüfer Hinweise geben könnten, was verbessert werden müsse. Die Gesellschaft antwortete am 5. Februar: Bezüglich der in der Zeitschrift erhobenen Vorwürfe zum Jahresabschluss 2000 habe die Prüfungsgesellschaft „keine konkreten Anhaltspunkte".

Da die KPMG-Mitarbeiter Quartalszahlen miterstellten, hätten sie während des Jahres leicht auf ComRoad einwirken und Nachforschungen anstellen können. Das taten sie aber erst im Rahmen der laufenden Abschlussprüfung im Januar und Februar 2002. Mein Vorwurf, Schnabel habe eine falsche Versicherung an Eides statt abgegeben, weckte Zweifel. Ihnen stieß auch auf, dass Bodo Schnabel darum bat, Anfragen nur noch gebündelt, möglichst einmal pro Woche zu stellen, und dass die Ehefrau von Vorstand Hartmut Schwamm, die im Unternehmen mitarbeitete, ihnen mitteilte, sämtliche Unterlagen müssten erst Ingrid Schnabel vorgelegt werden, bevor sie an die Prüfer weitergeleitet werden dürften.

Auch die Geschäfte mit VT Electronics wurden immer seltsamer. Der angebliche Hersteller, Lieferant und Finanzier trat plötzlich noch als Lizenznehmer von ComRoad auf und bezahlte die Gebühr ungewöhnlich schnell. „Das ging nicht mit normalen Dingen zu", sagte KPMG-Chef Harald Wiedmann später. Mitte Februar forderten die Prüfer aber immer nachdrücklicher nach Beweisen für die Existenz des Unternehmens und des Geldes. Schnabel legte eine Bestätigung von VT Electronics vor, wonach Lizenzzahlungen als Anzahlungen gutgeschrieben wurden, eine Vereinbarung darüber brachte ComRoad aber nicht bei.

Schnabel bot an, den angeblichen Ansprechpartner bei VT, Jeff Liu, zu informieren, eine Prüfung der Geschäftsbeziehung durch KPMG in die Wege zu leiten und sogar selbst „hinunterzufliegen". Vielleicht habe Liu Urlaub, brachte Schnabel zur Entschuldigung vor, als der Kontakt nicht klappte. Auch die Reise kam nicht zustande, angeblich wegen Terminschwierigkeiten und des chinesischen Neujahrsfestes. Das lag zu diesem Zeitpunkt schon eine Woche zurück, wie ein Anruf im KPMG-Büro vor Ort ergab. Am Nachmittag des 19. Februar 2002 forderten die Prüfer Schnabel erneut auf, Belege vorzulegen, Produktionsaufträge, Fotos, wenigstens einen Firmenprospekt von VT oder Telefonnummern, irgendetwas. Als sie wieder nichts erhielten, überreichten sie Schnabel die Kündigung.

Warum hatte das Prüfungsteam nicht früher Verdacht geschöpft? „Bei ComRoad liegen für 90 Prozent der Kunden die Kauf- oder Rahmenverträge vor. Es gibt Rechnungen, etwa von namhaften Speditionen für Lieferungen, außerdem Auftrags- und Saldenbestätigungen sowie Empfangsbestätigungen für gelieferte ComRoad-Produkte", sagte KPMG-Chef Wiedmann auf einer Pressekonferenz zwei Tage nach Vorlage des ersten Sonderprüferberichts im April 2002. Trotz des hohen Geschäftsvolumens mit den Hongkongern gab es aber ungewöhnlich wenige Unterlagen wie Korrespondenz zu den Geldflüssen, den Preisen oder Rechnungen von Speditionen bei dem Telematikanbieter. Echte Kunden beschwerten sich immer wieder über Mängel – VT Electronics nicht. KPMG mochte den Widerspruch auf meine Nachfrage allerdings nicht kommentieren. Im Strafprozess gegen die Schnabels sagte der zuständige Sonderprüfer von Rödl & Partner aus, man habe drei Schriftsätze für einen Zeitraum von vier Jahren von VT Electronics gefunden. „Die Urheberschaft erscheint zweifelhaft", fügte er hinzu.

Mit kriminalistischen Methoden die Richtigkeit einer Unterschrift zu überprüfen sei nicht Standardaufgabe eines Wirtschaftsprüfers, sagte Wiedmann vor der Presse. Gegen Betrüger habe man „keine Chance" und werde „ihnen auch in Zukunft aufsitzen". Grundsätzlich sind Wirtschaftsprüfer sehr wohl in der Lage, Ungereimtheiten aufzudecken. Die großen Gesellschaften haben Spezialabteilungen, die im Auftrag ihrer Mandanten Unterschlagungen und Betrügereien im Unternehmen auf der Spur sind. Dabei wenden sie Methoden an, die über die übliche Abschlussprüfung hinausgehen.

Im Normalfall prüfen sie nur anhand der Unterlagen des Unternehmens, ob Rechnungslegung und Buchführung ordnungsgemäß sind und den gesetzlichen Anforderungen entsprechen. Es wäre zu viel verlangt, wenn Wirtschaftsprüfer ahnen sollen, dass zum Beispiel die Krakel unter dem Vertrag mit Telematics-ASIA wohl nur mit viel Phantasie der Unterschrift des angeblichen Präsidenten Jesus O. Co ähnelten.

„Kein Prüfer kann seinen Mandanten gegenübertreten, als ob sie alle potenzielle Betrüger wären", argumentierte Wiedmann. „Verdachtsmomenten auf Bilanzdelikte nachzugehen gehört zu den klassischen Aufgaben des Wirtschaftsprüfers", sagte dagegen Karlheinz Küting, Direktor des Instituts für Wirtschaftsprüfung an der Universität des Saarlandes in Saarbrücken. „Es genügt nicht, allein die Stimmigkeit der Belege zu prüfen." Typische Warnzeichen tauchen bei vielen Betrugsfällen auf. „Fälscher kommen immer wieder auf die gleichen Ideen", meint der Bilanzprofessor Jörg Baetge aus Münster. Bei ComRoad war das zum Beispiel der negative Cash-Flow, der hohe Geldabfluss, bei steigenden Umsätzen und Gewinnen.

Wie weit kann, darf, soll ein Prüfer gehen? Ich suchte mir die Vorschriften aus den Prüfungsstandards des Instituts der Deutschen Wirtschaftsprüfer (IDW), der „Bibel" der Wirtschaftsprüfer, zusammen. „Der Abschlussprüfer muss sich stets darüber im Klaren sein, dass Umstände (Fehler, Täuschungen, Vermögensschädigungen oder sonstige Gesetzesverstöße) existieren können", las ich darin. Nötig sei kein „besonderes Misstrauen", wohl aber eine „kritische Grundhaltung". Eine solche Einstellung hätte eigentlich gereicht, um dem Schwindel auf die Spur zu kommen.

Die IDW-Prüfungsstandards schreiben vor, dass sich Prüfer über das Unternehmen informieren müssen, zum Beispiel über Gespräche mit Mitarbeitern, Kunden, Lieferanten und Wettbewerbern oder über Werbeschriften, Aktionärsbriefe und Medienberichte. Da hätte eigentlich auffallen müssen, dass nicht einmal der für Technik und Produktion zuständige Vorstand Hartmut Schwamm von VT Electronics gehört haben wollte. Die KPMG habe es nicht für nötig gehalten, ihn zu fragen, sagt Schwamm. Auch die Mitarbeiter gaben wenig Erhellendes zum Geschäftsverlauf von sich. Bodo Schnabel hatte ihnen schon vor der Abschlussprüfung 2001 aufgetragen, Fragen der Prüfer nicht zu beantworten, sondern an ihn oder seine Frau weiterzuleiten. Der Sonderprüfer von Rödl & Partner sagte im Strafprozess gegen die Schnabels vor Gericht aus, keiner der befragten GTTS-Partner habe VT Electronics gekannt.

Das Bild, das ComRoad von sich selbst zeichnete, stimmte zudem nicht einmal mit der geschönten Lage überein. Der Telematikanbieter suggerierte, das Risiko sei gering, wenn ein oder zwei der vielen Partner weltweit ausfielen. In Wirklichkeit gab es etliche Karteileichen wie Telematics-ASIA, mit denen es zwar Verträge, aber keine Erlöse gab. Nach den Unterlagen musste ComRoad außerdem drei Lieferanten von Geräten haben. In den von KPMG geprüften Lageberichten für 1999 und 2000 sprach der Vorstand jeweils nur von zweien. Ausgerechnet den – auf dem Papier – größten verschwieg Schnabel in der Öffentlichkeit. Gegenüber der KPMG stellte er VT Electronics als Tochter von VTech Holdings dar. VTech hat tatsächlich eine Tochter mit einem ähnlichen Namen: VTech Electronics. Die sitzt in Nordamerika und hat einen Chef namens B. Schnabel – sein Vorname ist allerdings Brian und nicht Bodo.

Eine VT Electronics gehört aber nicht zu der Holding. Das wäre den Prüfern sofort aufgefallen, wenn sie sich – wie von den Prüfungsstandards vorgeschlagen – an Auskunfteien oder Handelsregister gewandt oder die Beteiligungsliste von VTech durchgesehen hätten, wie sie dies später taten. Ein Anruf bei der Auslandstelefonauskunft hätte genügt, um VT Electronics als Lügengebilde zu enttarnen. Auf eine schlichte E-Mail-Anfrage teilte mir auch das Hongkonger Handelsregister binnen weniger Tage mit: „Nach unseren Unterlagen war eine VT Electronics nie bei uns registriert."

Es gab auch monatelang Presseberichte über Ungereimtheiten. „Wenn wir jeden Mandanten, über den die Presse kritisch berichtet, unter die Lupe nehmen würden, wären viele betroffen", sagte KPMG-Chef Wiedmann dazu laut „Börsenzeitung". Hieß das, dass es so viele Skandalfirmen gab, dass es schon egal war? Viele Informationen kann die KPMG jedenfalls nicht über die wirtschaftliche Lage des Mandanten eingeholt haben, obwohl es einfach und unkompliziert gewesen wäre.

Die Prüfungsstandards verlangen außerdem, Risikofaktoren zu berücksichtigen, um Gebiete zu finden, wo „mit wesentlichen Fehlern oder mit Verstößen gegen die Rechnungslegungsvorschriften" zu rechnen sein könnte. Bei ComRoad gab es mehrere. Dazu zählten die Dominanz eines Einzelnen – Bodo Schnabel – und intensive Geschäftsbeziehungen mit nahestehenden Personen – vor allem der Ehefrau. Keiner der Aufsichtsräte war unabhängig. „In so einem Fall müsste ein Unternehmen sofort auf die ‚Watchlist'", sagte Claus-Peter Weber, früherer Geschäftsführer von Arthur Andersen Deutschland, vor dem Prüfungsdesaster beim US-Energieriesen Enron eine der größten Wirtschaftsprüfungsgesellschaften der Welt, dem „Spiegel".

Wirtschaftsprüfer können nicht alle Geschäftsvorfälle kontrollieren, sie würden sonst nie fertig. Egal, wie sie Stichproben bei ComRoad wählten, eigentlich musste VT Electronics dabei sein. „Wenn ein einziger Geschäftspartner einen so großen Anteil des gesamten Umsatzes auf sich vereint, wie dies bei ComRoad der Fall war, dann muss sich der Wirtschaftsprüfer vom Hauptkunden auch ein Bild vor Ort machen", forderte Professor Küting sogar.

Aber selbst die blanken Zahlen waren für meine Begriffe merkwürdig. Im für die Öffentlichkeit gewöhnlich nicht zugänglichen Prüfungsbericht für 1999 waren die Umsätze nach Regionen aufgeschlüsselt. In Deutschland war der Umsatz im Vergleich zum Vorjahr eingebrochen und in den USA etwa gleich geblieben. Im restlichen Europa hatten sich die Erlöse verdreifacht. Dagegen waren sie in Asien von knapp 80 000 DM im Vorjahr auf 9,5 Millionen DM hochgeschossen, das war mehr als hundert Mal soviel wie in den zwölf Monaten zuvor. Diese Vervielfachung war gelungen, obwohl es nur einen einzigen fest angestellten Vertriebsmitarbeiter gab. Insgesamt hatte das Unternehmen sechs feste Beschäftigte, nur zwei mehr als im Vorjahr, obwohl das Geschäft sprunghaft gewachsen war.

Die Prüfer wiesen darauf hin, dass „erstmalig Umsätze in größerem Volumen getätigt wurden". Trotz hoher Veränderungen zum Vorjahr machten sie die Existenz der Erlöse nicht zum Prüfungsschwerpunkt – große Sprünge im Unternehmen sind aber besonders überprüfungsbedürftig. Auch eine andere stark erhöhte Position zählte nicht dazu: Zum ersten Mal wies ComRoad Anzahlungen in Millionenhöhe an den Hongkonger Hauptlieferanten aus. VT Electronics kümmerte sich nach Darstellung Schnabels um die Produktion, lieferte die Geräte direkt an die Kunden und kassierte auch das Geld von ihnen. ComRoad musste nur die passenden Rechnungen schreiben und an die Abnehmer schicken. Das Geld der Kunden verrechneten die Hongkonger mit den Produktionskosten für die Geräte. Die Differenz, also ComRoads Überschuss aus diesen Geschäften, behielten sie als Anzahlung für die Herstellung weiterer Bordcomputer. Einmal im Quartal schickte VT eine Gesamtabrechnung nach Unterschleißheim.

Enorme Beträge sammelten sich so bei VT an, Ende 2000 waren es schon 27,7 Millionen DM. Die Prüfer wunderten sich offenbar nicht darüber, dass solche Summen bei VT blieben, obwohl die ComRoad-Tochter vor Ort das Geld leicht hätte verwalten können. Sie waren zufrieden mit der Saldenbestätigung, die ihnen vorgelegt wurde. Mit solchen Dokumenten verifizieren die Geschäftspartner die Höhe der Forderungen, die das Unternehmen ihnen gegenüber hat. Ingrid Schnabel hatte einen Brief mit dieser Bitte an VT geschrieben. Den Prüfern wurde ein Fax vorgelegt, das als Absender eine Hongkonger Nummer und einen Bestätigungsstempel trug, der von „Jeff Liu" unterzeichnet war. Für sie war das ein stichhaltiger Prüfungsnachweis, da ein Dritter die Angaben ComRoads bestätigt hatte – die Existenz eines Jeff Liu, der ComRoad kannte, ließ sich jedoch nicht nachweisen. Eine freiberufliche Mitarbeiterin von ComRoad (Far East) trug aber offenbar diesen Nachnamen.

Nach den berufsständischen Grundsätzen müssen das Versenden und der Rücklauf solcher Schreiben unter Kontrolle der Wirtschaftsprüfer stehen. Offenbar befolgten sie das bei ComRoad nicht, sie wären dem Schwindel sonst schnell auf die Spur gekommen. Ingrid Schnabel hatte die Adresse und Faxnummer ComRoads für die Rücksendung angegeben. Eigentlich sollen solche Dokumente direkt an die Prüfungsgesellschaft gehen. Hätten die KPMG-Mitarbeiter außerdem selbst versucht, die Bitte um eine Saldenbestätigung an VT zu faxen oder per Post zu schicken, hätten sie bemerkt, dass es die Firma nicht an der angegebenen Adresse gab und die vermeintliche Faxnummer in Hongkong in Wahrheit der Telefonanschluss einer Privatperson war. „Telefon- oder Faxanschluss, das ist doch egal", sagt Bodo Schnabel dazu. „Das Fax kam aus Hongkong." Wahrscheinlicher ist allerdings, dass einem Faxgerät in Deutschland eine Hongkonger Kennung einprogrammiert worden war. Das ist selbst für technische Laien einfach.

Eine Bonitätsauskunft schien den Prüfern dennoch unnötig. Auch die Werthaltigkeit der hohen Forderungen gegenüber VT schien ihnen unproblematisch. Zum Zeitpunkt der Prüfung hatte VT für das Geld der offiziellen Darstellung zufolge schon wieder Bordcomputer herstellen und an Abnehmer ausliefern lassen. Daher sahen die Prüfer keinen Anlass, sich näher damit zu befassen. Das Gleiche galt aus ihrer Sicht für die Zahlungsströme, da hauptsächlich „Letters of Credit", also garantierte Zahlungen benutzt wurden. In den Prüfungsgrundsätzen heißt es jedoch, Ein- und Ausgänge von Zahlungen könnten nicht alleine als Nachweis einer Forderung oder Verbindlichkeit angesehen werden.

Nach meinen Recherchen ließen sich sogar Kontoverbindungen von VT nicht nachweisen. Auch die vermeintliche Besicherung gab es eigentlich gar nicht, da VT Electronics den Kunden vorgeschaltet war, wie ein Mitarbeiter der Wirtschaftsprüfungsgesellschaft Rödl & Partner während des Strafprozesses gegen die Schnabels erläuterte.

Seit Ende 2000 tauchte ComRoad als Empfängerin der Geräte von VT auf den Rechnungen auf, wie meine Informationen ergaben. Das war aber nicht plausibel, denn die angeblich gelieferten hohen Stückzahlen passten nicht mit den viel geringeren Lagerzu- und -abgängen zusammen. Für wichtige Absatzmärkte wie die USA fehlten lange Zeit die Zulassungsvoraussetzungen. Auch das war anscheinend kein wichtiges Prüfungsgebiet für die Mitarbeiter der KPMG.

Allerdings übten sie auch deutliche Kritik. Ein Überwachungssystem, mit dem die Gesellschaft gefährdende Entwicklungen festgestellt werden könnten, „liegt nicht in operationalisierter Form vor", bemängelten die Prüfer in den Prüfungsberichten für 1999 und 2000. Der Vorstand habe versichert, das Unternehmen sei so klein, dass solche Gefahren frühzeitig erkannt werden könnten. Es erstaunt allerdings, dass sich die Prüfer mehrmals mit der Auskunft des Vorstands zufrieden gaben. Eigentlich müssten sie sich solche Behauptungen belegen lassen oder zumindest ein Urteil darüber geben, wie glaubwürdig die Aussagen waren.

Noch härter fiel ihr Kommentar zur Buchführung aus. Grundsätzlich seien die Bücher ordnungsgemäß geführt, schrieben die Prüfer schon 1999 in ihren Bericht. „Wir haben allerdings im Verlauf unserer Prüfung festgestellt, dass organisatorische Verbesserungen notwendig sind, um die Vollständigkeit und Nachvollziehbarkeit des Buchungsstoffes in angemessener Zeit und mit vertretbarem Aufwand sicherzustellen", schrieben sie. Im Jahr 2000 wurden sie noch deutlicher: „Die Belegfunktion ist grundsätzlich erfüllt", hieß es da. Die Buchführung entspreche „insgesamt den gesetzlichen Vorschriften". „Grundsätzlich" und „insgesamt" bedeutet im Wirtschaftsprüferdeutsch „nicht immer".

Das war ein Hinweis auf Chaos in der Buchhaltung und fundamentale Verstöße gegen die Grundsätze ordnungsgemäßer Buchführung, wie etwa Buchungen ohne Belege. Nach Ansicht von Experten hätte das eine Einschränkung des Bestätigungsvermerks erlaubt. Im Strafprozess gegen die Schnabels kam ans Licht, dass auch die Sonderprüfer von Rödl & Partner Buchungen fanden, für die ihnen keine Belege vorgelegt wurden. Die Buchhaltung war demnach bereits 1998 unsystematisch und in einem unordentlichen Zustand, als KPMG noch nicht deutliche Mängel angeführt hatte. Nicht einmal die Vollständigkeit sahen die Sonderprüfer gewährleistet. Das überraschte mich, da die Abschlüsse eigentlich von professioneller Seite, der Steuerprüferkanzlei des Aufsichtsrats Manfred Götz, erstellt wurden. Von ihr hätte man eine saubere Arbeit erwarten müssen. Allerdings war es ohnehin ungewöhnlich, dass ein börsennotiertes Unternehmen von der Größe ComRoads die Buchhaltung ausgelagert hatte, noch dazu an eine Kanzlei, die mehr als 100 Kilometer vom Firmensitz entfernt war.

„Bereits den Jahresabschluss für 1999 wollte KPMG nur eingeschränkt testieren. Nach Diskussionen mit Löhr und Götz änderte die KPMG ihre Meinung", sagte Bodo Schnabel. Andreas Löhr konnte sich daran im Strafprozess allerdings nicht erinnern. Im Jahr 2000 wiesen die Prüfer wieder auf strukturelle Probleme hin. „So hatte KPMG unter anderem in der Aufsichtsratssitzung am 23. Februar 2001 ausführlich über Schwächen in der Buchführung berichtet und kritisch angemerkt, dass zwei Aufsichtsratsmitglieder mit Buchhaltungsarbeiten betraut waren", heißt es in einer Pressemitteilung. Die Aufsichtsrätin Ingrid Schnabel suchte den Prüfern zum Beispiel Unterlagen heraus und erklärte ihnen die Geschäfte. ComRoad habe versprochen, das zu ändern: „Diese Zusage war für KPMG Voraussetzung für die Wiederannahme des Mandats." Demnach war KPMG bereits 2001 kurz davor, die Geschäftsbeziehung zu beenden. Dennoch zog KPMG das Fazit: „Diese Kritikpunkte haben KPMG jedoch keine ausreichende Grundlage geboten, frühere Testate einschränken zu können." Die Unterschleißheimer erhielten wieder einen makellosen Vermerk, der nach außen kein Warnsignal aussandte.

Bestätigungsvermerk und Prüfungsbericht unterschieden sich also. Nur in dem internen Papier machten die Prüfer auf Missstände aufmerksam – obwohl sie eigentlich für die Aktionäre tätig sein sollen. Der Bilanzprofessor Jörg Baetge von der Universität Münster bezeichnete ein Auseinanderklaffen generell als „unethisch" und forderte, es sollte „ein neuer Grundsatz der materiellen Inhaltsgleichheit von Prüfungsbericht und Bestätigungsbericht eingeführt werden". Das wäre in jedem Fall wünschenswert.

Wirtschaftsprüfer haben bereits jetzt allerlei Möglichkeiten. Sie können ihren Bestätigungsvermerk ergänzen, einschränken oder versagen. Die Prüfer von Ernst & Young ergänzten ihn zum Beispiel beim angeschlagenen Baukonzern Philipp Holzmann im Mai 2001 um einen Hinweis auf einen Abschnitt über die Risiken im Lagebericht, in dem es um die Finanzprobleme ging. Beim Internetreiseanbieter Travel24.com warnten die Prüfer von Haarmann, Hemmelrath & Partner im Frühjahr 2001, das Unternehmen steuere in bedrohliches Terrain: „Ergänzend weisen wir darauf hin, dass der Bestand der Gesellschaft und die Beseitigung der Verlustsituation entscheidend von der Integration der akquirierten Unternehmen und der Umsetzung der Unternehmensplanung abhängig ist." Im folgenden Jahr rangen sie sich sogar zu einer Einschränkung durch: Sollte es nicht gelingen, rechtzeitig Finanzmittel zu beschaffen, sei die Existenz gefährdet: „Ob und inwieweit die Ordnungsmäßigkeit der unterjährigen Konzernrechnungslegung sichergestellt war, kann von uns nicht abschließend beurteilt werden."

Der Spielesoftwarehersteller Phenomedia erhielt gar kein Testat mehr von KPMG für das Jahr 2001. Der Vorstandschef und der Finanzvorstand gestanden, nicht existente Forderungen in Millionenhöhe verbucht zu haben. Nach einem Bericht der „Süddeutschen Zeitung" rissen sie angeblich Seiten aus abgeschlossenen Verträgen heraus und ersetzten sie durch Kopien. Pikantes Detail: Der Finanzvorstand hatte zwischen Studienabschluss und seiner Zeit bei dem Erfinder des beliebten Computerspiels Moorhuhn als Wirtschaftsprüfungsassistent bei KPMG gearbeitet, eben jener Prüfungsgesellschaft, die später die Phenomedia-Bücher prüfte. Offenbar liefen die Falschbuchungen über Jahre, ohne dass KPMG etwas merkte.

Ein dickes Warnzeichen ist es, wenn Wirtschaftsprüfer ein Mandat ablehnen, denn damit verzichten sie auf Geschäft. Beim Filmproduzenten Senator zog sich der langjährige Prüfer Arthur Andersen 2002 ohne Nennung von Gründen zurück, wie der Journalist Egbert Prior berichtete, der dem Unternehmen seit längerem Bilanzunregelmäßigkeiten vorwirft. Senator sagt, Arthur Andersen habe die Prüfung wegen der absehbaren Fusion mit einem ehemaligen Konkurrenten nicht mehr übernehmen können. Anderen damaligen Arthur-Andersen-Kunden hätte es dann ebenso gehen müssen. Davon ist jedoch nichts bekannt.

Der Gründungsprüfer von ComRoad, Haarmann, Hemmelrath & Partner, sagte, er habe ein weiteres Mandat auf Grund von „Meinungsverschiedenheiten" nicht mehr angenommen. Im Februar 2002 warf KPMG schließlich sogar während der laufenden Prüfung das Handtuch. „Mit der Niederlegung des Mandats haben wir die schärfste Waffe gezogen, die ein Wirtschaftsprüfer in Deutschland ziehen darf", sagte KPMG-Chef Wiedmann. „Damit haben wir die Ermittlungen der Staatsanwaltschaft erst in Gang gesetzt." Er forderte, dass die Prüfer die

Behörden informieren dürfen, was derzeit nur bei Geldwäsche möglich ist – in Frankreich sind sie dagegen verpflichtet, Anzeige zu stellen. KPMG habe mit diesem Schritt auch die Strafverfolger aufmerksam machen wollen.

Vielleicht wollte die Gesellschaft ihnen aber auch zuvorkommen: Nach Erscheinen meines Artikels meldete sich der Mann, von dem die anonyme Anzeige stammte, bei der KPMG und teilte ihr kurz vor ihrem Rückzug mit, dass er sich an die Hessische Börsenaufsicht gewandt hatte. Die schickte seine Anzeige nur drei Tage nach der Mandatskündigung an die Staatsanwaltschaft. Hätten die Prüfer erst nach Beginn der Ermittlungen reagiert, wäre die öffentliche Kritik an ihnen wohl noch härter ausgefallen. Später widerrief die Gesellschaft auch noch die Bestätigungsvermerke für die Jahre 1998 bis 2000.

Seit 1998 waren Phantasiumsätze verbucht worden. Schnabel behauptete dazu, er habe 1997 einen Jeff Liu in Hongkong kennen gelernt, der ihm 1998 aus Freundlichkeit eine Rechung über eine Lieferung von VT an Wackenhut in Griechenland ausgestellt habe, um vor dem Börsengang hohe Umsätze ausweisen zu können. Nach diesem Muster habe er selbst anhand eines elektronischen Formulars in der Folgezeit sämtliche Rechnungen dieser Art gefertigt. Ein- und Ausgangsrechnungen seien in die Buchhaltung gegeben, aber natürlich nicht wirklich weggeschickt worden. Weder ComRoad noch die Sonderprüfer fanden allerdings einen Hinweis darauf, dass Liu existiert. Das Formular glich vielmehr einer echten Rechnung, die ComRoad 1998 von einer realen Firma aus den USA erhalten hatte.

Es hatte sowohl vor dem Börsengang 1999 als auch ab dem Jahr 2001 Hinweise auf Ungereimtheiten gegeben, aber erst im Februar 2002 zog KPMG die Konsequenzen. „Es hilft keinem, wenn das Mandat niedergelegt wird", kritisierte Professor Küting das Vorgehen der Prüfer. Nach seiner Ansicht hätten sie weitermachen und den Aufsichtsrat informieren sollen. Die Kanzlei Rotter Rechtsanwälte stellte bei der Staatsanwaltschaft sogar Anzeige mit dem Vorwurf, die Prüfer hätten „bedingt vorsätzlich falsch testiert". Die Angaben in Abschlüssen des Unternehmens seien zum Teil so überzogen und unglaubwürdig gewesen, dass eigentlich jeder Laie hätte stutzig werden müssen.

KPMG verteidigte sich, Küting übte Kritik. Die Staatsanwaltschaft untersuchte die Rolle der Prüfer. Das war wie ein Déjà-vu-Erlebnis. Beim Baukonzern Philipp Holzmann ein paar Jahre zuvor war es genauso gewesen. Ermittler gingen der Frage nach, ob KPMG-Mitarbeiter wussten, dass

Wertberichtigungen und Rückstellungen nicht vorgenommen und Milliardenverluste systematisch versteckt wurden und die Abschlüsse dennoch testierten. Darüber brüteten sie noch im Sommer 2002, als die Untersuchungen der Rolle der Prüfer bei ComRoad eingestellt wurden.

Die Zunft der Wirtschaftsprüfer war nach dem Fall Holzmann in der Kritik und gelobte Besserung. Die Wirtschaftsprüferkammer gründete eine Kommission für Qualitätskontrolle, und der Peer Review wurde eingeführt. Eine Gesellschaft kontrolliert bei einer anderen, ob die gesetzlichen Vorschriften und die Berufssatzung eingehalten wurden. KPMG hob als Erste den Finger und ließ nach dem Holzmann-Skandal die Konkurrenz von Ernst & Young ins Haus. Die fand keinen Grund für Beanstandungen, alles andere hätte mich auch gewundert – eine Krähe hackt der anderen kein Auge aus. Der Peer Review bewirkt sicher, dass die Prüfer ihre Arbeit noch sorgfältiger dokumentieren, sie trägt aber wohl nichts dazu bei, die Mitarbeiter sensibler für Betrug zu machen.

In den vergangenen Jahren war KPMG nicht nur beim Skandal um den Baukonzern Philipp Holzmann betroffen. Die nicht vorhandenen Horizontalbohrmaschinen der Firma Flowtex segnete KPMG ab. KPMG prüft die Bilanzen des Mischkonzerns mg technologies, wegen denen eine Reihe von Gutachten und Gegengutachten erstellt und sogar Gerichte beschäftigt wurden. Am Neuen Markt fiel die Gesellschaft jahrelang auf Luftbuchungen bei ComRoad und Phenomedia herein. „Die haben halt Pech, dass die Skandale bei ihnen so häufig aufgedeckt werden", sagen einige Branchenkenner. Die Mitarbeiter gelten als mindestens genauso gut und fähig wie die der Konkurrenz – die Ausbildung zum Wirtschaftsprüfer ist langwierig und gilt als schwierig.

Andere glauben allerdings, dass sich die Fälle nicht ganz zufällig bei der Vier-Buchstaben-Gesellschaft häufen, die oft spöttisch „Keiner Prüft Mehr Genau" genannt wird. Die großen Prüfungsfirmen würden immer „amerikanischer", sagen sie. Bei KPMG sei dies besonders stark ausgeprägt. Ziel ist eine möglichst hohe Effizienz. Das gelingt durch eine Art gehobene Fließbandproduktion: Mitarbeiter werden mit Packen von Checklisten zu den Unternehmen geschickt. Dort fordern sie die aufgeführten Dokumente an und haken erledigte Punkte ab. Umfangreiche Kenntnisse brauchen sie dafür nicht, eine kurze Einarbeitungszeit genügt im Prinzip. Sie haben nicht unbedingt einen Überblick und vielleicht nicht immer das Verständnis, warum sie was tun.

Schnell soll es gehen. Im Normalfall zieht sich die Sichtung hin, weil dieses und jenes Dokument gerade in einem Ordner im anderen

Gebäude abgeheftet ist, beim Steuerberater liegt oder das ausländische Partnerunternehmen sich nicht meldet. Die Mitarbeiter sind froh, wenn das Unternehmen die Unterlagen einigermaßen zügig beibringt. Was tun, wenn eine Bescheinigung aus Hongkong nicht dem entspricht, was sich der Prüfungsmitarbeiter vorgestellt hat? Und das Unternehmen behauptet, so sei das nun mal bei den Asiaten, und im Jahr zuvor sei das auch so akzeptiert worden? Ist das nun auffällig oder nicht? Soll man deswegen schon wieder beim Chef nachfragen und ihn mit dem Kleinkram nerven? Wird schon stimmen. Wird schon gut gehen, ist bis jetzt jedes Jahr gut gegangen. Haken in der Checkliste. Überlisten lässt sich ein solches System, auch wenn alle Checklisten ordentlich ausgefüllt und abgeheftet sind. Eine Studie der beiden Bilanzprofessoren Steve Sutton und Charles Cullinan in den USA ergab, dass sich auf diese Weise kleine Unregelmäßigkeiten von Mitarbeitern gut erkennen lassen – nicht aber ein groß angelegter Schwindel, der von der Unternehmensspitze ausgeht. Bei 276 Betrugsfällen zwischen 1987 und 1999 seien Chefs jedoch in 70 Prozent aller Fälle in die Sache verwickelt gewesen.

Dieses Problem kann aber nicht nur KPMG betreffen. Bodo Schnabel beschäftigte mehrere Wirtschaftsprüfungsgesellschaften für seine Unternehmen. Er wusste, auf was sie achten. Schockierend daran ist, dass er es nach diesen Erfahrungen nicht einmal für nötig hielt, Scheinfirmen ins Handelsregister eintragen zu lassen und Strohmänner zu engagieren, um die Wirtschaftsprüfer hinters Licht zu führen.

Stichprobenartig müssen zwar zum Beispiel Baustellen vor Ort überprüft werden, „auch wenn sie in Lagos in Nigeria sind", wie Bernd Rödl sagt. In der Praxis wird das schon aus Kosten- und Zeitgründen selten gemacht. „Wir haben Informationen unserer Auslandsniederlassungen vorgelegt. Aber niemand hat das jemals überprüft. Wenn wir die Zahl doppelt so hoch wie tatsächlich angegeben hätten, hätte das wahrscheinlich niemand gemerkt", so erinnert sich der ehemalige Finanzvorstand eines börsennotierten Unternehmens an die Arbeit der Wirtschaftsprüfer.

Im Sommer 2002 geriet Deutschlands fünftgrößte Prüfungsgesellschaft BDO sogar in den Verdacht, wissentlich falsche Testate bei der Immobilientochter IBG der Bankgesellschaft Berlin abgegeben zu haben. Die gefährlichen Geschäfte der IBG hätten zum Zusammenbruch des Kreditinstituts geführt, wenn das Land Berlin nicht mit Milliarden eingesprungen wäre. Der selbständige Wirtschaftsprüfer Achim Walther hatte bereits 1997 im Rahmen einer Sonderprüfung auf die hohen Risiken hingewiesen. „Die augenblickliche Mietvertragsdatenverwaltung lässt einen testatfähigen Jahresabschluss der IBG nicht zu", schrieb er. Die BDO erteilte trotzdem einen uneingeschränkten Bestätigungsvermerk. „Man hatte den Wunsch, dass ich die kritischen Passagen in meinem Bericht verändern sollte", sagte Walther dem „Handelsblatt". Er weigerte sich, ihm wurde der Auftrag entzogen.

Zwei weitere Gutachten aus den Jahren 1997 und 2000 kamen ebenfalls zu dem Ergebnis, dass die Rückstellungen zu gering waren. BDO verteidigte sich, Sonderprüfungen mit KPMG und Pricewaterhouse-Coopers sowie eine Stellungnahme von Arthur Andersen hätten die „strittigen Punkte widerlegt".

Sollte sich belegen lassen, dass BDO wissentlich falsch testiert hat, könnte die Bankgesellschaft Berlin Schadensersatzansprüche in Milliardenhöhe gegen die Prüfer stellen. Eine führende Mitarbeiterin der Bundesanstalt für Finanzdienstleistungsaufsicht (BAFin) äußerte sich laut „Handelsblatt" vor einem Untersuchungsausschuss wenig schmeichelhaft über die Prüfungsfirma: Die Behörde habe die BDO schon geraume Zeit im Blick. Mehrfach habe es „mangelhafte Prüfungsleistungen" gegeben. Darum erteile die BAFin der BDO keine Sonderprüfungsaufträge mehr. Für die BDO wiederum war die Bankgesellschaft Berlin ein wichtiger Kunde, den sie wohl ungern verloren hätte.

Der Kampf um Mandate ist das Grundproblem. „Auf dem Markt für Prüfungsleistungen geht es derzeit zu wie auf dem Bau: Verdient wird in erster Linie mit Zusatzleistungen", fassten Ernst & Young-Chef Herbert Müller und Vorstand Norbert Pfitzer die Lage im Frühjahr 2002 zusammen. Im Wettbewerb um lukrative Aufträge bieten die Gesellschaften die Prüfung billig an und hoffen, dadurch auch lukrative Beratungsaufträge an Land zu ziehen. Die Vorstände mögen es logischerweise nicht, wenn ihnen der Wirtschaftsprüfer allzu sehr in die Parade fährt.

So ist es kein Wunder, dass die Prüfer selten Testate ergänzen, einschränken oder gar versagen. Sie riskieren Ärger mit dem Kunden. Unter Umständen steht ein hohes Auftragsvolumen auf dem Spiel, wenn das Problemkind einem Verbund von Unternehmen angehört, die alle das Mandat an die Konkurrenz vergeben könnten. Dagegen passiert meist wenig, wenn zu mild vorgegangen wird. In der „Süddeutschen Zeitung" mutmaßte zum Beispiel Bernd Rödl, Angst um das Mandat könnte dazu beigetragen haben, dass die Prüfer KPMG und Wedit zu wenig hart bei der bayerischen Landeswohnungs- und Siedlungsgesellschaft (LWS) durchgriffen, obwohl das Rechnungswesen offenbar im Argen lag und die LWG in eine Schieflage geriet.

Das Deutsche Aktieninstitut stellte in seiner Studie vom Mai 2002 fest, dass fast alle der 200 untersuchten Jahresabschlüsse vom Neuen Markt einen uneingeschränkten Bestätigungsvermerk erhalten hatten – obwohl im Schnitt ein Fünftel und in Extremfällen mehr als die Hälfte der erforderlichen Angaben fehlte. Die Experten schrieben, dass die Qualität der Prüfer sehr unterschiedlich sei und „Prüfungen in vielen Fällen nicht streng genug durchgeführt werden". Professor Küting nahm 342 Geschäftsberichte aus dem selben Börsensegment unter die Lupe. Er entdeckte, dass Wirtschaftsprüfer eklatante Verstöße gegen die Bilanzierungsvorschriften durchgehen ließen: „Es hat vor Fehlern nur so gewimmelt".

Davon sind keineswegs nur börsennotierte Gesellschaften betroffen. Verstöße gegen Vorschriften seien „ein ständig zunehmendes Phänomen", sagte Gerhard Gross, Vorstand des Instituts der Wirtschaftsprüfer (IDW) der „Süddeutschen Zeitung" im Januar 2002. Bei Familienbetrieben seien Versuche, die Zahlen zu schönen, ebenfalls ein „beobachtbarer Trend", fügte Gross hinzu. Wenn er auf Veranstaltungen für mittelständische Wirtschaftsprüfer frage, ob jemand schon einmal Verstöße entdeckt habe, melde sich manchmal jeder zweite Teilnehmer. „Das liegt natürlich weit über meinen Erwartungen und hat mich sehr überrascht." Diese Entwicklung dürfte in den kommenden Jahren an Dramatik gewinnen, denn „schöne" Bilanzen werden bei der Kreditvergabe der Banken wichtiger, weil sich die Kosten dafür an den Zahlen orientieren. Damit dürfte auch der Druck auf die Prüfer zunehmen, die gewünschten Ergebnisse abzusegnen. Es würde mich nicht überraschen, wenn es dann eine Welle von Bilanzungereimtheiten bei nicht börsennotierten Unternehmen gäbe.

„Es ist offenkundig, dass die Wirtschaftsprüfer, die sich in einem Spannungsverhältnis zwischen öffentlichem Auftrag und kommerziellen Interessen bewegen, mit dieser Situation überfordert sind", urteilten die Experten des Deutschen Aktieninstituts. Die Konsequenz ist klar: Es muss sich etwas ändern. Die Arbeit der Wirtschaftsprüfer ist zwecklos, wenn sie zwar falsch verbuchte Spesenabrechnungen finden, nicht aber Luftbuchungen in Millionenhöhe.

KPMG spürte die Folgen der Vertrauenskrise schnell. Die Fusionsgespräche mit der Gesellschaft Arthur Andersen in Deutschland waren bereits fortgeschritten, als sich der Wunschpartner für ein Zusammengehen mit Ernst & Young entschied. Branchenkenner schlossen nicht aus, dass die Kritik an KPMG im Fall ComRoad dazu beigetragen hatte. Auch im Strafprozess gegen die Schnabels kamen die Prüfer nicht gut weg. Der Verteidiger Bodo Schnabels sagte, sein Mandant sei nicht der einzige traurige Held in der Geschichte: „Dazu gehört auch die Wirtschaftsprüfungsgesellschaft KPMG. Man muss sich fragen, wofür die ihr Geld kassiert hat." Auch der Staatsanwalt und die Richter ließen durchblicken, dass sie sich über die Arbeit der Prüfer wunderten.

ComRoad selbst kündigte an, rechtliche Schritte gegen KPMG zu prüfen. Das klingt absurd, gerade so, als ob ein Betrüger sein Opfer dafür belangte, dass es seine Masche nicht durchschaut hatte. Nach deutschem Recht haftet der Wirtschaftsprüfer aber gegenüber dem Mandanten und sonst erst einmal gegenüber niemandem. So mussten KPMG und die Prüfungsgesellschaft Wedit eine Millionensumme an die HypoVereinsbank zahlen, als ein Sondergutachten ergab, dass eine von ihnen abgesegnete Bilanz ungültig war. Die Haftungshöchstsummen sind in Deutschland allerdings gering. Beim ehemaligen Neuer-Markt-Unternehmen ComRoad gilt eine Obergrenze von einer halben Million DM für das Jahr 1998 und von jeweils zwei Millionen DM für die beiden folgenden Jahre. KPMG geht allerdings davon aus, gar nichts an den Telematikanbieter zahlen zu müssen, weil die Prüfer durch strafrechtlich relevantes Verhalten getäuscht wurden.

Aktionäre haben im Normalfall keine Ansprüche gegenüber den Wirtschaftsprüfungsgesellschaften, denn gegenüber Dritten sieht das deutsche Recht keine Haftung vor. Zählen Banken als Gläubiger zu den Geschädigten, lassen sie sich damit aber nicht abspeisen. Sie ziehen eine Analogie: Wenn ein Gutachter weiß, dass seine Arbeit Grundlage für Investitionsentscheidungen ist, muss er besonders sorgfältig im Hinblick auf die Investoren arbeiten. Als KPMG die Jahresabschlüsse von Flowtex absegnete, obwohl drei Viertel der Horizontalbohrgeräte des Unternehmens gar nicht existierten, drohten die Gläubiger mit einer Schadenersatzklage über zwei Milliarden DM. In einem außergerichtlichen Vergleich zahlte KPMG die Rekordsumme von 100 Millionen DM an Banken, Sparkassen und Leasinggesellschaften, obwohl die Gesellschaft kein Versagen bei sich sah: „Unsere Prüfungstätigkeit bei Flowtex war korrekt." Die Kulanz hatte einen Grund: Einige Flowtex-Geschädigte waren Kunden der KPMG. Diese Geschäftsbeziehungen wollte die Prüfungsgesellschaft nicht belasten.

Bedeutende Aktionäre haben aus ähnlichen Gründen gute Chancen auf Geld von den Prüfern. Kleinanleger haben in Deutschland das Pech, dass sie selten Einfluss auf die Mandatsvergabe haben. Sie können sich aber zusammenschließen und ebenfalls mit Anwälten und einer Klageschrift bei den Wirtschaftsprüfern auftauchen. Die Furcht vor einem öffentlichen Prozess könnte die Prüfer dazu bringen, auch in solchen Fällen zu zahlen.

In anderen Ländern, vor allem in den USA, weht den Prüfern ohnehin ein schärferer Wind entgegen: Geprellte Anleger richteten ihre Klagen bei Lernout & Hauspie auch gegen die Wirtschaftsprüfer. In den USA zahlte Arthur Andersen Aktionären Entschädigungen in Millionenhöhe, als bekannt wurde, dass der Entsorgungskonzern Waste Management Gewinne um mehr als eine Milliarde Dollar zu hoch ausgewiesen hatte. Auch die Wertpapieraufsicht SEC machte der Gesellschaft Dampf. Sie warf Andersen vor, von 1992 bis 1996 wissentlich falsche oder fahrlässig falsche und irreführende Prüfungsberichte erstellt zu haben. Die Gesellschaft selbst und drei Mitarbeiter mussten eine Strafe zahlen.

In Deutschland gibt es zwar die Wirtschaftsprüferkammer, die das Verhalten eines Prüfers rügen oder ein berufsgerichtliches Verfahren einleiten kann. Sie überprüft die veröffentlichten Jahres- und Konzernabschlüsse, darf aber keine Unterlagen vom Unternehmen anfordern. Trotz dieser eingeschränkten Informationslage entdeckt sie immer wieder unrichtige und fehlende Angaben sowie falsche Testate. In Extremfällen ermittelt die Staatsanwaltschaft.

Zwischen Wirtschaftsprüferkammer und Staatsanwaltschaft gibt es in Deutschland keine Instanz. Professor Küting fordert daher: „Eine neutrale Kapitalmarktaufsicht sollte Bilanzierung und Prüfung der ihr unterliegenden Unternehmen überwachen und sanktionieren können." Das wäre für alle Beteiligten gut. Sie könnte die Unsicherheit in der Öffentlichkeit in Fällen wie mg technologies mindern. Dort bekriegen sich der Vorstand und ein Großaktionär wegen der Bilanzierung. Die Aktionäre blicken nicht mehr durch. Von Vorteil wäre eine derartige Institution auch, wenn die Presse einem Unternehmen Fehler vorwirft, wie es etwa „Börse Online" bei ComRoad oder beim Finanzdienstleister MLP getan hat.

Viele sind sich einig, dass eine solche Einrichtung nötig ist. Umstritten ist, wie sie organisiert werden sollte. Das Institut der Wirtschaftsprüfer favorisiert eine privatwirtschaftlich organisierte Lösung wie das Financial Reporting Review Panel in Großbritannien. Es kann Abschlüsse überprüfen, die öffentlich angezweifelt werden, und Änderungen sogar gerichtlich erzwingen. Im Gegensatz zur diskreten Wirtschaftsprüferkammer veröffentlicht es Mängel. Im Prinzip wäre das eine Art „Ober-Wirtschaftsprüfer". „Fraglich ist, wie die Unabhängigkeit des Panels herzustellen ist und wie der Missbrauch der Institution im Wettbewerb der Prüfungsgesellschaften sichergestellt werden kann", wirft Bernd

Rödl ein. Hätte ein Panel, in dem die große Gesellschaft KPMG viel Einfluss hat, eine Untersuchung bei ComRoad angeregt? Es hätte vielleicht argumentiert wie etliche andere in diesem Fall: Die Vorwürfe seien nicht substantiiert genug und nicht geeignet, Untersuchungen einzuleiten.

Nach dem ComRoad-Debakel sprach sich auch KPMG-Chef Wiedmann dafür aus, dass eine unabhängige Stelle in Deutschland Sonderprüfungen in Auftrag geben kann, wie das zum Beispiel die Finanzaufsichtsbehörde bei den Banken tun darf: „Die Aufsichtsbehörde könnte dann bei strittigen Fragen ein weiteres Prüfungsteam zu einem Unternehmen schicken." In den USA wurde extra eine neue Regierungsbehörde geschaffen, um die Arbeit der Wirtschaftsprüfer zu kontrollieren. „Das wird unserer Branche helfen", sagte Sam DiPiazza, Chef von PricewaterhouseCoopers, der „Süddeutschen Zeitung". Europa stehe vor dem gleichen Problem und müsse sich eine ähnliche Kontrollbehörde aufbauen.

Auch das Deutsche Aktieninstitut kommt in seiner Studie zu einem ähnlichen Ergebnis: „Nach Ansicht der Autoren spricht vieles dafür, eine staatliche Einrichtung mit der Überwachung der Rechnungslegung börsennotierter Unternehmen zu beauftragen, diese Institution mit ausreichenden Kompetenzen und wirkungsvollen Sanktionsmöglichkeiten auszustatten und sie nach Möglichkeit in eine übergreifende europäische Kapitalmarktaufsicht einzubinden." Diese deutsche Variante einer starken Aufsicht müsste staatlich finanziert sein und empfindliche Sanktionen aussprechen dürfen. Allerdings fehlt mir nach den bisherigen Erfahrungen die Phantasie, mir die Finanzaufsichtsbehörde als kleine SEC vorzustellen.

Zusätzlich müsste das Problem von der anderen Seite angepackt und die Abhängigkeit der Prüfer von den Mandanten verringert werden. In Frankreich müssen die Prüfer zum Beispiel alle sechs Jahre wechseln. Eine Rotation nach einem festen Turnus würde sie weniger anfällig für Einschüchterungen machen. Der Zeitraum darf aber nicht zu kurz gewählt werden: Untersuchungen in den USA ergaben, dass die Zahl der Haftungsfälle auf Grund von Prüfungsfehlern bei Erst- und Zweitprüfungen deutlich höher ist als danach.

In den USA dürfen die Prüfer ihre Mandanten nicht mehr gleichzeitig beraten. Das kommt in Deutschland häufig vor. Die Schutzgemeinschaft der Kleinaktionäre fand in einer Umfrage heraus, dass 65 Prozent der 100 größten börsennotierten Gesellschaften sich von ihrem Prüfer auch beraten lassen. Der Bilanzprofessor Jörg Baetge von der Universität

Münster und sein wissenschaftlicher Mitarbeiter Christian Heidemann sprechen von einem „Konstruktionsfehler in der Abschlussprüfung". Der Prüfer sei „Advokat der Aktionäre und Gläubiger". Damit sei nicht vereinbar, dass er ihnen beim Blick in die Bücher und bei der Beratung der Unternehmensleitung diene.

Es wäre schon etwas gewonnen, wenn zumindest die derzeitigen Regeln eingehalten würden. So kommt es vor, dass die Prüfungsgesellschaften selbst die Abschlüsse erstellen, die sie dann unter die Lupe nehmen. Als ich bei einem Filmproduzenten Ungereimtheiten in den Zahlen gefunden hatte, erhielt ich die bezeichnende Antwort: „Oh, da hat unser Wirtschaftsprüfer Fehler gemacht." Experten betonen, dass die Grenzen zwischen Prüfung und Erstellung fließend sind. Überschneidungen kämen immer wieder vor. Auch bei ComRoad war das so, jedenfalls nach Darstellung Bodo Schnabels (siehe Seite 193 ff.): „Die KPMG überprüfte die Quartalreports und erstellte die Kapitalflussrechnungen. Zur Jahresabschlussprüfung legte Manfred Götz einen Bilanzentwurf vor, der dann von der KPMG überarbeitet wurde. Der entgültige Jahresabschluss wurde dann von der KPMG testiert."

Bernd Rödl spricht sich dafür aus, die Anteilseigner stärker einzubinden, etwa indem die Prüfer auf der Hauptversammlung auftreten: „Sie müssen Rede und Antwort stehen und auch mal Tacheles reden können, wenn sie von kritischen Aktionären gefragt werden." Auch das Kontrollorgan des Vorstands sei gefordert: „Insgesamt muss der Aufsichtsrat den Wirtschaftsprüfer intensiver und direkt fordern und ihn in seine Überwachungspflichten einbinden." Nur eine Maßnahme würde wohl durchschlagende Wirkung zeigen: Hätten Aktionäre eine Anspruchsgrundlage für Schadensersatz gegenüber den Prüfern, wäre das ein starker Anreiz, die Interessen der Anleger zu berücksichtigen. Das Ungleichgewicht zugunsten der Vorstände im Unternehmen würde verringert. Die Aktionäre sind auf das Testat des Wirtschaftsprüfers angewiesen. Sie sollten daher auch einen Schadensersatzanspruch haben. Denn in Fällen wie ComRoad können die Anleger selbst vom Aufsichtsrat keine effektive Kontrolle erwarten.

Verhängnisvolle Abhängigkeit

Es war Zufall, dass Andreas Löhr in der Nacht vom 19. auf den 20. Februar 2002 noch einmal in sein Büro kam. Im Büro hatte er noch Blumen für seine Frau stehen, die er abholen wollte. Er warf einen Blick auf das Faxgerät. Da lag ein Fax, das als Absendezeit 21.23 Uhr auswies: Die KPMG informierte ihn über die Kündigung des Prüfungsmandats auf Grund von Ungereimtheiten um VT Electronics in Hongkong. Mit dieser Firma konnte Löhr nichts anfangen. Er versuchte, den Vorstand und seine Aufsichtsratskollegen zu erreichen. Weder Bodo noch Ingrid Schnabel gingen ans Telefon. Vorstand Hartmut Schwamm teilte ihm mit, er habe nichts von der Kündigung gehört, VT Electronics sage ihm nichts. Auch Aufsichtsrat Manfred Götz hatte keine Ahnung von der KPMG-Geschichte, kannte aber VT. Die Gesellschaft sei wesentlicher Lieferant von ComRoad.

In den Aufsichtsratssitzungen war aber doch VTech Holdings aus Hongkong so bezeichnet worden, erinnerte sich Löhr, auch noch in der letzten, die nur eine Woche zuvor stattgefunden hatte. VTech hatte im Jahr 2001 auch Rechnungen geschickt, aber in weit geringerem Umfang als VT Electronics, klärte ihn Götz auf. Noch in der Nacht suchte Götz ein Exemplar von VT Electronics und faxte es an Löhr. Die Telefonnummer im Briefkopf entpuppte sich als toter Anschluss. Die Faxnummer war die private Telefonnummer einer Frau, die nichts mit einer VT Electronics zu tun hatte.

Löhr und seine nächtlichen Gesprächspartner waren beunruhigt, äußerst beunruhigt. Sie mussten schnell handeln. Wenn ein wichtiger Lieferant plötzlich verschwand, konnte es zu Verzögerungen kommen, Kunden würden vielleicht verärgert abspringen. Waren die Chinesen außerdem mit Geld von ComRoad durchgebrannt? Dann musste auch noch Ende März 2002 der Jahresabschluss für 2001 mit Bestätigungsvermerk des Wirtschaftsprüfers bei der Deutschen Börse vorliegen. Falls KPMG die Kündigung nicht zurücknahm, musste ComRoad bei Gericht einen neuen Prüfer bestellen lassen, der die Aufgabe übernahm. Weniger als sechs Wochen standen dafür zur Verfügung. Das war knapp. Löhr machte in dieser Nacht kein Auge zu.

Erst am frühen Morgen des 20. Februar rief Bodo Schnabel zurück. Er war auf dem Sprung zum Flughafen. In London stand ein Treffen mit den Insolvenzverwaltern von Skynet an. Danach wollte er nach Hongkong fliegen, um nach VT Electronics zu suchen. Löhr machte ihm klar, dass er in Unterschleißheim gebraucht wurde: „Sie fahren jetzt nicht nach Hongkong." Für den Nachmittag setzte er eine außerordentliche Aufsichtsratssitzung an und bat die KPMG hinzu. Der Prüfungsleiter brachte zwei Kollegen der Risk-Management-Abteilung aus Berlin mit. In der Sitzung fragte Löhr Schnabel nach dem ominösen Hongkonger Lieferanten. Der Firmenchef berichtete, er habe das Unternehmen über Mitarbeiter von VTech kennen gelernt und angenommen, es zähle zur gleichen Firmengruppe. Am Sitz selbst sei er nie gewesen. Auch er habe VT in den vergangenen Tagen nicht erreichen können.

Der Aufsichtsratsvorsitzende beschwerte sich bei den Wirtschaftsprüfern, dass sie ihn so spät informiert hatten, was sie bedauerten. Sie hatten Bodo Schnabel am Nachmittag des Vortags die Kündigung überreicht und ihn den Empfang quittieren lassen, Löhr hatten sie nur das Fax geschickt. Die Vorgehensweise war bezeichnend: Die Hauptversammlung wählt den Wirtschaftsprüfer. und der Aufsichtsrat bestellt ihn. Er ist damit der Auftraggeber, an ihn hätte KPMG eigentlich zuerst denken müssen. In Wirklichkeit lassen sich die Vertreter des Kontrollorgans oft das Heft aus der Hand nehmen. Der Vorstand gibt dem Prüfer die notwendigen Informationen und entscheidet häufig, an wen ein Mandat erteilt wird. „Der Interessenkonflikt zwischen kritischer Prüfung und erneuter Beauftragung ist vorprogrammiert", sagt Bernd Rödl, Chef der Wirtschaftsprüfungsgesellschaft Rödl & Partner, über diese Konstellation. Umgekehrt komme es schon mal vor, dass der Vorstand die Berichte gegenüber dem Aufsichtsrat filtere, zum Beispiel den Management Letter, in dem der Prüfer Probleme und Defizite während der Prüfung dokumentiere.

Bei ComRoad hatte die KPMG in der Vergangenheit mehrfach Schwächen angesprochen, aber die Kritik fiel bei den Kontrolleuren offenbar nicht auf fruchtbaren Boden. Auf der Sitzung vom 20. Februar stießen nun die Anliegen des Aufsichtsrats auf wenig Gehör: Die Prüfer sagten die Rücknahme der Kündigung nicht zu. Sie warteten nicht einmal das Ende des Treffens ab, bevor sie gingen. Vorstand und Aufsichtsrat diskutierten danach noch lange. Die finanzielle Lage war undurchsichtig. Wie viel Geld von ComRoad bei VT Electronics war, wusste niemand zu sagen. Eine Zahlungsunfähigkeit drohte erst einmal nicht: Der Vorstand bezifferte den Bestand auf den Bankkonten auf knapp 30 Millionen Euro.

Löhr suchte in Windeseile nach einer Wirtschaftsprüfungsgesellschaft, die eine Sonderprüfung durchführen konnte. Bereits zwei Tage später, am

22. Februar, kamen die Mitarbeiter von Rödl & Partner ins Unternehmen. Bodo Schnabel räumte ein, dass man vom gemeldeten 2001er-Umsatzerlös von 93,6 Millionen Euro wohl rund 15 Millionen abziehen müsse. Die Ware sei offensichtlich noch nicht angekommen, begründete er diese Lücke. Er und Hartmut Schwamm machten im Gegensatz zu Manfred Götz und Andreas Löhr einen ruhigen Eindruck auf die frischgebackenen Sonderprüfer, die vorschlugen, zunächst einmal die Gelder, die etwaige Kunden an VT Electronics zahlten, sicherzustellen. Dafür forderten sie deren Geschäftsadressen an. Man müsse erst die Listen suchen, hieß es. Es ging um einen zweistelligen Millionenbetrag von fünf Kunden. Nur schleppend oder gar nicht bekamen sie die geforderten Unterlagen.

„Auch der Aufsichtsrat wurde jahrelang hintergangen", sagte Löhr in den folgenden Wochen, wenn Journalisten nach seiner Rolle fragten. Schützenhilfe erhielt er im Strafprozess vom als Zeugen geladenen Sonderprüfer: „In der Berichterstattung des Vorstands wurde der Aufsichtsrat nicht immer korrekt informiert." Hätte das Kontrollgremium nicht trotzdem Verdacht schöpfen können? „Um einen Vorstand vollends effektiv kontrollieren zu können, müssten Sie ständig neben ihm sitzen", ist Löhrs Ansicht dazu. Im übertragenen Sinn traf das bei ComRoad zu – und diese enge Verbindung war auch das Hauptproblem. Auf den ersten Blick brachten alle drei gute Voraussetzungen mit. Bei ComRoad gab es die oft bemängelte Überlastung durch zu viele Aufsichtsratsmandate nicht. Ingrid Schnabel und Manfred Götz saßen in keinem, Andreas Löhr nur noch in einem weiteren Kontrollgremium.

Auch das nötige Know-how hatten sie. Ingrid Schnabel war bis Juni 1999 selbst Chefin von ComRoad und gehörte danach dem Aufsichtsrat an. „Frau Schnabel ist seit über zehn Jahren im Bereich Buchhaltung, Finanzen und Personal tätig", hieß es im Emissionsprospekt. Sie habe unter anderem für Kaufhof und Solid Computer gearbeitet. Die Angaben ComRoads legen nahe, dass Ingrid Schnabel auch während ihrer Zeit als Vorstandsvorsitzende Zahlungen für betriebswirtschaftliche Tätigkeiten über ihre eigene Firma erhalten hat – eigentlich ein Unding, denn das ist die originäre Aufgabe eines Vorstands.

Manfred Götz, der dem Aufsichtsrat seit 1997 angehörte, war seit mehr als zwei Jahrzehnten als selbständiger Steuerberater in Schweinfurt tätig. Andreas Löhr, der 1999 hinzukam, war studierter Volkswirt. Der geschäftsführende Gesellschafter der Löhr & Cie. Personal- und Unternehmensberatung in Königstein war zuvor für verschiedene Unternehmen und Institutionen tätig und mehrfach Aufsichtsrat gewesen.

Keiner von ihnen war aber unabhängig vom Unternehmen. Ingrid Schnabel war nicht nur familiär mit Bodo Schnabel verbunden, sondern arbeitete im Betrieb mit. Wer in der Zentrale anrief, hatte sie öfters am Telefon. Zum Teil wurden Aktionärsinformationen über ihre E-Mail-Adresse verschickt. Bewerbungsunterlagen waren an sie zu richten, auch Mahnungen stammten von ihr. An sie sollten Dokumente für die Buchhaltung gesandt werden. Sie gab gefälschte Rechnungen von VT Electronics mit ihren Vermerken an Manfred Götz weiter und besprach die Buchungen mit ihm. Vor Gericht räumte sie ein, die Unrichtigkeit geahnt zu haben. „Ich bin nie so aktiv in Aufsichtsratssitzungen gewesen, habe nie das Wort geführt", so schilderte sie selbst ihre Rolle. Gesprochen hätten immer ihr Mann und Andreas Löhr. Bei Abstimmungen habe sie sich der Mehrheit angeschlossen. Über Götz hieß es im Emissionsprospekt: „Im Rahmen seiner Kanzlei betreut er auch die ComRoad AG."

Die beiden sahen die Rechnungen und wussten über die Geschäftsvolumina Bescheid. Kaum ein Aufsichtsrat der Welt kennt das Unternehmen, für das er tätig ist, so gut wie sie. Eine effektive Kontrolle wäre einfach für sie gewesen. Nicht einmal während der Aufsichtsratssitzungen hinter verschlossenen Türen hinterfragten sie aber offenbar die Darstellung des Vorstands. Da sie selbst bei der Erstellung der Zahlen mitwirkten, hätten sie ihre eigene Arbeit kritisiert. Wenn es eines Beweises bedurft hätte, dass eine solche Konstellation ungünstig ist, hier war er. Mitglieder in Aufsichtsräten haben häufig Beziehungen geschäftlicher oder privater Art zu den Unternehmen. „Wir brauchen Aufsichtsräte, die ohne Interessenskonflikte prüfen", fordert Daniela Bergdolt von der Deutschen Schutzvereinigung für den Wertpapierbesitz.

Ich fragte Manfred Götz, ob VT Electronics nie Gegenstand des Gesprächs gewesen sei. „Wegen der Lieferanten der Firma ComRoad AG weise ich darauf hin, dass die Prüfungsberichte des Wirtschaftsprüfers klare Aussagen hierzu enthalten", schrieb er mir. Offenbar erachtete er das hohe Geschäftsvolumen mit einem einzigen Unternehmen nicht als ein diskussionswürdiges Thema für den Aufsichtsrat. „Alle haben geschwiegen", sagte auch Ingrid Schnabel. Das Thema sei nie zur Sprache gekommen, berichteten auch Löhr und Vorstand Schwamm. Selbst der Richter im Strafprozess gegen die Schnabels wunderte sich darüber: „Eigentlich besteht großer Erklärungsbedarf, um einen Aufsichtsrat und Steuerberater dahingehend zu verstehen, dass er von nichts gewusst habe."

Dem Dritten im Bunde, Andreas Löhr, fehlten nach eigenen Angaben interne Kenntnisse in diesem Ausmaß. „Ich bin den Vorwürfen schon frühzeitig nachgegangen, habe aber glaubwürdige Erklärungen vom Vorstand erhalten", sagte er mir. Zum Beispiel? „Man fragt nach, warum es Firma X an der Adresse Y nicht gibt, und hört, dass sich der Name geändert hat. Bei der nächsten war die Adresse neu und bei der dritten gar Name und Adresse gleichzeitig." Und die Warnungen der KPMG? Die Nennung von VT Electronics im Prüfbericht? „Hinterher ist man immer schlauer", sagt Löhr dazu nur. „VT Electronics sah ich als Abkürzung von VTech." Er habe keinen Anlass gesehen, sich Verträge zeigen zu lassen.

Bodo Schnabel stellt die Rolle Löhrs in seinem Brief anders dar (siehe Seite 193 ff.): „Dr. Löhr war der wichtigste Berater des Vorstandsvorsitzenden Bodo Schnabel bei allen finanziellen und wirtschaftlichen Transaktionen. Jede Woche wurden alle wichtigen Vorgänge zwischen Dr. Löhr und Bodo Schnabel besprochen und per E-Mail abgestimmt. Die Ad-hoc-Mitteilungen wurden von Dr. Löhr vor der Veröffentlichung freigegeben." VT Electronics sei allen Beteiligten seit 1998 im Detail bekannt gewesen. „Jede Woche habe ich mindestens zehn E-Mails an Löhr geschrieben", sagt Schnabel. Löhr räumt ein, dass er auch zwischen Aufsichtsratssitzungen Kontakt mit Schnabel hatte, dessen Schilderung sei ansonsten jedoch „der Versuch, durch wildes Umsichschlagen Verantwortung auf andere abzuwälzen.". Er hält sich bedeckt darüber, wie tief er involviert war.

Auch ihn verbanden geschäftliche Interessen mit ComRoad. Der Telematikanbieter war lange der unbestrittene Star unter den vier Unternehmen, die er als Referenz für seine Tätigkeit als Emissionsberater aufführte. Das Halbleiterunternehmen Silicon Sensor aus Berlin und die Biomedizinfirma Curasan, die er beide ebenfalls mit der Bank Concord Effekten an die Börse gebracht hatte, wiesen bei weitem nicht so beeindruckende Zahlen aus wie ComRoad. Das Berliner Softwarehaus Lipro ging in Insolvenz, die Verantwortlichen gerieten sogar unter Betrugsverdacht.

Bei ComRoad gab es allerdings Punkte, die Löhr hätten auffallen können. So hieß es in der Unternehmensdarstellung seiner eigenen Emissionsberatung zum Beispiel, per 1. Juli 1999 verfüge ComRoad über einen Auftrag über 1000 Bordcomputer im Wert von über einer Million DM vom Hongkonger Partner GTS. Der war erst gute vier Wochen vorher ins Handelsregister eingetragen worden. Skynet hatte angeblich 1500 Geräte bestellt – in den öffentlich zugänglichen Quartalsberichten und gegenüber Analysten machten die Briten aber ganz andere Angaben. In Präsentationen und Studien tauchten plötzlich andere Partnernamen auf als in der Unternehmensdarstellung, manche verschwanden spurlos. Auf der Webseite der Deutschen Börse bezeichnete Löhr ComRoad aber noch im Sommer 2002 als Vorzeigekunde.

Jeder der drei Aufsichtsräte hatte damit ein Interesse daran, dass ComRoad in der Öffentlichkeit gut dastand. So genau mochte wohl niemand Problempunkte anschauen. Bei den Aufsichtsratssitzungen seien Strategien für Wachstum und Internationalisierung im Detail diskutiert worden, schrieb Löhr in den Geschäftsberichten für 1999 und 2000. Wie schafften die Mitglieder das, ohne VT Electronics anzusprechen? Der Aufsichtsrat wollte sich auch kontinuierlich über den Geschäftsverlauf informiert haben und „konnte sich von der Ordnungsmäßigkeit der Geschäftsführung uneingeschränkt überzeugen". Ein Thema im Jahr 2000 war auch „die weitere Verfeinerung des Risikomanagements". Nach Aussage Bodo Schnabels hatte ComRoad in diesem Jahr so etwas allerdings noch gar nicht.

Erinnerungslücken von ComRoad-Aufsichtsräten erstaunten im Frühjahr 2002 einen Richter des Amtsgerichts Pfaffenhofen, als es um den Antrag der ComRoad AG ging, Vermögen von Bodo Schnabel einfrieren zu lassen. Ingrid Schnabel behauptete in einer Verhandlung, sie habe nicht an einer Aufsichtsratssitzung teilgenommen, in der die Prüfung eventueller Ansprüche von ComRoad gegen ihren Mann beschlossen wurde. Die beiden anderen Mitglieder hatten Versicherungen an Eides statt abgegeben, waren sich ihrer Sache aber nun nicht ganz sicher. „Manchmal haben wir unsere Beschlüsse auch telefonisch abgesprochen", sagte Löhr dem „Pfaffenhofener Kurier" zufolge. „Bei jedem Kaninchenzüchterverein wird normalerweise festgehalten, wer bei Sitzungen anwesend ist", merkte der Richter verwundert an. Gegen Löhr ging später wegen des Verdachts auf Abgabe einer falschen eidesstattlichen Versicherung eine Anzeige bei der Staatsanwaltschaft Ingolstadt ein. Götz beschrieb die Stimmung vor Gericht als „locker, für meine Begriffe viel zu locker", und erzählte: „Das war, als ob nichts passiert wäre. Es wurde gewitzelt, dass wir noch warten, bis der Aktienkurs auf 30 Cent fällt, und dann kaufen wir alles …" Wie ein Zuschauer wirkte er, nicht wie ein Beteiligter, der dazu beitragen hätte können, das Ruder herumzureißen.

Anfang März gaben die Sonderprüfer Löhr in Königstein einen Zwischenstand. Die Ungereimtheiten erschienen erdrückend. Bis weit nach Mitternacht war Andreas Löhr danach auf den Beinen und überlegte, was er tun sollte. Bevor er zu Bett ging, schickte er ein Fax an die Firmenzentrale in Unterschleißheim. Der Inhalt schlug am nächsten Morgen ein wie eine Bombe: Der Aufsichtsrat feuerte den Firmenchef und Großak-

tionär Bodo Schnabel. Die Kündigung sei eine „Kurzschlusshandlung"
eines Aufsichtsratsvorsitzenden gewesen, der eine „schlechte Nacht"
gehabt habe, wetterte Schnabel. Löhr habe sich in der letzten Zeit „mate-
riell betroffen" gefühlt und versuche, seine „Haut zu retten". Götz sei
von Löhr unter Druck gesetzt worden, behauptete er: „Vielleicht will er
eventuelle Insidervergehen vertuschen." Das sei alles haltlos, entgegnet
Löhr.

Löhr tat sich vor allem als Käufer von ComRoad-Optionsscheinen
hervor. Diese Papiere reagieren stärker auf Kursschwankungen als die
zugehörige Aktie. Steigt sie, gewinnen die Optionsscheine überproportional. Damit zeige er seine „Interessensparallelität" mit dem Unternehmen, sagt er. In der Theorie funktioniert das fein: Wer mit eigenem Geld
engagiert ist, strengt sich mehr an und achtet auf die Belange der Anleger.
Das Anreizsystem kann aber auch ins Gegenteil umschlagen. Die Laufzeit
von Optionsscheinen ist begrenzt. Kursdellen lassen sich daher kaum
aussitzen. Eine negative Entwicklung bei der Aktie ist damit bei den
Optionsscheininvestoren besonders unwillkommen. Schlechte Nachrichten werden da vielleicht eher aus dem eigenen Bewusstsein ausge-
blendet. Bei den Mitarbeitern war es vielleicht ähnlich, denn ComRoad
hatte ihnen Aktienoptionen zugesagt.

Mir war eine Nähe zwischen Wertpapiertransaktionen Löhrs und der
Verkündung wichtiger Unternehmensnachrichten im Sommer 2001
aufgefallen. War das Zufall oder konnte er da schon wissen, dass wenig
später ein kursförderliches Aktienrückkaufprogramm und der größte
Auftrag der Firmengeschichte mit Shanghai Shihua aus China bekannt
gegeben würden? „Zu keiner Zeit wurden Insidertatsachen ausgenutzt",
sagt er dazu.

Ende November meldete er den Verkauf seiner gesamten 400 000
Aktien. Der Erlös dürfte um die vier Millionen Euro gelegen haben.
Dafür erwarb er Optionsscheine in gleicher Anzahl auf die ComRoad-
Aktie. Bei einem Viertel davon sind die Kennzahlen bekannt. Einem
geschätzten Verkaufserlös von einer Million Euro für die Aktien stand
dabei ein Kaufpreis von nur 25 000 Euro für die Scheine gegenüber. Drei
Viertel dieser Papiere waren aber nicht börsennotiert. „Mein Kapitalein-
satz beträgt fast 100 Prozent des erzielten Verkaufspreises", sagte Löhr. Er
habe „viele Millionen" damit verloren. Nachprüfen lässt sich das nicht.
Im Frühjahr 2002 verschenkte er die Papiere, die ihm angeblich solche
Verluste beschert hatten, an seine Frau. Ihre Transaktionen waren damals
noch nicht meldepflichtig.

Schließlich war es aber nicht Löhr, sondern Schnabel selbst, gegen den die Staatsanwaltschaft Ermittlungen wegen Insiderhandel aufnahm. Der Firmengründer berief am Tag seines Rauswurfes eine Betriebsversammlung ein, berichtete der Unternehmenssprecher den Medien: „Er packt seine Sachen zusammen und geht dann." Ich war daher verblüfft, als ich zwei Wochen später den ComRoad-Stand auf der Computermesse CeBIT in Hannover besuchte. Vor mir stand Bodo Schnabel, der sich gerade mit einem Besucher unterhielt. „Was macht denn Herr Schnabel hier?", fragte ich einen ComRoad-Mitarbeiter. „Och, der ist nur so da", lautete seine Antwort. „Er unterhält sich doch offensichtlich mit einem potenziellen Geschäftspartner", entgegnete ich. „Ich dachte, er arbeitet nicht mehr für das Unternehmen." – „Das wäre schlecht", sagte mein Gesprächspartner. „Dann wäre ja unser Arbeitspferd weg." Dann widmete er sich den Vorbereitungen des nächsten Tages, an dem der damalige Verkehrsminister persönlich den ComRoad-Stand besuchen wollte.

Journalisten erzählte Schnabel auf der Messe, er unterstütze Vorstand Hartmut Schwamm, ohne einen müden Euro dafür zu bekommen: „Auf der nächsten Hauptversammlung wird der jetzige Aufsichtsrat nicht mehr bestehen." Er und seine Frau waren immer noch Mehrheitsaktionäre von ComRoad. Ohne sie und gegen sie lief so gut wie nichts. Eine solche Dominanz ist problematisch für die übrigen Anleger, vor allem, wenn geschäftliche Beziehungen bestehen. Ein Großaktionär kann der Gesellschaft Vermögensgegenstände überteuert verkaufen oder andere zu deutlich günstigeren als den Marktpreisen übernehmen. Die Anleger können in der Regel nicht nachprüfen, ob das der Fall ist oder nicht.

Der traditionsreiche Spielekonzern Ravensburger etwa pflegte intensive Geschäftsbeziehungen mit dem Kinderfilmunternehmen RTV Family Entertainment, an dem er vor dem Börsengang 100 Prozent und danach mehr als die Hälfte der Anteile hielt. Vor dem Sprung aufs Parkett erwarb RTV von einer anderen Ravensburger-Tochter Filmrechte, die in den Büchern einen geringen Wert aufwiesen. Den viel höheren Kaufpreis rechtfertigte ein Wertgutachten der Wirtschaftsprüfungsgesellschaft THI, die mit der Kanzlei Nörr Stiefenhofer Lutz verbunden ist. Aus ihr wiederum stammt Rudolf Nörr, ein Aufsichtsrat von Ravensburger. Laut dem nicht allgemein zugänglichen Abhängigkeitsbericht für das Jahr 1999 bezog RTV Leistungen in Millionenhöhe von Unternehmen aus dem Ravensburger-Konzern. Als ein Aktionär dies im Rahmen einer Sonderprüfung durchleuchten lassen wollte, schmetterte Ravensburger den Antrag mit der eigenen Stimmenmehrheit ab.

„Raffgierig" nannte Klaus Schneider von der Schutzgemeinschaft der Kleinaktionäre (SdK) das Verhalten mancher Großaktionäre. Die SdK hat zum Beispiel Anfechtungsklage beim Finanzdienstleister MLP erhoben, weil dessen Großaktionäre eine kleine Tochtergesellschaften zu aberwitzigen Preisen einbringen wollten.

Auch bei ComRoad war die Lage grotesk: Schnabel hatte noch Zugang zu allen Unterlagen und ging frei im Unternehmen ein und aus, ohne irgendjemandem Rechenschaft schuldig zu sein. Aufsichtsratschef Löhr sprach von „nachvertraglichen Mitwirkungspflichten", als ich ihn darauf ansprach. „Es ist theoretisch vorstellbar, dass wir Herrn Schnabel nach Auswertung der Sonderprüfung wieder eine Funktion in der Gesellschaft übertragen könnten", sagte er sogar. Nur der amtierende Vorstand könne ein Hausverbot aussprechen. Von Schnabels langjährigem Kumpan Hartmut Schwamm, der ab 1995 dem Aufsichtsrat und ab 1997 dem Vorstand angehörte, war eine solche Aktion nicht zu erwarten.

In einer Aktionärsinformation hatte ComRoad im Dezember 2001 die Vorzüge „eines zweiköpfigen Vorstands, der über ein Jahrzehnt ein eingespieltes Tandem bildet", hervorgehoben. Als bekannt wurde, dass fast alle Erlöse und etliche der Partner nicht nachweisbar waren, sagte Schwamm gegenüber www.manager-magazin.de: „Ich habe persönliche Kontakte zu einigen Partnern, die von den Prüfern nicht ausfindig gemacht werden konnten." Als Erstes müsse er herausfinden, ob Com-Road überhaupt Kunden habe. Er könne sich selbst nicht erklären, warum ihm die mutmaßlichen Fälschungen nicht aufgefallen seien.

Das war in der Tat ein Rätsel. Ein Schaubild des Unternehmens wies Technik und Produktion als sein Aufgabengebiet aus, die beiden Hersteller BvR und VTech waren ihm ausdrücklich zugeordnet. Er musste daher die Produktionszahlen der beiden kennen. Für VT Electronics sei er nicht zuständig gewesen, sagte er vor Gericht – obwohl die Firma angeblich zur gleichen Gruppe wie VTech zählte. Vor dem Börsengang hatte er mir gegenüber auch von „mehreren Unternehmen in Fernost" gesprochen, die größere Stückzahlen produzieren sollten.

Er war es auch, der die Analystenreise zu Skynet in Großbritannien und Scoobi in Spanien im Frühjahr 2001 begleitet hatte. Die Widersprüche zwischen den Angaben der Firmen und denen Schnabels mussten nicht nur den Bankvertretern, sondern erst recht ihm aufgefallen sein. Im Grunde sei allen klar gewesen, dass das noch fehlerhafte Produkt nicht in solchen Mengen verkauft worden sein könne, noch dazu nicht in Asien, sagte ein ehemaliger Mitarbeiter von Skynet. Auch eine Controllerin hielt es im Jahr 2000 nur drei Monate bei ComRoad aus, weil sie nie die nötigen Unterlagen erhielt.

In einem Entwurf für eine Aktionärsinformation verwies Schwamm als Erklärung für seine Unkenntnis auf die Testate der KPMG, die eidesstattliche Versicherung, die Schnabel im Rechtsstreit gegen „Börse Online" vorgelegt hatte, und auf die plausiblen Erklärungen, die Schnabel gegeben habe. Es wäre freilich merkwürdig, wenn ihm nie aufgefallen wäre, dass sich viele Kunden nie meldeten und der Verkauf in fernen Schwellenländern viel besser lief als etwa in Deutschland. „Die Unterlagen waren mir nicht so zugänglich", sagte Schwamm. „Ich hätte sie zwar einsehen können, aber ich habe es nicht getan." Er ergänzte: „Wenn es gut läuft, fragt man nicht viel."

Als ihn Löhr auf der Aufsichtsratssitzung vom 19. März 2002 nach dem Geschäft in den ersten Monaten des Jahres 2002 fragte, war er nicht in der Lage, eine Antwort zu geben. In der Aufsichtsratssitzung vom 9. April 2002 wollte der Aufsichtsratschef von ihm die Zahlen für das erste Quartal 2002 wissen. Er bezifferte den Umsatz auf 55 000 Euro, die noch nicht einmal vollständig nachgewiesen seien. Es gab zwar noch eine Rechnung über Erlöse in Höhe von einer Million Euro, darunter 630 000 Euro an den malaysischen Partner Globalwatch, die Ingrid Schnabel erstellt hatte. Schwamm hatte aber zur Bestürzung Löhrs nicht kontrolliert, ob sie jemals versandt worden war. Bei seiner Zeugenaussage vor Gericht wunderte sich auch der Richter über das Desinteresse des ComRoad-Alleinvorstandes an der aktuellen Geschäftsentwicklung.

Nicht nur Schwamm fühlte sich nicht für die Zahlen verantwortlich. Auch Schnabel versicherte, er habe mit der Buchhaltung „nichts zu tun" gehabt, das habe Manfred Götz gemacht, der Ende Juni 2002 gemeinsam mit Löhr den Aufsichtsrat verließ. Auch in einem Aktionärsbrief vom April 2002 hieß es, Schnabel habe die Position als Finanzvorstand nur „pro forma" ausgeübt, obwohl es in internen Dokumenten des Unternehmens hieß, die Buchhaltung unterstehe ihm, er überwache die Zahlungsein- und -ausgänge.

Ingrid Schnabel wiederum wehrte sich mit dem Argument gegen ihre Abberufung aus dem Aufsichtsrat, sie habe nicht an der Buchhaltung und der Erstellung des Jahresabschlusses mitgewirkt. Sie könne gar keine Bilanzen lesen und Kontierungen vornehmen, behauptete sie außerdem. Manfred Götz erinnerte sich allerdings daran, dass sie ihn selbst für Fehler gerügt und handschriftliche Anmerkungen gemacht hatte, wie bestimmte Vorgänge zu verbuchen seien. „Mein Mann hat das handschriftlich vorgeschrieben, ich habe das nur in Reinschrift weitergegeben", sagte die Frau vor Gericht. Solche Vermerke fanden sich nach den Erkenntnissen der Sonderprüfer auf sehr vielen Unterlagen des Unternehmens. „Sie war sehr umfangreich über die Geschäftstätigkeit des Unternehmens informiert", stellte ein Mitarbeiter von Rödl & Partner im Strafprozess fest. Auf der Festplatte ihres Computers fand die Kriminalpolizei gefälschte Unterlagen angeblicher Geschäftspartner. Im Sonderprüfungsbericht von Rödl & Partner hieß es, sie habe „in allen wesentlichen Bereichen des Unternehmens" mitgewirkt.

Zwischen den Großaktionären und Andreas Löhr brach im Frühjahr 2002 ein Machtkampf aus. Löhr beauftragte sogar eine Detektei, um Informationen zu bekommen. Ingrid versuchte vehement, Löhr als Aufsichtsratsvorsitzenden abzulösen. „Es gab erheblichen Druck", berichtete Löhr. „Meterweise" seien Schriften von Anwälten bei ihm angekommen. „Das Fax stand nicht mehr still". Die Eheleute wiederum vereinbarten im April 2002 ihre Scheidung. Die Staatsanwaltschaft vermutete, die Aktion sei nur zur Sicherung von Betrugsgewinnen gedacht, und verhinderte eine notarielle Beurkundung, die beiden blieben somit zwangsweise verheiratet. Damit entwickelte sich der Staatsanwalt zum Eheretter: Im Strafprozess gab Ingrid Schnabel an, sie habe sich das mit der Scheidung wieder anders überlegt: „Ich habe geschworen, in guten und in schlechten Zeiten zu ihm zu halten." Schnabel versuchte offenbar weiterhin, Vermögenswerte zu retten. Nach seiner Verhaftung wurde sogar seine Zelle nach Unterlagen durchsucht.

Gegen die übrigen Mitglieder von Vorstand und Aufsichtsrat erhob die Staatsanwaltschaft zwar keine Anklage – ihre Ermittlungen gegen Andreas Löhr und Hartmut Schwamm stellte sie im Sommer 2002 ein –, Ungemach drohte aber ihrem Vermögen: ComRoad hatte eine Haftpflichtversicherung für Aufsichtsräte, Vorstände und leitende Angestellte abgeschlossen, die normalerweise Schadensersatzzahlungen übernimmt. Die Gesellschaft Chubb trat davon aber zurück. Sie focht den Vertrag wegen arglistiger Täuschung durch den Vorstand an. Löhr reichte Klage dagegen ein. Selbst wenn er keinen Erfolg damit hätte, bräuchte er wohl keine schlaflosen Nächte verbringen: Ein Aufsichtsrat musste in Deutschland noch nie Schadensersatz an Kleinanleger zahlen.

Strafzettel für einen Laster voller Heroin

Am Reuters-Terminal in der Redaktion rief ich am 15. Februar 2002 kurz nach der Handelseröffnung die Notierung der ComRoad-Aktie auf – vor meinen Augen rauschte der Kurs in die Tiefe. Tagelang so gut wie keine Bewegung, und nun ein regelrechter Absturz, ohne Nachricht. Da war was im Busch. Es sah so aus, als habe jemand mit größeren Verkaufsorders den Kurssturz ausgelöst, und dann waren Short-Seller aufgesprungen. Die Nachrichtenagenturen zitierten Händler, die einen Artikel von mir als Grund für die Talfahrt nannten. Der war aber bereits zwei Wochen vorher erschienen.

„Da hatte die Postkutsche nach Frankfurt diesmal ganz schön Verspätung", lästerte ich daher, als ich mit einer Person telefonierte, die ihren Namen auf keinen Fall in der Zeitung lesen wollte. Ich vermutete vielmehr, ein Insider im Unternehmen habe etwas Negatives erfahren und werfe nun Papiere auf den Markt. Stieß Großaktionär Bodo Schnabel Aktien ab?

„Nein", entgegnete mein Gesprächspartner. „Das ist unwahrscheinlich." Schnabel habe sich längst von einem bedeutenden Teil seiner Bestände getrennt. Wie bitte? Ich wusste, dass die Schnabels etwa 600 000 Aktien verkauft hatten, bevor im März 2001 die Meldepflicht für Handelstransaktionen der Vorstände und Aufsichtsräte eingeführt worden war. Danach hatte Schnabel nur Käufe verkündet. Mein Gesprächspartner überprüfte seine Informationen noch einmal. Er blieb dabei: Schnabel-Aktien seien aus den Depots verschwunden.

Aktienverkäufe ohne entsprechende Meldung, das hatte im Com-Road-Repertoire noch gefehlt. Ich rief die Deutsche Börse an und berichtete, was mir da zugetragen worden war. Die teilte mir mit: „Auf unserer Webseite ist aber nichts von Abgängen verzeichnet." Ah ja, das hatte ich auch schon festgestellt. Damals wurden alle Transaktionen von Neuer-Markt-Insidern zentral von der Deutschen Börse veröffentlicht. „Mehr können wir da momentan nicht unternehmen." Ich wurde an die Bundesanstalt für Finanzdienstleistungsaufsicht (BAFin) verwiesen. Eine Meldepflicht gab es damals nur für den Neuen Markt, sie wurde erst am 1. Juli 2002 auf alle börsennotierten Unternehmen ausgedehnt. Der BAFin mussten und müssen aber Bestandsänderungen gemeldet werden, wenn bestimmte Schwellenwerte für Stimmrechtsanteile unter- oder überschritten wurden.

Ich rief dort an, berichtete von den merkwürdigen Kursbewegungen und erzählte von den angeblichen Aktienverkäufen. „Werden Sie etwas wegen des Verdachts auf ein Insidervergehen unternehmen?", fragte ich eine Behördensprecherin. „Vorerst nicht", antwortete sie: „Wir warten ab, bis wir den Geschäftsbericht für 2001 haben. Darin muss die Aktienanzahl verzeichnet sein. Dann sehen wir, ob welche fehlen." Mich beschlich eine Ahnung, dass die BAFin darauf lange warten würde. Bis zum Beginn etwaiger Ermittlungen wäre genug Zeit, das erlöste Geld irgendwohin zu schaffen, wo es schwer auffindbar wäre. Meine Vermutung mit den Insiderverkäufen bekam in den folgenden Tagen Nahrung, als mit der Insolvenz von Skynet und der Kündigung der Wirtschaftsprüfer zwei Hiobsbotschaften bekannt wurden.

Es lässt sich darüber streiten, ob der Zusammenbruch der Briten meldepflichtig war. ComRoad hatte Skynet als einen Eckpfeiler für das Partnernetz dargestellt, nun hieß es aus dem Unternehmen plötzlich, die Briten hätten nur zwei Prozent zum Gesamtumsatz beigetragen. ComRoad gab damit unfreiwillig den Medien Recht, die schon Monate zuvor vorgerechnet hatten, dass Skynet wegen eigener Finanznöte kein wichtiger Partner sein konnte. „Ungewollte Weissagungen" nannte das der „Platow Brief" und zitierte aus einem offenen Brief Bodo Schnabels an die Redaktion: „Sollten Skynet und Idealab die zugesicherten Absatzzahlen nicht erreichen, wird der erste Leidtragende ComRoad sein (…), der Kurs der ComRoad-Aktie einbrechen, die Aktionäre massive Verluste erleiden." Süffisant erinnerte der Autor an die zahlreichen Jubel-Pflichtmitteilungen der Unterschleißheimer und kommentierte: „Soweit so gut, so richtig, so eingetroffen. Wäre 'ne gute Ad-hoc gewesen."

Eindeutig war dagegen die Sache mit den Wirtschaftsprüfern. Am Tag der Kündigung wartete ich jede Minute auf eine Ad-hoc-Mitteilung von ComRoad, aber es kam nichts, nicht am Abend, nicht in der Nacht, und nicht einmal am nächsten Morgen. Erst als die Nachricht über die Ticker lief, schob ComRoad die Pflichtmeldung nach. Die BAFin ist neben der Aufdeckung von Insiderhandel für die Überwachung dieser Veröffentlichungen zuständig. Da ComRoad keinen Antrag auf Befreiung von der Ad-hoc-Pflicht gestellt hatte, kündigte die BAFin noch am selben Tag eine Untersuchung wegen der Verspätung an. Ein Mitglied einer Aktionärsschützervereinigung kugelte sich vor Lachen, als er das hörte: „Das wäre so, wie wenn die Polizei einen Laster voller Heroin finden und dann nur einen Strafzettel wegen Falschparken ausstellen würde."

Ein paar Tage später fragte ich nach, wann mit einem Ergebnis zu rechnen sei. Ich wusste, wann ComRoad von der Kündigung erfahren hatte, und konnte genau belegen, wann ich die Nachricht veröffentlicht und das Unternehmen reagiert hatte. Die Ermittlungen mussten schnell abgeschlossen sein, weil der Fall ungewöhnlich eindeutig war, dachte ich.

„Das wird einige Zeit dauern", sagte die Sprecherin der Behörde aber. „Wir müssen erst überprüfen, ob ComRoad überhaupt eine Pflichtmitteilung abgeben musste." Das ließ sich in meinen Augen in fünf Minuten erledigen: Die Mandatskündigung hatte ohne Zweifel einen Bezug zu der Gesellschaft. Die Kursrelevanz war auch eindeutig, die Aktie hatte mit einem Sturzflug reagiert. Die tatsächliche Entwicklung war aber völlig ohne Belang, wie ich von der Sprecherin erfuhr: „Es kommt nur darauf an, ob das Unternehmen ahnen konnte, dass die Nachricht kursrelevant sein würde." Das konnte sich in diesem Fall selbst das unerfahrendste Unternehmen denken. ComRoad hatte ja selbst – wenn auch verspätet – eine Pflichtmitteilung veröffentlicht. „Außerdem muss die Meldung eine Auswirkung auf die Finanz- und Ertragslage haben", forderte die Sprecherin noch. Auch da konnte ich ihr etwas bieten. In der Aktionärsinformation schrieb das Unternehmen ausdrücklich, die Ereignisse seien „potenziell umsatz- und ergebnisrelevant", weil ein wichtiger Lieferant verschwunden war.

Als ich vier Monate später wieder anrief, erzählte mir die Sprecherin, dass die BAFin die Unterlagen im April an die Staatsanwaltschaft geschickt hatte. Hatte es in den vielen Wochen bis dahin ein Ergebnis zur verspäteten Pflichtmitteilung gegeben? „Wir haben ein Auskunftsersuchen an das Unternehmen gestellt, aber ohne Erfolg", sagte sie mir. „Der neue Vorstand wollte nichts sagen." Da zu diesem Zeitpunkt bereits die Ermittlungen der Strafverfolgungsbehörden liefen, habe die Behörde davon abgesehen, Zwang anzuwenden. Die Behörde hatte um Stellungnahme zur Ad-hoc-Mitteilung nach der Kündigung der Prüfer und zu den Vorwürfen gebeten, die in einer Strafanzeige geäußert wurden. Ihr Schreiben an ComRoad war auf den 28. Februar 2002 datiert, mehr als eine Woche nach der Mandatsniederlegung, der Eingangsstempel beim Unternehmen wies den 7. März aus.

Wenn schon solch glasklare Fälle so viel Zeit brauchten, wie war es dann erst bei schwierigeren Sachverhalten wie etwa den meisten Insiderverfahren? Es kann schon Monate dauern, bis die Behörde überhaupt das Auskunftsersuchen losschickt. Ich fragte die Sprecherin nach dem Fall WWL Internet, einem Nürnberger Internetunternehmen. Wegen auffällig hoher Handelsumsätze vor der Vorlage schlechter Zahlen für das Jahr 2000 hatte die Behörde im Frühjahr 2001 eine formale Untersuchung eingeleitet. „Das läuft noch", teilte mir die Sprecherin mit. Mehr als ein Jahr war seit Beginn der Untersuchung vergangen. „Deutschlands unfähigste Behörde", lästerte der Würzburger Professor Ekkehard Wenger, der als kritischer Unternehmensbeobachter bekannt ist.

Wie wenig Respekt die Unternehmen vor der Behörde haben, erlebte ich am Beispiel Sunburst Merchandising. An einem Montag rutschte einem Mitarbeiter am Telefon heraus, dass es am Freitag eine Ad-hoc-Mitteilung geben werde. Eine Veröffentlichung darf aber nicht so lange hinausgezögert werden. Zum Wochenschluss kam tatsächlich eine Pflichtmitteilung, der Kurs war aber bereits im Vorfeld gestiegen.

Die Bilanz der Behörde ist ernüchternd: Seit 1995 besteht diese Sektion der Finanzaufsicht. Bis Ende 2001 veröffentlichten die Unternehmen knapp 20 000 Pflichtmitteilungen, und die Behörde schloss in dieser Zeit gerade mal 66 Verfahren wegen Verletzungen der Ad-hoc-Pflichten ab. Den Großteil davon stellte sie ein. Nur drei gab sie an Staatsanwaltschaften oder andere Behörden weiter, zwölf belegte sie mit einem Bußgeld. Bei den Insiderverfahren sieht das Bild nicht schöner aus: Von 341 Untersuchungen beendete sie die Hälfte ohne weitere Aktion, ein gutes Drittel gab sie an die Staatsanwaltschaften weiter. Dort kam es – inklusive der Fälle, bei denen nicht die BAFin Auslöserin der Ermittlungen war – nur zu 16 rechtskräftigen Verurteilungen. Der Rest wurde eingestellt, in 43 Fällen gegen Zahlung einer Geldauflage. Das kommt in Fällen vor, bei denen sich die Ermittler mit den Verteidigern der Beschuldigten einigen, bevor eine Anklage erhoben wird.

„Fast alle Verurteilungen beruhen auf Anzeigen von uns", verteidigte sich die BAFin-Sprecherin ob der mageren Bilanz und nannte die Fälle um den Ex-Hacker Kim Schmitz und den Chef einer börsennotierten PR-Agentur als Beispiele. Bei spektakulären Fällen ergriff aber oft nicht die Behörde die Initiative. So war es auch bei ComRoad. „Das ging nicht von uns aus", räumte die Sprecherin ein: „Aus Material, das die Staatsanwaltschaft beschlagnahmt hatte, ergaben sich Punkte, die auf Insidertransaktionen hindeuteten. Wir haben in Absprache mit den Ermittlern Informationen geliefert."

Warum hatte die BAFin nicht schon früher selbst etwas unternommen? „Wir brauchen konkrete Anhaltspunkte." In den Medien war doch monatelang von Ungereimtheiten die Rede. „Für Bilanzfälschung sind wir nicht zuständig." Ich hatte aber nur den Verdacht geäußert, dass falsche Zahlen ausgewiesen wurden, ohne zu spekulieren, ob sie vielleicht getürkt waren. Durch meine Anschuldigung stand in jedem Fall auch die Richtigkeit der zugehörigen Pflichtmitteilungen in Frage, und für die wäre die BAFin sehr wohl die richtige Adresse gewesen.

Hieß das im Übrigen, dass die Behörde nichts tut, wenn sie von Ungereimtheiten erfährt und nicht ausdrücklich zuständig ist? „Wenn wir Hinweise haben, geben wir die natürlich weiter", betonte die Sprecherin. So sei das auch im Fall eines gefälschten Übernahmeangebots für den Finanzdienstleister Gold-Zack gewesen, das im Mai 2002 in Umlauf kam. „Das haben wir auch gemacht, obwohl wir die Zuständigkeit für Marktmanipulation erst am 1. Juli 2002 bekommen haben."

Ich hatte allerdings andere Erfahrungen gemacht. An einem Freitag Mitte Oktober 2001 saß ich abends in der Redaktion und bemerkte, dass der ComRoad-Kurs kurz vor Handelsschluss stieg, am Montag ging die Aufwärtsbewegung weiter. Keine Nachricht. Just vor dem Kursanstieg hatte ein User im Internet die Meldung veröffentlicht, die Chefin von Hewlett-Packard, Carly Fiorina, habe auf einer Pressekonferenz im Vorfeld der Computermesse CeBIT persönlich eine Kooperation mit ComRoad angekündigt. Wie absurd! Die Chefin eines großen US-Unternehmens würde nicht eine Allianz mit einer so ungleich kleineren und unbedeutenderen Gesellschaft verkünden. Wäre die Nachricht wahr, würde sie ComRoad natürlich aufwerten.

„Sie stimmt nicht", berichtete mir unser Mitarbeiter, der bei der Pressekonferenz gewesen war. „Sie stimmt nicht", sagte auch die Pressestelle von Hewlett-Packard. Vielleicht glaubten es aber einige Anleger, denn der zeitliche Zusammenhang zwischen dem Eintrag und der Kursbewegung war erstaunlich. War das ein Fall von strafbarem „Pumping and Dumping", dem „Aufpumpen und Abstoßen" von Aktien auf Grund gefälschter Informationen? Es ist nach deutschem Recht verboten, falsche Tatsachen zu verbreiten, um Börsenkurse zu manipulieren.

Ich erzählte der BAFin von der Geschichte. Die Sprecherin sagte damals: „Da besteht Verdacht auf Marktmanipulation. Dafür haben wir keine Kapazitäten und auch sehr wenig Befugnisse. Wir gehen nur Insiderhandel nach." Ach ja, stimmt, das hatte ich in diesem Moment angesichts der deutschen Zuständigkeitsvielfalt ganz vergessen. Aber wer weiß, vielleicht wäre es gar ein Fall von Insiderhandel gewesen, denn in Chatboards trieben sich User herum, die so viel Positives über das Unternehmen zu berichten wussten, als seien sie der Öffentlichkeitsarbeit oder der Investor-Relations-Abteilung von ComRoad entsprungen. Ein

User, der sich erstaunlich gut mit ComRoad auskannte, loggte sich zum letzten Mal am 24. März 2002 ein – zwei Tage vor Bodo Schnabels Verhaftung. Manches Posting las sich geradezu so, als stamme es von Schnabel persönlich. Schnabel sagt: „Für so etwas hatte ich keine Zeit, ob Mitarbeiter im Internet aktiv waren, weiß ich nicht." Falls es sich dabei tatsächlich um User gehandelt haben sollte, die ein besonderes Interesse an einer positiven Darstellung des Unternehmens hatten, so wäre das kein Einzelfall. Mehrere Firmen haben Gerüchten zufolge User dafür bezahlt, sich im Internet positiv über ihre Aktie zu äußern.

Wenn falsche Tatsachen zur erfolgreichen Kursmanipulation verbreitet werden, ist die Staatsanwaltschaft zuständig. In diesem Fall blieb sie aber unbehelligt, denn der User konnte wohl nicht wissen, dass er etwas Unwahres in seine Lobeshymne über ComRoad einfügte: Der Artikel sei nach dem Besuch auf der Pressekonferenz „aus der Erinnerung" geschrieben worden, sagte mir die Redaktion, die den Artikel einige Monate vorher veröffentlicht hatte. Sie sah sich außerstande, den Hergang nachzuvollziehen.

Andere Fälle sind dagegen eindeutig. Mitte Juni 2002 entdeckte ich ein Posting in einem Internetchatboard. Ein User schrieb, der Chefredakteur von „Börse Online" werde in der übernächsten Ausgabe über „Die dunklen Geschäfte des G. Thiel" schreiben. Die Zeitschrift decke nach ComRoad und MLP nun den nächsten Skandal um das Unternehmen Thiel Logistik auf. „Ein solcher Artikel ist nicht geplant", sagte mir der Chefredakteur. Die Webseite sperrte das Posting. Ein anderes Mal rief uns die Deutsche Post an. Sie hatte von Analysten gehört, in der nächsten Ausgabe gebe es einen Beitrag über Bilanzmanipulationen bei dem Konzern. Auch das hatte sich irgendjemand ausgedacht.

In Deutschland kommen solche Manipulationsversuche zwar häufig vor, eine rechtskräftige Verurteilung deswegen ist mir aber, abgesehen vom Fall ComRoad, nicht bekannt. Die amerikanische Börsenaufsicht Securities and Exchange Commission (SEC) dagegen hat in Dutzenden von Fällen Anklage wegen Kurs- und Marktmanipulation allein über das Internet erhoben. Ein Mann wurde zum Beispiel von einem Gericht zu einer Haftstrafe von drei Jahren und acht Monaten verurteilt, weil er durch eine gefälschte Meldung einen Kurssturz der Aktie von Emulex verursacht hatte. Darin behauptete er, das Unternehmen mache Verlust statt Gewinn und sei ins Visier der Börsenaufsicht geraten.

Die Nachricht, ein Unternehmen werde von der BAFin unter die Lupe genommen, würde wohl nie für einen Kurssturz taugen. Sie hat viel schwächere Rechte als die SEC, die bereits in den dreißiger Jahren als Reaktion auf den Börsencrash von 1929 gegründet wurde. Sie sollte solche Zusammenbrüche durch bessere Regulierung verhindern oder abschwächen. Die Behörde will sicherstellen, dass die Unternehmen die Anleger pünktlich, umfassend und richtig informieren. Außerdem beaufsichtigt sie die Börsen, Broker und Investmentgesellschaften. Sie hat umfangreiche Befugnisse und darf sogar gerichtliche Verfahren einleiten.

Nach den spektakulären Zusammenbrüchen des Energiekonzerns Enron und des Telekommunikationsriesen Worldcom geriet sie ebenso heftig in die Kritik wie die Wirtschaftsprüfer und wurde im eigenen Land als „zahnlos" verspottet. Eine 127-seitige Untersuchung des US-Senats beklagte das „katastrophale Versagen" der SEC. Die Aufsichtsbehörde könne sich nicht einfach auf die Prüfer und die Führungsspitze des Unternehmens verlassen. Aus Personalmangel hatte die Behörde jahrelang die Bilanzen von Enron nicht untersucht. Wenn wir in Deutschland doch auch so etwas zum Kritisieren hätten, dachte ich mir da. Bei uns gibt es keine Überwachungsinstanz, die den Gesellschaften – außer Banken und Versicherungen – auf die Finger schaut. „Die Unternehmen würden sich bedanken, wenn wir ihre Bilanzen unter die Lupe nähmen", sagte die BAFin-Sprecherin zu mir. „Dafür haben wir die Wirtschaftsprüfer." Die gibt es in den USA ebenfalls und trotzdem hat die SEC eine entsprechende Abteilung.

Auch in Deutschland erschienen lange Artikel über die SEC und ihre Versäumnisse. Über die BAFin und ihre Mängel schrieb dagegen so gut wie niemand. In Deutschland scheint erst gar niemand mit ihr zu rechnen, im Fall ComRoad bekamen allein die Wirtschaftsprüfer den Großteil der Kritik ab, an die BAFin dachte kaum jemand. Ein mögliches Versagen müsste das Finanzministerium als übergeordnete Behörde untersuchen – ein entsprechender Bericht würde sicher nicht veröffentlicht werden.

Ohnehin hat die BAFin keine abschreckende Wirkung. „Wie hoch war eigentlich das höchste Bußgeld, das die Behörde jemals verhängt hat?", fragte ich. Die Sprecherin wusste es nicht mehr. Nach meiner Erinnerung waren es 100 000 Euro, nicht gerade dramatisch viel.

Die Delton AG des Industriellenerben Stefan Quandt kaufte zum Beispiel im Sommer 2002 in großem Stil Aktien von Thiel Logistik. Im Herbst hielt sie 45 Prozent an dem Logistikunternehmen. Die Bundesanstalt für Finanzdienstleistungsaufsicht nahm daher Ermittlungen auf, ob das Unternehmen das Überschreiten bestimmter Schwellenwerte beim Anteilsbesitz nicht gemeldet hatte oder nicht. Für die versäumten Pflichtmitteilungen werde wohl ein Bußgeld fällig, urteilte die „Financial Times Deutschland", eine Strafe, „die Quandt allerdings eingeplant haben dürfte und überdies aus der Portokasse zahlt." Sollte diese Vermutung zutreffen, wofür mir kein Beleg bekannt ist, hätte Delton wohl viel Geld gespart, denn der Aktienkurs wäre nach der entsprechenden Meldung wohl in die Höhe geschossen und die Übernahme teurer ausgefallen.

Warum braucht die Behörde aber so lange, bis sie mit ihren Untersuchungen vorankommt? Nur etwa 40 der rund 200 Mitarbeiter des Sektors Wertpapieraufsicht/Asset-Management beschäftigten sich mit der Aufdeckung von Insidervergehen und Kursmanipulationen, bevor die Behörde ein paar mehr Stellen genehmigt bekam. Von 203 im Sommer 2002 zugesagten neuen Stellen für die BAFin erhielt die Wertpapieraufsicht 24. Mit den wenigen Mitarbeitern soll sie auch noch Verkaufsprospekte durchschauen und Übernahme- und Pflichtangebote prüfen. Insiderdelikten nachzugehen ist mühsam, erst recht, wenn auch noch Marktteilnehmer aus dem Ausland beteiligt sind und ausländische Aufsichtsbehörden um Amtshilfe gebeten werden müssen.

Die Abteilung gilt als „schlankste Aufsicht der Welt". Gefährlich untergewichtig wäre die bessere Beschreibung oder apathisch, weil ihr die nötige Kraft für rasches und entschiedenes Handeln zu fehlen scheint. Bislang reagierte sie mit Mühe und Not auf Brandherde, sie sah ihre Aufgabe nicht darin, Schadensfälle zu verhindern. Allein das Beschwerdecenter der SEC hat 20 Mitarbeiter, die zum Beispiel im März 2002 knapp 12 000 E-Mails von Anlegern erhielten. „Auch die BAFin beabsichtigt, im Rahmen ihrer neuen Struktur die Beschwerdeabteilung aus Effizienzgründen zu zentralisieren", sagte Georg Dreyling, der damalige kommissarische Leiter der Abteilung Wertpapieraufsicht im August 2002. Meine Kollegen und ich blickten uns an. Keiner von uns wusste, dass es so etwas schon gegeben hatte. Ohnehin ist zu befürchten, dass die neue Stelle den Anlegern nicht viel nutzt. Dreyling sagt selbst: „Leider verbinden die Anleger mit den Beschwerdeeingaben zu viele Hoffnungen, die regelmäßig enttäuscht werden müssen. Es ist der BAFin gesetzlich verwehrt, im Interesse Einzelner einzugreifen, sie darf nur im öffentlichen Interesse tätig werden." Beweissicherung oder Rechtsgutachten seien daher nicht möglich.

Was das heißt, zeigt ein Beispiel aus der Überwachung von Übernahmeofferten. Wer seinen Anteil an einem Unternehmen auf über 30 Prozent aufstockt, muss eine Kaufofferte an alle Aktionäre machen. Bei der Telefongesellschaft MobilCom war die Großaktionärin France Télécom der Meinung, ein Pflichtangebot sei in ihrem Fall nicht nötig. Mobil-Com-Gründer Gerhard Schmid sah das anders, er wandte sich an die BAFin. Nach monatelanger Überlegung beschied sie ihm: Aus dem Gesetz gehe hervor, „dass erhebliche Nachteile für einzelne Aktionäre nicht ausreichen können, um ein Einschreiten der Bundesanstalt zu begründen". Dreyling sagt: „Da die BAFin keine aktienrechtlichen Kompetenzen besitzt, können nachdrückliche Aufforderungen von verärgerten Aktionären, doch einmal in die Hauptversammlung ihres Emittenten zu gehen und dort etwa wegen dessen umstrittener Beteiligungspolitik ‚ordentlich auf den Tisch zu hauen', nicht in die Tat umgesetzt werden." Beschwerdeeingaben hätten aber einen „hohen Signalwert".

Die alte Regel „Folge dem Geld" bringt einen Hinweis darauf, warum die Anstalt so knapp gehalten wird. „Das geistige Band, das die deutsche Finanzaufsicht in Zukunft zusammenhalten soll, werden wir zusammen mit der deutschen Finanzindustrie weben müssen", verkündete der BAFin-Präsident Jochen Sanio laut Redemanuskript bei der Eröffnung der Anstalt am 6. Mai 2002. Denn im Verwaltungsrat der BAFin stammt fast die Hälfte der Mitglieder aus der Finanzindustrie. Dieses Gremium stellt das Budget der Anstalt fest. Früher trug der Staat zumindest zehn Prozent der Kosten, mittlerweile finanziert sich die BAFin vollständig durch Gebühren und Umlagen von den beaufsichtigten Finanzdienstleistern, in erster Linie Banken und Versicherungen. Die Kontrollierten haben also ein gewichtiges Wort mitzureden, wie viel Geld ihre Aufsicht für was bekommt.

Auf die Schwerpunkte der Arbeit haben sie über den Fachbeirat Einfluss. Diese Konstellation erinnert ein wenig an die Lage der Wirtschaftsprüfer, die über ihre „Abhängigkeitskrise" klagen, weil der Vorstand, dem sie auf die Finger schauen sollen, häufig de facto über eine Verlängerung ihres Mandats entscheidet. „Wir gehen davon aus, dass eine starke Aufsicht im Interesse der Finanzindustrie ist", sagte die Behördensprecherin. Auch im Interesse der Unternehmen muss es sein, strenge Wirtschaftsprüfer zu haben, aber die anderen sind einfach bequemer.

Die knappen Ressourcen und geringen Kompetenzen verhindern, dass die BAFin ordentlich arbeiten kann. Ihre eigenen Ermittlungsmöglichkeiten sind eingeschränkt, nur weniger gravierende Verstöße von Kurs- und Marktmanipulation darf sie selbst verfolgen und mit einem Bußgeld belegen. Bei schwerwiegenderen Fällen und Insidervorgängen muss sie die Strafverfolgungsbehörden einschalten. Eine Aufsicht mit so umfassenden Kompetenzen wie die SEC würde mit dem deutschen Rechtssystem kollidieren, sagen Juristen. In Ordnung, aber gemeinsam mit der Staatsanwaltschaft könnte sie ein schlagkräftiges Team bilden. Die eröffnet allerdings bisweilen noch nicht einmal ein Verfahren, wenn ihr nicht schon Beweise geliefert werden. Auch bei ComRoad brauchte sie lange, bis sie tätig wurde.

Zum Jagen getragen

Irgendwann würde Bodo Schnabel der Boden in Deutschland zu heiß werden, befürchteten einige Journalisten, darunter auch ich. In Medien- und Analystenberichten war im Sommer 2001 mehrfach davon die Rede gewesen, dass mit seinen Geschäften wohl etwas nicht stimmen konnte. Die Justiz schaltete sich aber nicht ein. Die Staatsanwaltschaft teilte mir Ende Juli 2001 mit, dass nichts gegen ComRoad vorlag. Es gebe keine Ermittlungen.

Anfang November 2001 erfuhr ich, dass das Ehepaar Schnabel einen längeren Aufenthalt in den USA plante. Im Anschluss an einen geschäftlichen Teil war ein Urlaub vorgesehen. Der Abflugtag war Mitte des Monats, und Ingrid Schnabel wollte erst nach dem Jahreswechsel zurück sein. Ihr Ehemann sollte zwischendurch nach Deutschland fliegen, aber ebenfalls recht lange außer Landes sein. Ausgerechnet im mit Abstand umsatzstärksten Quartal, in dem ComRoad angeblich fast die Hälfte der Bordcomputer des Jahres absetzte, fehlten zwei Schlüsselpersonen des Unternehmens wochenlang. War das der Absprung?

Bei der Staatsanwaltschaft erfuhr ich erneut, dass es keine Ermittlungen gab. Die Schnabels flogen unbehelligt ab – und kamen beide zu meiner Überraschung wieder. „Die wären doch blöd, wenn sie fliehen würden", sagte jemand zu mir, der selbst in einer Staatsanwaltschaft gearbeitet hatte. „Damit würden sie ja zugeben, dass was nicht stimmt. Ihr Leben lang könnten sie nicht zurückkehren. Und in Deutschland passiert ihnen doch nichts." Er schien zunächst Recht zu behalten.

Die Staatsanwaltschaft las meinen Artikel, in dem ich Ende Januar 2002 von überhöhten Umsätzen und der falschen eidesstattlichen Versicherung geschrieben hatte, teilte mir aber Mitte Februar mit: „Ein Zeitschriftenartikel ist nicht geeignet, einen Anfangsverdacht zu begründen." Wie die Ermittler von dem Verdacht auf ein solches Bilanzdelikt erfahren, ist aber eigentlich egal. Sie müssen in einem solchen Fall von sich aus tätig werden, auch wenn keine Anzeige bei ihnen eingeht. Die unrichtigen Angaben müssten viel konkreter dargelegt werden, erklärte mein Gesprächspartner, etwa nach dem Muster: „Herr Maier hat am 13. Mai 2001 in der Tengelmann-Filiale in der Hanauer Straße um 15.34 Uhr drei Dosen Ölsardinen nicht bezahlt." Das war in diesem Fall schwierig, weil es darum ging, dass es etwas nicht gab. Ich konnte nicht mehr tun als angebliche Partner aufsuchen und mir schriftliche Bestätigungen geben lassen, dass sie keine Geschäfte mit ComRoad gemacht hatten.

Das reichte dem Staatsanwalt nicht, selbst als ich anbot, ihm meine Unterlagen zu zeigen: „Der Mann auf den Philippinen kann auch gelogen haben." Ohne begründeten Anfangsverdacht könne die Staatsanwaltschaft aber nicht tätig werden. In so einem Fall müsse man den Zusammenbruch des Unternehmens abwarten: „Unser Rechtssystem sieht nicht vor, dass die Staatsanwaltschaft präventiv tätig wird", also eingreift, um Straftaten zu verhindern. Darum ging es bei ComRoad gar nicht, die falschen Zahlen waren ja schon ausgewiesen worden. Mein Gesprächspartner beklagte meine „wenig erfreuliche, tendenziöse Berichterstattung." Es sei eine Frechheit, immer gleich nach dem Staatsanwalt zu rufen. Das Problem war nur: In Deutschland kann nur der Staatsanwalt bei dem Verdacht auf Bilanzfälschung tätig werden, niemand sonst ist dafür zuständig.

Kein Journalist hatte neben Bodo Schnabel gesessen und ihn beim Fälschen von Rechnungen beobachtet, und die Wahrscheinlichkeit war gering, dass das einem von uns in Zukunft gelingen würde. Es war auch so gut wie aussichtslos, einen Insider zu finden, der so etwas gesehen hatte und uns bestätigen würde. Wir konnten nur weiterhin nach Indizien suchen und den Verdacht äußern, dass etwas mit den Zahlen nicht stimmte. Das wiederum würde dem Staatsanwalt nicht reichen, um tätig zu werden. Anlegeranwälte sagten ebenfalls, sie hätten noch zu wenig Beweise, um Klagen einzureichen.

Ich stellte mich darauf ein, dass ich weiterhin immer wieder vor der Aktie warnen und bei der Staatsanwaltschaft nachfragen würde, ob es Ermittlungen gab. Irgendwann wäre alles Geld aus dem Unternehmen geflossen. Es würde in sich zusammenfallen. Die Anleger würden dann leer ausgehen wie bei Sunburst Merchandising. Nach der Implosion des Fanartikel-Verkäufers war so wenig Geld zu finden, dass Anwälte von Klagen abrieten.

Nur Stunden nach meinem Telefonat mit dem Staatsanwalt kündigte aber die Wirtschaftsprüfungsgesellschaft ihr Mandat. Ende der Woche schickte außerdem die Hessische Börsenaufsicht einen Ordner an die Staatsanwaltschaft. Der Inhalt beruhte auf einer anonymen Anzeige, die dort eingegangen war, angereichert mit einigen Informationen. Der Anzeigensteller befürchtete, dass die Wirtschaftsprüfer wohl nicht noch einmal ein Testat ausstellen würden und dass Schnabel sich absetzen werde. Der Firmenchef habe die Lage des Unternehmens im Herbst 2000 im Vorfeld einer umfangreichen Kapitalerhöhung geschönt dargestellt. Es sei unwahrscheinlich, dass durch die verkündeten Verträge mit Mannesmann Mobilfunk und ASL Leasing sowie mit zwei Partnerunternehmen in der Slowakei und in Spanien das in Aussicht gestellte Umsatzvolumen erreicht werde. Da der Aktienkurs im Zuge der Veröffentlichung dieser zweifelhaften Meldungen stark angestiegen sei, bestehe der Verdacht, dass mit falschen oder irreführenden Darstellungen versucht worden sei, einen möglichst hohen Platzierungserlös zu erzielen.

Inhaltlich entsprach das genau den Vorwürfen, die der Börsenjournalist Egbert Prior ein knappes Jahr vorher publiziert hatte. Er kannte den Inhalt der Anzeige im Detail und berichtete darüber ausführlich in der Ausgabe seines Börsenbriefs, die an dem Tag erschien, als der Ordner abgeschickt wurde. Es spricht daher vieles dafür, dass Prior selbst die Anzeige gestellt hat, auch wenn er sich dazu nicht äußert. Sehr wahrscheinlich hat der Anzeigensteller zumindest den Artikel Priors gekannt. Das entbehrt nicht einer gewissen Ironie: Ausgerechnet der Journalist, dem die Ermittler einst wegen eines Börsendelikts auf den Fersen waren, trug dazu bei, dass der Fall ins Rollen kam. Dagegen blieb die Staatsanwaltschaft, die Institution, die damals gegen ihn vorgegangen war, bis zu diesem Moment untätig.

Sie wäre es vielleicht weiter geblieben, wenn die Anzeige direkt bei der Staatsanwaltschaft gestellt worden wäre, also ohne den Umweg über das Hessische Wirtschaftsministerium. Bei den erfundenen Bohrgeräten von Flowtex und den gefälschten Rechnungen des Sportbodenherstellers Balsam gingen anonyme Anzeigen ein, lange bevor die Skandale ans Licht kamen. Die Ermittler taten beziehungsweise fanden nichts. Da es bei ComRoad aber eine gut aufbereitete Anzeige mit Substanz gab, die eine offizielle Stelle weitergeleitet hatte, musste der zuständige Staatsanwalt etwas unternehmen.

Am 21. März 2002 besuchte er mit mehreren Polizisten die Firmenräume in Unterschleißheim, führte ein mehrstündiges Gespräch mit Schnabel, der behauptete, dass an den Vorwürfen nichts dran sei, und kopierte einige Unterlagen. Das war alles. Ich wunderte mich darüber, dass die Ermittler so mild vorgingen. Jemand, der die Staatsanwaltschaft darauf angesprochen hatte, erzählte mir, sie habe zur Begründung angeführt, das liege unter anderem daran, dass Schnabel einen so namhaften Anwalt habe. Der Firmenchef behauptete sogar, er habe schon vor Wochen um einen derartigen Besuch gebeten. Wenige Tage später nahmen ihn Polizisten fest und durchsuchten seine Privatwohnung. Der damalige Leitende Oberstaatsanwalt Manfred Wick sagte: „Wir hatten Anhaltspunkte, dass er sich ins Ausland absetzen wollte." Beinahe wäre damit wahr geworden, was ich befürchtet hatte.

Rasch schwenkten die Ermittler ihren Fokus auf das Asiengeschäft, vor allem den nicht existenten Hersteller in Hongkong. Die vom Unternehmen beauftragten Sonderprüfer lieferten ihnen dabei ihre Ergebnisse auf dem Präsentierteller. Die Behörden erhielten zum Beispiel den Sonderbericht der Wirtschaftsprüfer vorab und verkündeten damit schon vor der Veröffentlichung der Ad-hoc-Mitteilung des Unternehmens, dass das Asiengeschäft fast vollständig vorgetäuscht war.

Was wäre gewesen, wenn es die Anzeige und die Mandatsniederlegung der KPMG nicht gegeben hätte? Wahrscheinlich nur das, was sich etwa zeitgleich abspielte: Anfang März 2002 erhielt ich einen Anruf der Staatsanwaltschaft: „Ich habe ein paar Fragen zu der Anzeige, die Sie gestellt haben." Anzeige? Ich hatte keine Anzeige erstattet!

„Können Sie sich denn nicht an die Anzeige gegen ComRoad erinnern, die Sie Ende Januar gestellt haben?" Das konnte ich in der Tat nicht.

„Haben Sie denn keine Eingangsbestätigung für Ihre Anzeige bekommen?" Nein, hatte ich nicht.

„Es gibt hier jedenfalls eine Anzeige und eine Akte und ein Aktenzeichen. Und deshalb müssen wir nun ermitteln. Ich verstehe aber nicht genau, um was es geht." Die Akte wandere seit Wochen durch die ganze Staatsanwaltschaft, aber niemand wisse, wer zuständig sei. Ich wusste das natürlich auch nicht, aber mit ComRoad kannte ich mich aus. Ich schilderte den Fall. „Das ist ja sehr interessant. Das bedeutet ja, dass Anleger betrogen worden sind", sagte der Anrufer. Genau!

„Für solche Fälle bin ich nicht zuständig." Die Stimme am anderen Ende der Leitung klang erleichtert. „Wo hat das Unternehmen seinen Sitz?" In Unterschleißheim. „Mist, dann sind wir tatsächlich zuständig." Wir vereinbarten, dass ich vorbeikommen und einige Unterlagen mitbringen würde, um festzustellen, wer wohl zuständig war.

„Sie dürfen aber nicht schreiben, dass wir ermitteln", sagte die Stimme noch. Wieso denn nicht? Das stand doch schon längst in der Zeitung. Das wiederum war meinem Gesprächspartner neu. „Ich schicke Ihnen eine Eingangsbestätigung für Ihre Anzeige", hieß es zum Abschied.

Mich beunruhigte der Gedanke, dass es da bei der Staatsanwaltschaft eine Akte mit einer Anzeige von mir gab, die ich gar nicht gestellt hatte. Ein paar Tage später besuchte ich den Anrufer in seinem Büro. Auf dem Tisch lag eine rote Akte, auf der mein Name stand.

„Kann man meinen Namen nicht weglassen?", fragte ich. Ich hatte nun mal keine Anzeige gestellt, und es ging um Delikte, denen die Staatsanwaltschaft auch so nachgehen muss. „Nein", erfuhr ich. „Sehen Sie es doch positiv, dass Sie die Anzeigenstellerin sind. Wenn wir das Verfahren einstellen, erhalten Sie eine schriftliche Begründung von uns. Und Sie haben das Recht auf Akteneinsicht über einen Anwalt." Die Staatsanwaltschaft hatte sich offensichtlich noch nicht sehr mit der Sache befasst und sprach bereits von einer Einstellung. Das sah ich ganz und gar nicht positiv.

Ich wurde darauf hingewiesen, dass ich mich strafbar mache, wenn ich Informationen zurückhalte, die zur Aufklärung beitragen könnten. „Heißt das, dass es dann ein Verfahren gegen mich geben kann, aber das Verfahren gegen ComRoad wird eingestellt?", wollte ich wissen. So auf die Spitze werde das nicht getrieben, wurde ich beruhigt. Im Übrigen könne man meine Unterlagen auch beschlagnahmen. Wie wäre es, damit beim Unternehmen statt bei mir anzufangen, schlug ich vor. „Dann haben wir hier zehn Tonnen Akten. Und was sollen wir dann damit machen? Wir haben doch gar keine Zeit zum Durchsehen!"

Wie wäre es, den Fall einfach mit den Ermittlungen zusammenzulegen, die es im eigenen Haus schon gab, brachte ich nun vor. Da mein Gesprächspartner nichts davon wusste, berichtete ich, was die Medien geschrieben hatten. Mein Gesprächspartner kündigte an, die Akte an die zuständigen Personen weiterzuleiten. „Wenn die es aber nicht nehmen, wird es an die Staatsanwaltschaft Berlin geschickt." Der Grund: Neben dem Verdacht auf Bilanzfälschung gehe es um den Verdacht der Abgabe einer falschen eidesstattlichen Versicherung vor dem Landgericht Berlin. Jeder sei froh um alles, was er weitergeben könne, weil jede Woche so viele Akten hereinkämen, erfuhr ich, bevor ich das Büro verließ.

In der Tat hatten darin Aktenstapel gelegen, und über die Überlastung der Staatsanwälte und auch Richter wird häufig berichtet. Börsendelikte sind in der Regel aufwändig. „Die Ermittlungen sind sehr schwierig zu führen und erfordern einen sehr großen Personaleinsatz", sagte Manfred

Wick, der damalige Leitende Oberstaatsanwalt München I, dessen Behörde bei ComRoad ermittelte. Der Staatsanwalt sagte selbst, er habe in dieser Zeit viel zu tun gehabt. Ich hatte bemerkt, dass in der Anklageschrift Aktienverkäufe Bodo Schnabels im Wert von 3,1 Millionen Euro fehlten, die im Emissionsprospekt aufgeführt waren. Die entsprechenden Verkäufe bei Ingrid Schnabel waren dagegen aufgeführt. Als ich den Staatsanwalt darauf ansprach, sagte er, die Transaktionen des Ehemanns habe man wohl vergessen. Er habe wenig Zeit gehabt, weil er Vertretungen habe übernehmen müssen. Bei der hohen Gesamtsumme komme es darauf aber ohnehin nicht an.

Wegen der hohen Arbeitslast ist es auch verständlich, wenn die Betroffenen froh sind, solche Fälle an andere Kollegen abschieben zu können. Es kam schon vor, dass Staatsanwaltschaften die einschlägigen Gesetze und Kommentare gar nicht vorliegen hatten. Bestimmungen wie das Wertpapierhandelsgesetz gelten als kompliziert. Die Ermittler müssen sich in die Materie einarbeiten, die sie danach vielleicht nie wieder brauchen.

Kein Wunder, dass den überarbeiteten Beamten Pannen unterlaufen. So beschlagnahmten sie in einem Fall zwar Dokumente in einem Unternehmen, ließen die dann aber vor Ort – quasi neben dem Reißwolf der Firma – stehen. Bei der Internetagentur Ad pepper lehnte die Staatsanwaltschaft Ermittlungen mit der Begründung ab, die Ad-hoc-Mitteilungen, die der Strafanzeige als Beweise beigefügt waren, seien aus dem Internet ausgedruckt, und es sei jedem bekannt, dass dort oft falsche Meldungen verbreitet würden. Manchmal greifen die Ermittler zu langsam ein, wichtige Telefongespräche oder Interneteinträge sind dann schon gelöscht.

Als der Börsenjournalist Egbert Prior 1999 wegen Kursbetrugs angezeigt wurde, weil er bei der Emission der Lobster AG durch die Berliner Freiverkehr AG bevorzugt Aktien bekommen und nach einer Empfehlung in seinem Börsenbrief nach wenigen Tagen mit etwa einer Million DM Gewinn veräußert haben soll, stellte die Staatsanwaltschaft die Ermittlungen gegen Prior und den Chef der Berliner Freiverkehr AG ein. Ein Hauptgrund: Die Anzeige beziehe sich auf eine Veröffentlichung in dem Börsenbrief vom Juni 1998, nach dem Pressegesetz Hessens setze aber die Verjährung nach sechs Monaten ein. In einem solch kurzen Zeitraum sind solche Delikte schwer zu ermitteln.

Die Lösung liegt nahe: Es müsste eine Schwerpunktstaatsanwaltschaft für alle Börsen- und Kapitalmarktdelikte im Bundesgebiet geben. Exper-

ten fordern das schon lange. Die anderen Ermittler hätten mehr Zeit für
ihre übrigen Fälle. Die Spezialstaatsanwälte wiederum könnten die einschlägigen Bestimmungen noch nachts um drei Uhr im Schlaf hersagen
und wüssten die Tricks der Bilanzjongleure und Kursmanipulatoren aus
dem Effeff. Sie würden die Knackpunkte schneller finden und herausar-
beiten. Die Mehrkosten für die Spezialstaatsanwälte würden an anderer
Stelle locker wieder eingespart. Rechtlich wäre es kein Problem, eine
bundesweite Schwerpunktstaatsanwaltschaft in Frankfurt zu bilden. Dazu
würde eine einfache Vereinbarung der Generalstaatsanwälte ausreichen,
denn Staatsanwälte dürfen auch am Tatort ermitteln, bei Börsendelikten
dem Sitz der Deutschen Börse.

Doch komischerweise stößt die Idee auf nicht viel Begeisterung,
nicht einmal bei denen, deren Arbeitslast geringer würde. Der damalige
Leitende Oberstaatsanwalt München I, Manfred Wick, sagte noch im
November 2001: „Das halte ich nicht für praktikabel und auch nicht für
notwendig. Ich habe in München zum Beispiel allein drei Abteilungen,
die sich schwerpunktmäßig mit Wirtschaftsstraftaten befassen." Seine
Behörde war neben dem Fall ComRoad auch mit EM.TV befasst. Den
Brüdern Thomas und Florian Haffa, beide Ex-Vorstände des Medienun-
ternehmens, wurde die unrichtige Darstellung der Gesellschaft und
Kursbetrug vorgeworfen. Im Sommer 2002 konnte sich Wick mit der
Idee einer Schwerpunktstaatsanwaltschaft anfreunden: „Man kann sicher
rationeller vorgehen, wenn Fälle da gebündelt werden, wo es am sachge-
rechtesten ist." Nur das Wort „bundesweit" kommt ihm in diesem
Zusammenhang nicht über die Lippen.

Justiz ist Ländersache, und die Bundesländer geben ungern
Kompetenzen ab. Böse Zungen mutmaßen, dass es dabei auch um den
Verlust von Einflussmöglichkeiten durch die Politik geht, wie sie zum
Beispiel im Herbst 2001 in einem Untersuchungsausschuss des Bayerischen
Landtags offenbar wurden. Der frühere Augsburger Staatsanwalt Winfried
Maier hatte dort ungewöhnlich offen die Behinderungen bei Ermittlungen
gegen hochrangige Vertreter der Regierungspartei und ihrer Schwes-
terpartei geschildert. In Hessen verfügte der Generalstaatsanwalt im
November 2001 zwar, dass Frankfurt für alle Verfahren in diesem Bun-
desland wegen Straftaten nach dem Börsen- und Wertpapierhandelsgesetz
zuständig sein soll. Bei den anderen Staatsanwaltschaften in Hessen dürfte es
aber ohnehin wenige solche Fälle gegeben haben.

Glück haben Börsenabzocker, die in den Zuständigkeitsbereich einer
Staatsanwaltschaft fallen, die sich nicht gerade durch Jagdeifer auszeich-

net. Ermittlungen des Bundesaufsichtsamts für den Wertpapierhandel – der heutigen Bundesanstalt für Finanzdienstleistungsaufsicht – verliefen oft „wegen der Untätigkeit einer Staatsanwaltschaft im Sande", klagte Rüdiger von Rosen, Vorstand des Deutschen Aktieninstituts im Frühjahr 2002 in den Medien. „Wir müssen verstärkt darauf achten, dass die gesetzlichen Vorschriften eingehalten werden."

Klaus-Dieter Benner von der Hessischen Börsenaufsicht, der als Staatsanwalt in Frankfurt bis Mitte der neunziger Jahre die ersten Insider in Deutschland überführte, bevor er 1997 zur der Behörde wechselte, griff in der „Zeitschrift für Rechtspolitik" kritische Medienstimmen auf: Die Bundesanstalt für Finanzdienstleistungsaufsicht erstatte laut diesen Berichten bei der Staatsanwaltschaft Frankfurt nach Möglichkeit kaum noch Anzeigen. Die verweigere eine effektive Beteiligung und lehne seit Jahren eine „über die unvermeidbare Zuständigkeit hinausgehende Verantwortung für den Finanzplatz ab". Das könne die Bemühungen zur Förderung des Finanzplatzes und der Wertpapierkultur um „wichtige Jahre zurückwerfen." Benner zitierte auch aus einem Interview mit zwei Frankfurter Staatsanwälten. Nach ihren Aussagen erledigten nur zwei Ermittler solche Fälle, und das praktisch nebenberuflich.

Bei Steuerdelikten sind die Ermittler in der Regel schnell. Wegen Verdachts auf Umsatzsteuerbetrug durchsuchten mehr als 100 Beamte die Räume einer börsennotierten Gesellschaft und das Privathaus des Chefs. Von fingierten Auslandsunternehmen sollen Chips gekauft worden sein. Das Unternehmen machte gegenüber dem Finanzamt einen Vorsteuererstattungsanspruch geltend. Die Auslandsfirmen lösten sich nach wenigen Wochen auf und zahlten keine Umsatzsteuer an das Finanzamt. Auch beim Bielefelder Softwareunternehmen Ceyoniq wurden die Ermittler schnell tätig. Da hatte eine Bank Anzeige gestellt, was die Schutzgemeinschaft der Kleinaktionäre zu dem Kommentar veranlasste: „Offenbar genießen Gläubiger immer noch einen besseren Schutz als Anteilseigner. Wenn ein Gläubiger den Verdacht des Kreditbetrugs äußert, tritt die Staatsanwaltschaft sofort in Aktion und schreckt sogar vor schnellen Festnahmen nicht zurück." Aktionäre schädigende Machenschaften würden dagegen als Kavaliersdelikte angesehen. Das erklärt zu einem Teil, warum so viele Anzeigen der Finanzaufsicht ins Leere laufen. Es gab schon etliche Jahre, wo die Strafverfolger sämtliche Insiderverfahren einstellten. Ihre Begründung: die mangelnde Erfolgsaussicht vor Gericht.

Das war bei ComRoad immerhin nicht der Fall. Schon nach guten vier Monaten erhob die Staatsanwaltschaft Anklage gegen Bodo

Schnabel wegen des Verdachts auf Insiderhandel, Kursbetrugs und Betrugs sowie gegen seine Frau wegen Beihilfe hierzu. Das Ehepaar habe Unterlagen gefälscht. Im Prospekt zum Börsengang, in Geschäftsberichten und in Ad-hoc-Meldungen seien 17 Mal Äußerungen getätigt worden, um den Börsenkurs hochzupuschen. Bodo Schnabel habe dann bei 21 Gelegenheiten Aktien des Ehepaars und der Tochter verkauft und seine Frau in 15 Fällen Beihilfe geleistet. Damit hätten sie knapp 29 Millionen Euro erlöst. Außerdem seien bei der Kapitalerhöhung im November 2000 die Käufer der neuen Aktien – Concord Effekten und HypoVereinsbank – getäuscht worden.

Auch gegen andere Personen ermittelte die Staatsanwaltschaft zunächst. Bei niemandem habe sich aber ein „hinreichender Tatverdacht" ergeben. „Wir haben die Sache intensiv geprüft. Die Sache ist ausgeleuchtet", sagte der damalige Leitende Oberstaatsanwalt Wick. Da eine eventuelle Strafe umso geringer ausfallen müsse, je länger Tat und Anklage auseinander lägen, sei man nicht an jahrelangen Ermittlungen interessiert gewesen. Die Vorgänge vor dem Börsengang blieben daher außen vor, ebenso wie Verdachtsmomente auf andere Delikte wie Kapitalanlagebetrug, Untreue und Urkundenfälschung. Diejenigen, die dem Unternehmen trotz offensichtlich fehlender Reife und mehrerer damals entdeckter rechtlicher Schwachstellen geholfen hatten, an die Börse zu gehen, kamen somit davon.

Ich selbst wurde erneut angerufen. Meine Akte sei nun nach Berlin weitergeschickt worden. Wenn sie dort nicht bearbeitet werde, werde man sich doch in München darum kümmern müssen. Die Berliner würden mir auch eine Eingangsbestätigung für meine Anzeige schicken. Wieder erhielt ich nichts dergleichen. Dafür bekam ich einige Wochen später eine Zeugenvorladung von der Kriminalpolizei.

„Es geht um den Verdacht der Abgabe einer falschen Versicherung an Eides statt, dem die Staatsanwaltschaft Berlin nachgeht", sagte der Beamte zu mir am Telefon.

„Warum macht das nicht die Staatsanwaltschaft München?", wollte ich wissen. „Da gibt es doch schon Ermittlungen wegen des Verdachts auf Kursbetrug, Insiderhandel und Betrug." – „Ah, ja? Davon weiß ich nichts. – Woher wissen Sie das so genau?" – „Das stand in der Zeitung." Zufällig sprach ich am gleichen Tag wegen eines Artikels zu ComRoad mit der Staatsanwaltschaft München. Zum Schluss erzählte ich meinem Gesprächspartner von der Vorladung und äußerte meine Verwunderung, dass sich zwei verschiedene Staatsanwaltschaften um Dinge kümmerten, die nach meiner Ansicht zusammengehörten. „Davon weiß ich nichts", hörte ich. „Ich werde das dem zuständigen Kollegen weitergeben."

Am vereinbarten Termin erschien ich bei der Kriminalpolizei. „Warum hat das Unternehmen die Einstweilige Verfügung gegen Ihren Verlag in Berlin beantragt?", wollte der Beamte wissen. Keine Ahnung. „Da müssen Sie ComRoad oder den Anwalt des Unternehmens fragen", entgegnete ich. Er bohrte nach, aber ich wusste beim besten Willen keine Antwort. „Wo hat Herr Schnabel die Eidesstattliche Versicherung abgegeben?" Wieder hatte ich keinen Schimmer, ich war schließlich nicht dabei gewesen, und mir war auch nicht klar, warum das wichtig sein sollte. Dennoch bestand der Beamte darauf, diesen Punkt in meine Zeugenaussage aufzunehmen. „Die Berliner würden die Sache auch am liebsten los werden", hörte ich von der Kriminalpolizei zur Begründung.

„Warum wird die Sache nicht nach München abgegeben?", fragte ich. – „Das wird wohl auch passieren. Jetzt geht die Akte aber erstmal zurück nach Berlin." Ohnehin war die Geschichte mit der Eidesstattlichen Versicherung doch unbedeutend im Vergleich zu den anderen Vorwürfen gegen Bodo Schnabel, fand ich. „Da haben Sie Recht", stimmte mir der Beamte zu. „Aber in der deutschen Justiz geht nichts verloren." Offenbar doch: Berlin habe von sich aus ohne eine Anzeige die Ermittlungen aufgenommen, teilte er mir mit. In der Akte war keine Rede mehr davon, dass ich die „Anzeigestellerin" gewesen sein sollte. Mein Name war weg, meine „Anzeige" offenbar im Nirvana verschwunden.

RENATE DAUM

Der Zusammenbruch und die Folgen

„Es bleibt Geheimnis, weshalb so wenige von ihnen rechtzeitig aufhörten. In den meisten Fällen wäre es möglich gewesen, lange bevor Zusammenbruch und Entdeckung erfolgten. (…) Weshalb tat es keiner? Die Antwort muss wohl lauten, dass sie alle wie Autofahrer und Piloten unter dem Geschwindigkeitsrausch, der folie de vitesse, litten. Als Produkte einer erwerbsgierigen Gesellschaft verkörperten sie den äußersten Grad ihres Wahnsinns."
Aylmer Vallance, Glücksritter und Spekulanten, 1955.

Der Wald brennt

Als Stefan Mehler im Dezember 2001 seine neue Arbeitsstelle als Investor-Relations-Manager bei ComRoad antrat, glaubte er, die schwierigste Phase hinter sich zu haben. Beim Nürnberger Internetunternehmen WWL Internet hatte er einen kurzen Höhenrausch und dann einen quälenden Abstieg der Aktie erlebt, die damals im Neuen Markt notierte. Das Management hatte Fehler gemacht. Die Kosten liefen aus dem Ruder. WWL schlitterte in eine gefährliche Krise, eine fast typische Unternehmenskarriere in dem Börsensegment.

„Einige Privatanleger ließen ihrem Unmut über die Kursentwicklung freien Lauf. Wütende E-Mails, aufgeregte Telefonanrufe und unflätige Äußerungen in Chatrooms waren die Quittung", schrieb er über diese Zeit als Investor-Relations-Manager in dem Buch „Alptraum Neuer Markt". Institutionelle Investoren baten ihn, sie von seinem Verteiler zu streichen. Mit den frustrierenden Seiten seines Jobs hatte er also mehr als genug Erfahrung. Er ahnte nicht, dass ihm sein wahrer „Alptraum Neuer Markt" noch bevorstehen würde.

Natürlich kannte er die negativen Presseberichte über das Unterschleißheimer Telematikunternehmen. Bei den Vorstellungsgesprächen versicherte ihm Bodo Schnabel aber, an den Gerüchten sei nichts dran. ComRoad erschien so wohltuend anders als viele Neuer-Markt-Unternehmen. Umsatz und Gewinne entwickelten sich beeindruckend. Der Vorstand hielt die Kosten im Zaum. Nur wenige fest angestellte Mitarbeiter saßen in den einfachen Büroräumen in der Edisonstraße 8, und sie hatten den Laden offenbar gut im Griff. Bei WWL hatte Mehler viele Forderungsausfälle erlebt. Hier waren die Außenstände auch sehr hoch, aber die Kunden zahlten schließlich alle Rechnungen.

Nur die Kommunikation mit der Finanzwelt und den Medien, die lag im Argen. Mehler hatte vor seiner Zeit bei WWL jahrelang als Analyst gearbeitet, er kannte die Anforderungen der Finanzgemeinde. Wäre die Investor-Relations- und Öffentlichkeitsarbeit erst einmal auf professionelle Beine gestellt, würde der Kapitalmarkt die Unterbewertung des Papiers erkennen. Es notierte bei zehn Euro, das entsprach gerade mal dem Vierfachen des für das Jahr 2003 erwarteten Gewinns pro Aktie.

Eine Ähnlichkeit wies ComRoad mit WWL auf, und die war erfreulich: Der Kontakt zum Vorstand war eng. Der 40-Jährige teilte sich sogar ein Büro mit Bodo Schnabel. Der deckte den neuen Mitarbeiter mit Aufgaben ein. Präsentationen für Analysten waren vorzubereiten, Anrufe und E-Mails von Aktionären zu beantworten. Die Beschwerden rissen nicht ab, warum sich das Unternehmen nicht gegen die negativen Medienberichte wehrte. Mehler vertraute bei seinen Antworten auf die Aussagen Schnabels.

Wenige Wochen nach seinem Eintritt in das Unternehmen erlebte er aber ein Beispiel für den kreativen Umgang seines neuen Chefs mit der Wahrheit, das ihn hätte warnen können: Mitte Dezember 2001 entwarf er einen Brief an die Aktionäre und schilderte darin, dass ein Rechtsstreit vor Gericht zugunsten von „Börse Online" ausgegangen war. Das gefiel Schnabel und dem Mitarbeiter aus der Rechtsabteilung nicht. Nach langer Diskussion gab Mehler nach.

In der Version, die er verschickte, hieß es nun, ComRoad habe dargelegt, „dass die Partner in Asien existent sind und die aufgestellten Vermutungen des Börsenmagazins unbegründet sind". Es sei tröstlich, dass alle renommierten großen Tageszeitungen zwischen Tatsachen und Gerüchten unterschieden. Der Brief passte ins ComRoad-Informationsmuster: Manche Details stimmten, aber insgesamt gaben sie nicht die Wahrheit wieder. Dass ComRoad vor Gericht unterlegen war, erfuhren die Leser nicht. Sie konnten vielmehr den Eindruck gewinnen, „Börse Online" habe nicht sorgfältig gearbeitet. Dagegen ging der Verlag mit Erfolg vor.

In Umkehrung der üblichen Verhältnisse durfte nun ein Unternehmen etwas über eine Zeitschrift nicht mehr behaupten.

Der Streit mit dem Magazin war einer der Brandherde, aus dem im Januar immer wieder Flammen züngelten. Ende des Monats geriet das Feuer außer Kontrolle. „Börse Online" belegte, dass das Asiengeschäft so gut wie gar nicht existierte. Eine Masse von Anlegerbeschwerden und Presseanfragen stürzte auf Mehler ein. Er fügte sich dabei weiter nahtlos in das System ComRoad ein. Noch Anfang Februar 2002 wurde Anlegern empfohlen, „Börse Online" wegen der schädigenden falschen Gerüchte zu verklagen.

Ein Journalist fragte Mehler nach Jesus O. Co aus den Philippinen, der dementiert hatte, je etwas von den Unterschleißheimern gekauft zu haben. „Er hat selbstverständlich eine geschäftliche Beziehung zu ComRoad", behauptete der Investor-Relations-Manager. „Er hat uns mehrmals in Deutschland besucht und zu Beginn unserer Geschäftsbeziehung von uns eine kleinere GTTS-Lösung erworben", sagte er und fügte hinzu: „Alle von Herrn Schnabel gemachten Aussagen sind richtig." Ich hielt die Luft an. Später teilte er mir mit, Bodo Schnabel habe ihm die Informationen gegeben. Wie jeder Investor-Relations-Mitarbeiter sei er auf korrekte und rechtzeitige Angaben des Vorstandes und anderer angewiesen: „Einen Vertrag mit Jesus O. Co habe ich gesehen. Ich ging selbstverständlich davon aus, dass dieser ‚echt' sei."

In dieses Dokument, alle anderen Partnerverträge und weitere Unterlagen wollte ComRoad auch Journalisten und Analysten Einsicht gewähren. Das war als Befreiungsschlag gedacht, um die Vorwürfe endgültig zu entkräften. Er brachte Mehler aber wenig, denn der Termin dafür war erst sechs Wochen später, für den 21. März, angesetzt. Die Phase der Unsicherheit war den Anlegern zu lang.

Es kam sowieso nie dazu, denn wenige Tage später loderten weitere Flammen auf. Der Partner Skynet in Großbritannien war wieder in Geldnot. Chef Tom Wilmot verkündete wie Bodo Schnabel fleißig Partnerschaften und Projekte, hinter denen fast nie etwas steckte. Mangels wirtschaftlicher Erfolgsmeldungen tischte er den Aktionären schrille Geschichten auf. Während der Bekämpfung der Maul- und Klauenseuche sei zum Beispiel ein Fahrzeug verloren gegangen, weil sich niemand erinnern konnte, auf welcher Farm es abgestellt worden war. Dank des installierten Bordcomputers sei es wiedergefunden worden.

Die Quartalsberichte fielen stets verheerend aus, und sie malten noch ein zu rosiges Bild der Lage, wie Mitarbeiter sich erinnern. Aber das machte nichts: Lebemann Wilmot, der vor Skynet in eine Goldminen-entwicklungsgesellschaft involviert war, hatte seine persönliche Goldader entdeckt. Er wusste, dass Bodo Schnabel ihn als Aushängeschild be-nötigte. Journalisten und Analysten erzählte er bereitwillig, dass er gerade ein paar Millionen brauchte.

Bodo Schnabel knirschte mit den Zähnen und schickte Geld nach Großbritannien. De facto finanzierte ComRoad nicht nur dort die eige-nen Umsätze. Bei Skynet samt Tochter Skamp und auch beim US-Part-ner ComWorxx überstiegen die Mittel aus Unterschleißheim die gesamten Erlöse, die die Gesellschaften erzielten. Irgendwie schienen die Mittel für die Briten aber zu versickern. Nach Schilderung der Mitarbei-ter übernahm ComRoad sogar die Betriebsausgaben für Skynet und Skamp. Selbst Ende Januar 2002, so erzählten sie, warteten sie wieder ein-mal auf ihr Gehalt, obwohl ComRoad 100 000 Pfund für einen Anteil an der slowakischen Tochter Skamp bezahlt hatte. Führungskräfte hätten schon vor dem Insolvenzantrag versucht, Vermögenswerte abzuziehen. Manager seien beobachtet worden, wie sie Bordcomputer aus dem Lager räumten. Als die Liquidatoren nicht da waren, hängten sie demnach sogar die Bilder von den Wänden.

Wieder warf ComRoad den eigenen Anlegern Sand in die Augen. Die Holding Skynet Telematics Inc., in die ComRoad eine Million Dollar investiert habe, sei von dem Vergleich nicht berührt, sagte Mehler. Auswirkungen auf den Geschäftsverlauf seien nicht zu erwarten. Die in den USA börsennotierte Holding war freilich gar nicht operativ tätig. Das lief ausschließlich über die Töchter, vor allem die britische Skynet.

Selbst Bodo Schnabel, einst die Personifikation unerschütterlichen Selbstvertrauens, wirkte mittlerweile etwas gedrückt, die Lage zehrte an den Nerven. Bevor er sich darum kümmern konnte, in London zu retten, was noch zu retten war, entwickelte sich ein noch gefährlicherer Brand-herd. Stefan Mehler bemerkte ihn zu spät. Am Abend des 19. Februar 2002 besprach Mehler kurz mit den Wirtschaftsprüfern, ob der Jahresab-schluss wie geplant am folgenden Montag veröffentlicht werden konnte. Sie rieten davon ab, bevor sie die Firma verließen. Es gebe noch offene Punkte.

Am nächsten Vormittag rief ein Journalist an: „Börse Online hat gerade gemeldet, dass die KPMG das Prüfungsmandat gekündigt hat." – „KPMG hat gar nicht gekündigt", antwortete Mehler. „Die Prüfer sitzen gerade in einem anderen Zimmer. Ich gehe mal hinüber." Sie saßen dort nicht, wie er kurz darauf feststellte: „Sie sind jetzt gerade weg. Sie haben wohl am Vortag lange gearbeitet." Er wandte sich an die KPMG. Der zuständige Wirtschaftsprüfer war nicht zu sprechen und rief trotz seiner Bitte nicht zurück. Auf Grund der Verschwiegenheitspflicht durfte KPMG ihm nichts von der Kündigung erzählen. Über Handy erreichte er schließlich Bodo Schnabel, der die Meldung bestätigte. Durch die verspätete Mitteilung hatte ihn sein Chef in eine prekäre Lage gebracht. Die Aktie ging in den Sturzflug über. Als Mehler sie vom Handel aussetzen ließ und eine Pflichtmitteilung veröffentlichte, hatte sie allein an diesem Tag ein Viertel ihres Wertes verloren. „Wer bei diesem Kurs verkauft, ist kurzsichtig. Ich werde es nicht tun. Da gebe ich Ihnen mein Ehrenwort", sagte Schnabel einen Tag später, als die Aktie weiter eingebrochen war.

In der Aktionärsinformation zur Mandatsniederlegung wurden die Anleger aber wieder für dumm verkauft. Bis zum Wochenende sei Stillschweigen über die Kündigung vereinbart worden, schrieben Schnabel und Mehler, nur leider habe es „eine undichte externe Stelle zu den Medien" gegeben. Es mochte schon sein, dass es eine solche Übereinkunft gab, das war aber völlig ohne Belang, wie Mehler wusste. In diesem Fall hätte das Unternehmen einen Antrag auf Befreiung von der Veröffentlichungspflicht stellen müssen.

Journalisten erzählte er, VT Electronics existiere. „Wir sind absolut sauber", kommentierte er Berichte Anfang März, dass die Staatsanwaltschaft nun auch wegen Insiderhandel ermittelte. Schnabel sei nach seiner Einschätzung „alles andere als ein Betrüger", sagte er an dem Tag, als der Firmenchef fristlos gefeuert wurde. „Gute Investor-Relations-Arbeit besteht auch darin, Gerüchten und Vorverurteilungen nicht ungeprüft stattzugeben", teilte er mir dazu mit.

Investor-Relations-Manager erzählen gerne, dass ihnen eine offene und ehrliche Kommunikation wichtig ist. Das vergessen sie jedoch in vielen Fällen, wenn es brenzlig wird. Die Investor-Relations-Frau des Trickfilmproduzenten TV Loonland verschickte zum Beispiel am Morgen der Hauptversammlung für das Jahr 2001 eine Pressemitteilung, in der es hieß, die Zahlen für das laufende Jahr dürften zwar nicht über den Vorjahreswerten ausfallen, aber da es den anderen in der Branche so schlecht gehe, sei mit einem Gewinn von Marktanteilen zu rechnen. Auf der Hauptversammlung klang das wenige Stunden später ganz anders. Da räumte der Firmenchef ein, dass auch TV Loonland ums Überleben kämpfte.

Ein besonders unrühmliches Beispiel stammt von Letsbuyit.com. Am 8. April 2002 meldete die Internetgesellschaft in einer Pflichtmitteilung, sie habe „ihren Gewinn um 300 Prozent auf 1,3 Millionen Euro steigern" können. Der Aktienkurs schoss in die Höhe. Der „Gewinn" war freilich nur die Rohertragsmarge, wie die Schutzgemeinschaft der Kleinaktionäre entdeckte. Das Unternehmen verschwieg, dass der Umsatz nur einen Bruchteil des Vorjahreswertes erreichte, dass der Gesamtverlust zehn Mal so hoch wie der Umsatz war und die Gesellschaft nur noch über geringe liquide Mittel verfügte.

Es ist kein Wunder, dass Anleger daher wütend auf die Investor-Relations-Mitarbeiter wurden, wenn sie sich getäuscht fühlten. Auch bei ComRoad geriet Stefan Mehler selbst in die Schusslinie. Nachdem Bodo Schnabel am Nachmittag des 26. März festgenommen worden war, hatte er Gelegenheit, selbst Einblick in einige Unterlagen zu nehmen. Ihm dämmerte das Ausmaß des Desasters.

Auf andere wirkte er wie paralysiert. Mehler wurde überschüttet mit E-Mails wütender Anleger. Einige forderten, auch er müsse ins Gefängnis kommen. „Ich habe heute schon Morddrohungen von Privataktionären erhalten", sagte Mehler der „Netzeitung", als die Ergebnisse des ersten Sonderprüferberichts bekannt wurden. „Hier geht es momentan drunter und drüber." Schuld habe der Ex-Firmenchef. „Schnabel hatte die zentrale Gewalt. Der hat sich nicht in die Karten gucken lassen. Ich hatte keine Anzeichen über gefälschte Zahlen." Die Mitarbeiter wüssten nicht, wie sie sich gegenüber ihrem Ex-Chef verhalten sollen. „Wir versuchen uns zum ersten Mal etwas zu distanzieren", sagte Mehler. „Aber er ist immer noch Mehrheitsaktionär. Wenn ihm der Kragen platzt, kann er mich morgen rausschmeißen." Aufsichtsratschef Löhr fasste die Lage kurz und knapp zusammen: „Der Wald brennt."

Der Wald brannte nicht nur für ComRoad. Das Vertrauen war so erschüttert, dass Gerüchte genügten, um Aktien auf Talfahrt zu schicken. „Wir sind keine ComRoad", beteuerten betroffene Unternehmen hilflos. Anfang Mai 2002 erwischte es Gericom, die Gesellschaft, die in den Börsenindex Nemax-50 aufgenommen wurde, nachdem die ComRoad-Aktie hinausgeworfen worden war: Die Webseite des Magazins „Der Aktionär" kolportierte Gerüchte aus Händlerkreisen, der österreichische Computerhersteller Gericom habe Finanzierungsprobleme im Asiengeschäft und Unregelmäßigkeiten in den Zahlen. Die Aktie verlor ein Fünftel ihres Wertes, obwohl die Webseite des „Aktionär" die Nachricht schnell aus dem Netz nahm und ein Dementi veröffentlichte. Auch danach wurden nie Belege für den Inhalt der Gerüchte veröffentlicht. Das half Gericom aber nicht viel.

„Ich kann bei meiner persönlichen Ehre sagen, dass wir nichts zu verbergen haben", sagte Gericom-Chef Hermann Oberlehner. Ein Ehrenwort hatte auch Bodo Schnabel gegeben. „Das ist ein absolut unhaltbares Gerücht. Es entbehrt jeder Grundlage", sagte die Sprecherin des Unternehmens. So hatte ihr Kollege bei ComRoad auch argumentiert. „Jeder, der sich unsere Bilanz ansieht, weiß, dass das nur ein Gerücht sein kann", fügte der Chef hinzu. Solche Sätze hatte auch Bodo Schnabel von sich gegeben. 100 000 Euro Belohnung bot Oberlehner demjenigen, der die Quelle für das Gerücht fand: „Ich zahle das aus eigener Tasche."

Auch auf die testierten Abschlüsse von KPMG verwies Gericom. KPMG? Ha, ha. Der Computerhersteller ließ die Liquiditätslage überprüfen – von der Wirtschaftsprüfungsgesellschaft Rölfs Partner, die wegen ihrer Tätigkeit beim Finanzdienstleister MLP ins Blickfeld gerückt war. Es gab keine Instanz mehr, die helfen konnte. „Man braucht nur den Namen ComRoad zu erwähnen, um den Vertrauensverlust zu demonstrieren", sagte Rüdiger von Rosen, Chef des Deutschen Aktieninstituts.

„Was ich mir vorwerfe, ist, für etliche Wochen den Angaben eines Menschen vertraut zu haben, der mir wie auch anderen nicht die Wahrheit sagte – und es wegen des Ausmaßes der Manipulationen wahrscheinlich schon lange nicht mehr tun konnte", schrieb mir Stefan Mehler, kurz bevor sein Alptraum bei ComRoad vorbei war. „Letztlich ist man als Investor-Relations-Manager Erfüllungsgehilfe des Vorstandes", schrieb Mehler im Buch „Alptraum Neuer Markt". Nach einem guten halben Jahr verließ er das Unternehmen im Sommer 2002. Da bereiteten sich gerade Anleger auf den schwierigen Kampf vor, im deutschen Rechtssystem ihren Schaden ersetzt zu bekommen.

Legal, illegal, ganz egal

Vor dem Amtsgericht Pfaffenhofen trat Ende April 2002 eine Schar Anwälte hochkarätiger Kanzleien auf. Sie stritt um Taschengeld und um einige Millionen Euro. Der zuständige Richter hatte auf Antrag der ComRoad AG einen „dinglichen Arrest" über einen Teil des Vermögens von Bodo Schnabel verhängt, so dass Geld und Wertgegenstände nicht mehr leicht beiseite geschafft werden konnten. Das Unternehmen wollte sich damit einen Zugriff auf Mittel des Ex-Firmenchefs sichern, damit Schadensersatzklagen von Anlegern nicht mangels Masse von vorneherein aussichtslos waren. Die Vertreter Bodo Schnabels versuchten, das Vermögen wieder freizubekommen.

Dem Richter lag eine schriftliche Anweisung an eine Bank vor, eine Million Euro von Schnabels Festgeldkonto auf eine Züricher Bank und eine Million Dollar auf ein Konto bei einem Bankhaus in Florida zu überweisen. Er vermutete daher, „dass das Geld wohl in kürzester Zeit im Ausland wäre, wenn ich es freigebe", wie die Tageszeitung „Pfaffenhofener Kurier" berichtete. Später fanden Anwälte von ComRoad heraus, dass Schnabel im März versucht hatte, noch mehr Geld auf Konten in England und in der Schweiz zu schaffen. Die von Schnabel beauftragten Juristen baten dringend, wenigstens die Pfändung des Taschengeldes für ihren Mandanten aufzuheben, mit dem Untersuchungshäftlinge Äpfel und andere Kleinigkeiten kaufen könnten. Dagegen sperrten sich auch die ComRoad-Rechtsvertreter nicht.

Es war das erste mehrerer Arrestverfahren, die auch das Vermögen der Ehefrau und der Tochter umfassten. Neben einem Maserati, zwei BMWs und einem Mercedes waren unter anderem auch das Sparschwein und das Kindergeld der Tochter von der Pfändung betroffen. Insgesamt erwirkte die ComRoad AG Arrestbeschlüsse für gut acht Millionen Euro von Bodo Schnabel und zwölf Millionen Euro von Ingrid Schnabel. Auf Vermögenswerte im diesem Volumen durfte das Unternehmen damit zugreifen. Die Finanzermittler der Kriminalpolizei stöberten im In- und Ausland Vermögen der Schnabels im Wert von rund 20 Millionen Euro auf.

In der Gerichtsverhandlung in Pfaffenhofen diskutierten die Anwälte Schnabels und ComRoads allerdings darüber, ob überhaupt Schadensersatzzahlungen an Aktionäre zu erwarten seien. Die Rechtsvertreter des Ex-Firmenchefs argumentierten, ComRoad könne nicht stichhaltig darlegen, wen ihr Mandant konkret getäuscht und geschädigt haben solle. Die vom Unternehmen beauftragten Juristen hielten dagegen, das sei bei jedem Anleger der Fall, der sich wegen der vermeintlich glänzenden Umsatzzahlen zum Kauf der ComRoad-Aktie entschlossen habe und nun Ansprüche gegen den Telematikanbieter anmelden könne. Darauf erwiderte die Gegenseite, man könne nicht automatisch davon ausgehen, dass die Umsatzzahlen kaufentscheidend gewesen seien. Das löste Kopfschütteln beim Richter aus: „Die Außenwelt wurde über den Wert des Unternehmens getäuscht. Die Kaufentscheidungen und die Empfehlungen der Analysten gehen auf die falschen Umsatzzahlen zurück." Er entschied, die Vermögenswerte eingefroren zu lassen. Schnabels Anwälte legten Berufung ein, doch auch die Richter am Landgericht Ingolstadt signalisierten, dass sie den Arrestbeschluss aufrechterhalten wollten. Die Anwälte zogen danach die Berufung zurück. Das Gericht argumentierte, dieser Fall habe wegen des hohen Ausmaßes der Luftbuchungen schon vor dem Börsengang eine andere Struktur als andere Fälle, wo es möglicherweise nur um geschönte Zahlen ging. Daher sei es vorstellbar, dass den Anlegern Schadensersatz zugesprochen werde.

Was Schnabels Anwälte vorbrachten, musste dagegen wie Hohn in den Ohren der geschädigten Anleger klingen. Abwegig war es aber ganz und gar nicht: Es ähnelte den Argumenten, mit denen etliche Schadensersatzklagen von Aktionären vor Gericht abgewiesen wurden, wie zum Beispiel beim ehemaligen Börsenliebling EM.TV. Das Medienunternehmen hatte im Mai 2000 einen Gewinn vor Zinsen und Steuern von mehr als 250 Millionen Euro prognostiziert und diesen Wert mehrfach bestätigt. Erst im Dezember 2000 folgte eine Gewinnwarnung.

Am 4. November 2002 begann der Strafprozess gegen die Brüder Haffa. Das erste Mal standen damit Ex-Vorstände eines Neuer-Markt-Unternehmens vor einem Strafgericht. Die Staatsanwaltschaft sah es als erwiesen an, dass die Haffas die Lage des Unternehmens bewusst unrichtig dargestellt und damit gegen Paragraph 400 des Aktiengesetzes verstoßen haben. Außerdem warf sie ihnen Kursbetrug nach Paragraph 88 Börsengesetz vor (Dieser Paragraph wurde im Juli 2002 durch den Paragraphen 20a Wertpapierhandelsgesetz ersetzt, siehe Kapitel „Wichtige Gesetze und was sie bedeuten", Seiten 225 ff.).

Die Haffa-Anwälte versuchten mehrfach, eine Einstellung des Verfahrens zu erreichen, zum Beispiel gegen Zahlung einer Geldsumme. Das taten sie aber vor allem, um dem öffentlichen Rummel eines Prozesses zu entgehen. In der Sache gaben sich die Verteidiger gelassen. Auch der damalige Leitende Oberstaatsanwalt Manfred Wick rechnete vor dem Prozessbeginn mit einem „schwierigen Verfahren, weil einige Aspekte zu entscheiden sind, für die es bislang keine Rechtsprechung von oberen Gerichten gibt." Bei unrichtiger Darstellung der Unternehmensverhältnisse sowie Kurs- und Marktmanipulation ist – wie auch bei Kapitalanlagebetrug (Paragraph 264a Strafgesetzbuch) – Vorsatz nachzuweisen. Das ist selbst für die Strafverfolgungsbehörden mit ihren weitreichenden Ermittlungsbefugnissen schwierig.

Die Staatsanwaltschaft beschäftigt sich nur mit den strafrechtlich relevanten Aspekten eines Falles, nicht mit den zivilrechtlichen wie eventuellen Schadensersatzansprüchen. Geprellte Anleger müssen daher selbst rechtliche Schritte einleiten. Das von der Staatsanwaltschaft gesammelte Material ist für die Anleger aber sehr wichtig. Hat nicht einmal die Staatsanwaltschaft Erfolg, wird es für die Anleger sehr schwer, mit ihren Klagen durchzukommen. Die Beweislast liegt bei ihnen. Sie müssen zum Beispiel nachweisen, dass die Lage tatsächlich falsch dargestellt wurde. Ihre Anwälte haben aber im Gegensatz zu den USA kein Recht auf Herausgabe von Informationen durch das beklagte Unternehmen – dazu müsste in Deutschland erst eine Auskunftsklage erfolgreich ausgefochten werden. Sie dürfen nur Akteneinsicht bei der Staatsanwaltschaft nehmen, wenn es ihnen gestattet wird. Es hängt von den Ermittlern ab, wie schnell und umfangreich sie Zugang gewähren, und nach Erfahrung vieler Anwälte sind sie nicht immer kooperativ. Im Skandal um den Fanartikelhersteller Sunburst Merchandising beklagte sich ein Anlegeranwalt über die Schwierigkeiten bei der Zusammenarbeit. In Fällen, wo die Staatsanwaltschaft (noch) nicht tätig ist oder ihre Untersuchungen gerade in vollem Gange sind, sind die Rechtsvertreter der Anleger ohnehin auf Quellen angewiesen, die sie selbst recherchieren können.

Wie sollen sie bei diesen Voraussetzungen Vorsatz beweisen, wenn der Beklagte nicht gerade sein Tagebuch auf der Parkbank liegen lässt, in dem er vermerkt hat, er wolle nun zu seinem Vorteil Aktionäre schädigen? Argumentiert ein Finanzvorstand etwa, er habe leider nicht gewusst, wie man ordnungsgemäße Bilanzen erstellt, weil er sein Studium der Betriebswirtschaftslehre vor dem Abschluss abgebrochen habe, und der Richter glaubt ihm, ist ihm nur grobe Fahrlässigkeit anzukreiden. Er war damit zwar unfähig, hat aber nicht wissentlich zum Nachteil anderer gehandelt. Damit scheidet Schadensersatz auf Grund unrichtiger Darstellung der Unternehmensverhältnisse aus. Der Anlegeranwalt Klaus Nieding gibt solchen Klagen geschädigter Anleger daher nur eine „theoretische Aussicht auf Erfolg". Im Fall EM.TV wagten dennoch Dutzende von Aktionären den Weg vor den Kadi – und scheiterten bislang alle.

Zumindest in diesem Punkt haben es die ComRoad-Geschädigten leichter als Betroffene in anderen Fällen. Die Kriminalpolizei fand gefälschte Rechnungen auf dem Computer der Schnabels, etwa auf der Festplatte „Inge" – so nannte sich Ingrid Schnabel selbst –, und das Ehepaar gestand, Unterlagen gefälscht zu haben, darunter Rechnungen und Saldenbestätigungen. Der erste Tag im Strafprozess gegen das Ehepaar Schnabel, der 14. November 2002, begann dennoch mit einer bemerkenswerten Konstellation: Ingrid Schnabel gestand die Beihilfe zu den

Taten, die ihr Mann trotz erdrückender Beweislage von sich wies. Schnabel räumte zwar ein: „Die in den Ad-hoc-Mitteilungen genannten Umsatzzahlen sind falsch." Frei erfunden seien sie jedoch keineswegs gewesen, ebenso wenig wie VT Electronics. Es habe sich um „vorgezogene Umsätze" gehandelt, die anvisiert, aber noch nicht realisiert worden waren. „Wenn mir klar gewesen wäre, dass man Umsätze nicht so melden kann, dann hätten wir stattdessen Aufträge gemeldet." Es sei nicht richtig gewesen, die nicht realisierten Erlöse später nicht wieder gutzuschreiben. Er habe sich aber voll auf seine Berater, KPMG, Andreas Löhr und Manfred Götz, verlassen.

Der Staatsanwalt hielt ihm sein Geständnis während einer Vernehmung im April vor: „Die Rechnungen habe ich selbst geschrieben. Sie sind natürlich nicht in den Auslauf gegangen", habe Schnabel damals gesagt. „Bereits 1998 flossen Umsätze mit VT Electronics ein, die nicht stattgefunden haben." Immer wieder zitierte der Staatsanwalt Schnabels Aussage: „Ich war und bin selbst erstaunt, wie lange das gut ging."

„Jetzt stellt sich das so dar, dass nur eine Person etwas gemacht und gewusst hat. So war das nicht", sagte Schnabel. Vielen Zeugen stellte er selbst Fragen und blieb eisern bei seiner ersten Version. Selbst dem Verteidiger seiner Frau war das auf Dauer zu viel: „Sie sind kurz davor, als Clown des Neuen Marktes in die Geschichte einzugehen." – „Der Neue Markt war insgesamt eine Clownveranstaltung", erwiderte Schnabel. „Aber Sie waren der Chefclown", sagte der Verteidiger.

Schnabel machte auch seinem Unmut über seine Behandlung Luft. Er beklagte sich, er sitze in einer „über 100 Jahre alten Zelle mit unzureichenden Sanitäreinrichtungen." Es habe im Vorfeld einen Deal gegeben. „Meine Anwälte haben versucht, die Anklage auf Kursbetrug zu begrenzen und zusätzlich eine hohe Zahlung an das Kinderhilfswerk angeboten", sagte er. Mit den Ermittlern habe man sich auf eine Freiheitsstrafe von drei Jahren geeinigt. Der zuständige Staatsanwalt habe das nach Rücksprache mit höherer Stelle bestätigt. Er fühle sich nun unfair behandelt, weil die Absprache von der Justiz nicht eingehalten werde. Der Richter bestätigte Gespräche im Vorfeld, nannte aber eine in Aussicht gestellte Haftstrafe von sieben Jahren.

Am dritten Verhandlungstag sah ich in der Mittagspause die Verteidiger Schnabels mit den Richtern im Erfrischungsraum des Gerichts sitzen und beraten. Eine Wende kündigte sich an. In der Tat wurde die Hauptverhandlung am Nachmittag unterbrochen. Staatsanwälte, Richter und Verteidiger verhandelten hinter verschlossenen Türen. Wenn sie für hektische Telefonate herauskamen, schwirrten Namen von Banken durch die Luft. Es ging um die Summe aus dem Schnabel-Vermögen, die im Falle eines Urteils an den Staat verfallen sollte. „Wir jonglieren mit Millionen" sagte einer der Verteidiger. Nach vier Stunden hatten sie sich geeinigt. „Die gegen mich in der Anklageschrift erhobenen Vorwürfe räume ich in objektiver und subjektiver Sicht ein", ließ Schnabel seinen Verteidiger verlesen. „Ich bereue mein Fehlverhalten."

„In diesem Fall steht es außer Frage, dass Kurse beeinflusst wurden. Bereits Andeutungen der wahren Lage hätten den Kurs auf sein jetziges Niveau einstürzen lassen", argumentierte der Staatsanwalt in seinem Plädoyer. Der Richter warf Schnabel vor: „Sie haben das Vertrauen in die Ehrlichkeit und das Funktionieren der Börse mit erschüttert." Das Landgericht München verurteilte Bodo Schnabel wegen Kursbetrugs (Paragraph 88 Börsengesetz, alte Fassung), Insiderhandels (Paragraph 14 Wertpapierhandelsgesetz) und Betrugs (Paragraph 263 Strafgesetzbuch) zu einer Freiheitsstrafe von sieben Jahren und seine Frau zu zwei Jahren auf Bewährung wegen „Beihilfe an der Grenze zur Mittäterschaft".

Bodo Schnabel musste außerdem eine Verzichtserklärung abgeben, mit der er Vermögenswerte von 18 Millionen Euro unwiderruflich an den Freistaat Bayern abtrat. Bei seiner Frau unterlagen 1,6 Millionen Euro und bei der Tochter eine halbe Million Euro dem Verfall. Aus ihrem Haus im Umland von Pfaffenhofen muss Ingrid Schnabel wohl ausziehen, auch die 200-Quadratmeter-Villa in Florida dürfte den Schnabels nicht bleiben. Etwas Geld blieb ihr: Ingrid Schnabel hatte ihren Kontostand auf um die zwei Millionen Euro beziffert.

„Eine Verurteilung in einem strafrechtlichen Verfahren kann der Türöffner für die Beweisführung von Schadensersatzansprüchen sein", sagen Aktionärsschützer. Die Chancen auf Schadensersatz waren damit noch nie so gut wie in diesem Fall. Das heißt allerdings nicht viel: Bei Aktionärsklagen in Fällen wie EM.TV waren es nicht nur mangelnde Beweise für Ungereimtheiten oder vorsätzliches Verhalten, an denen die Geschädigten scheiterten. Viele Klagen wurden abgewiesen, weil die Aktionäre nach Ansicht der Richter nicht überzeugend darlegten, dass sie die Wertpapiere wegen der falschen Meldungen gehandelt und dadurch einen Schaden erlitten hatten.

Haarklein haben Anleger zu schildern, wann sie von den falschen Meldungen erfuhren, woher sie den Inhalt kannten und wie das ihre Investmententscheidung beeinflusste. Wer die Information vom Unternehmen zugeschickt bekam, gleich mit Datum und Uhrzeit ausdruckte, Freunden erzählte, genau deswegen werde das Papier erworben und sie während des Kaufs beim Onlinebroker zuschauen ließ, hat noch relativ gute Karten. Wer die Mitteilung nur im Internet las, nicht aufbewahrte, sich ohne Zeugen im stillen Kämmerlein entschied und niemandem davon erzählte, kann nur hoffen, dass der Richter ihm glaubt. So brachten gegnerische Anwälte schon vor, ein Anleger habe die Ad-hoc-Mitteilungen, mit denen er seine Kaufentscheidung begründete, damals noch gar nicht gekannt – weil er sie erst kurz vor der Einreichung der Klage ausgedruckt hatte.

Der kausale Zusammenhang zwischen den falschen Mitteilungen und der Kaufentscheidung war auch beim ersten Zivilprozess im Fall ComRoad die zentrale Frage, der Ende September 2002 vor dem Landgericht München I begann. Die Beklagte Ingrid Schnabel saß schweigend und fast regungslos neben ihrem Anwalt, die blonden Haare hatte die hochgewachsene Frau zu einem Pferdeschwanz zusammengebunden.

Der Anleger habe die Wertpapiere im Februar 2000 auf Grund der positiven Ad-hoc-Mitteilungen erworben, sagte einer der Klägeranwälte. Das genügte dem Richter nicht. Er wollte genau wissen „welche Einzeltatsachen für den Kauf entscheidend waren und welche konkreten Vorstellungen" der Anleger damit verbunden habe. Dass die Ad-hoc-Mitteilungen an sich falsch waren, störte den Richter dagegen nicht sehr: „Wenn Herr S. statt 20 Millionen DM Umsatz nur 14 Millionen DM gelesen hätte, hätte er dann wirklich nicht gekauft?" Das hätte er wohl in der Tat nicht getan. 14 Millionen statt 20 Millionen Umsatz – aus Börsensicht wäre das ein himmelweiter Unterschied gewesen. Denn bei 14 Millionen DM hätte ComRoad die eigenen Planzahlen drastisch verfehlt, statt sie zu übertreffen. Das hätte nicht nur damals viele Anleger abgeschreckt. Dagegen lockte sie die Nachricht an, dass der Telematikanbieter sogar besser abgeschnitten hatte als erwartet. Erst nach dieser Meldung begann der wahrhaft kometenhafte Aufstieg der Aktie.

Dass die Kursentwicklung der Aktie etwas mit den falschen Meldungen zu tun hat und nicht nur mit der allgemeinen Marktlage, müssen die Geschädigten beweisen, denn sie haben darzulegen, wie ihnen ein Schaden entstanden ist. In der Verhandlung überlegte der Richter, „dass die Aktie später, trotz der falschen Ad-hoc-Mitteilungen, wie der Markt ziemlich eingebrochen ist. Die Aktie trug ein extremes Spekulationsrisiko." Es sei nicht zu rechtfertigen, dass der Kurssturz im Rahmen der allgemeinen Marktentwicklung zum Schaden hinzugezählt werde. Diesen Verlust müsse ein Anleger selbst tragen. Das verstand der Anlegeranwalt nicht: „Ich habe einen Schaden, wenn ich etwas kaufe, obwohl es nichts wert ist." Der Rechtsvertreter von Ingrid Schnabel hielt dagegen, der Anleger habe sehr wohl einen Gegenwert für sein Investment erhalten: „Eine Aktie ist so viel wert wie ihr Kurs." Logischerweise kann das aber nur gelten, wenn den Anlegern korrekte Informationen zur Verfügung stehen. Das war gerade nicht der Fall. Ein Geschädigter muss normalerweise so gestellt werden, als sei das schädigende Ereignis nicht eingetreten. Der Richter bedauerte, dass es zur Frage der Schadenshöhe noch keine Rechtsprechung gebe. Er legte dem Anleger zudem auf, nachzuweisen, was er statt seines Investments in ComRoad-Aktien mit dem Geld gemacht hätte: „Was hätte er gemacht mit dem Geld? Vielleicht in Infomatec-Aktien investiert? Dann wäre es jetzt auch weg."

Daneben sollten die Anlegeranwälte auch darstellen, was Ingrid Schnabel mit den falschen Ad-hocs und dem Schaden zu tun hatte. Einer von ihnen argumentierte: „Ein näheres Verhältnis als eine Ehe kann es nicht geben. Es ist weltfremd anzunehmen, dass sie nichts gewusst hat." – „Es gibt Ehen, da gibt es keine tieferen Gräben", konterte der Anwalt Ingrid Schnabels. Der Richter stellte fest: „Wenn Herr Schnabel falsche Infos in die Ad-hoc-Mitteilungen schreibt, braucht er dafür keine gefälschten Rechnungen." Für die Pflichtmitteilungen selbst nicht, wohl aber für die Wirtschaftsprüfer, die die Bücher etwa zur gleichen Zeit unter die Lupe nahmen. Ohne diese Dokumente hätten sie dem Spuk schnell ein Ende bereitet. Dennoch legte der Richter der klagenden Partei die schwierige Aufgabe auf, nachzuweisen, wann genau Ingrid Schnabel Rechnungen mitgefälscht hatte und welchen Einfluss das auf die falschen Ad-hoc-Mitteilungen gehabt haben solle.

Selbst wenn sich die Delikte lückenlos nachweisen lassen, müssen die Richter auch noch davon überzeugt werden, dass es überhaupt eine gesetzliche Grundlage für eine Klage gibt. Das deutsche Rechtssystem kennt bislang keinen direkten zivilrechtlichen Schadensersatzanspruch von Aktionären gegen Vorstände, Aufsichtsräte oder Großaktionäre bei Kursmanipulation, unrichtiger Darstellung und Insiderhandel. Vorstände und Aufsichtsräte haften zwar bis zu fünf Jahre lang für das, was sie angestellt haben – aber nur gegenüber dem Unternehmen. Nur wer mindestens zehn Prozent am Grundkapital besitzt, kann sie deswegen auch auf Schadensersatz verklagen.

Alle übrigen Anleger müssen dagegen in den meisten Fällen Paragraphen des Bürgerlichen Gesetzbuches (BGB) zur Hilfe nehmen, vor allem Paragraph 823 Absatz 2, eine Vorschrift, die Schadensersatz regelt, und Paragraph 826, der sich mit sittenwidriger, vorsätzlicher Schädigung beschäftigt. Das Problem: Paragraph 823 Absatz 2 greift nur, wenn ein anderes Gesetz verletzt wurde, das einen Geschädigten ausdrücklich schützt, also ein „Schutzgesetz" ist. Das aber ist bei vielen Paragraphen, die Anleger angehen, umstritten.

Die Anlegeranwälte im ersten ComRoad-Prozess hatten eine Vielzahl an Gesetzen herausgesucht, die nach ihrer Ansicht als Anspruchsgrundlage für Schadensersatz in Frage kamen. Mit den meisten davon war der Richter schnell fertig: Paragraph 15 Wertpapierhandelsgesetz, der falsche Pflichtmitteilungen verbietet, kam nach seiner Ansicht nicht als Schutzgesetz in Frage – erst die Änderungen im Sommer 2002 sahen Schadensersatz vor. Strittig sei das bei Paragraph 88 Börsengesetz, der Kursmanipulation regelt: „In der Literatur heißt es ganz überwiegend, dass es kein Schutzgesetz ist." Bei Paragraph 400 Aktiengesetz sei es noch nicht entschieden, ob es sich um ein Schutzgesetz handele oder nicht: „Wir neigen dazu, dass es kein Schutzgesetz ist."

Die „Stoffgleichheit" fehle für Betrug nach Paragraph 263 Strafgesetzbuch, argumentierte der Richter – der Anleger hatte nicht Aktien von Ingrid Schnabel, sondern von einem anonymen Börsenteilnehmer gekauft. Da in Ad-hoc-Mitteilungen nur Einzeltatsachen mitgeteilt würden, komme auch Kapitalanlagebetrug gemäß Paragraph 264 a Strafgesetzbuch nicht in Frage. Der sei höchstens für falsche Emissionsprospekte anwendbar. Nur eine sittenwidrige Schädigung nach Paragraph 826 des Bürgerlichen Gesetzbuches sei bei den falschen Ad-hoc-Mitteilungen denkbar. Die Anwälte müssten dafür aber noch viel mehr vortragen, als sie es bis dahin getan hatten, sagte er und vertagte die Verhandlung.

Nicht-Juristen und auch einigen Juristen leuchtet es kaum ein, warum Gesetze wie das Verbot des Kursbetrugs (Paragraph 88 Börsengesetz, alte Fassung) nur den Kapitalmarkt schützen sollen, nicht aber die Anleger. Geld setzt nicht „der Kapitalmarkt" ein, das tun die Investoren. Wenn sie vergrault werden, weil sie ihr Geld durch betrügerische Machenschaften verloren haben oder so etwas befürchten, sinkt die Liquidität. Je geringer aber das Handelsvolumen ist, desto schwerer ist es erfahrungsgemäß, ein faires Funktionieren des Kapitalmarktes sicherzustellen. Damit wird der Zweck der Gesetze konterkariert. Kapitalmarktschutz funktioniert logischerweise nicht ohne Anlegerschutz. Nach Ansicht des Anlegeranwalts Bernd Jochem von der Kanzlei Rotter Rechtsanwälte wäre zum Beispiel der Paragraph gegen Kursmanipulation gar nicht mit dem Recht der Europäischen Union vereinbar, wenn er nur den Kapitalmarkt, aber nicht die Anleger schützte.

Nur ein einziges Mal akzeptierte ein Gericht den Paragraphen 88 Börsengesetz aber bislang als Schutzgesetz. Ein Fleischermeister aus Dortmund hatte 1999 Aktien von Infomatec gekauft, weil das Augsburger Softwareunternehmen per Ad-hoc-Mitteilung den Eingang eines Großauftrags über 55 Millionen DM verkündet hatte. In Wirklichkeit waren es nur 14 Millionen DM. Er reichte Klage gegen die beiden Vorstände Gerhard Harlos und Alexander Häfele wegen vorsätzlich falscher Angaben auf Grund der Paragraphen 826 BGB und 823 Absatz 2 BGB in Verbindung mit Paragraph 88 Börsengesetz ein. In einem Gutachten kam der Augsburger Universitätsprofessor Thomas M. J. Möllers zum Schluss, dass Harlos und Häfele persönlich haften. Er argumentierte, dass die umstrittenen Mitteilungen analog zu anderen Fällen die von den Gerichten aufgestellten Voraussetzungen sowohl einer „bewusst unrichtigen Auskunft" als auch die einer „leichtfertigen Fehlinformation Dritter" erfüllten. Die 3. Zivilkammer des Landgerichts Augsburg sprach dem geschädigten Anleger nach umfangreicher Beweisaufnahme am 24. September 2001 Schadensersatz zu (Aktenzeichen 3 O 4995/00). Harlos und Häfele wurden verurteilt, 51 000 Euro gegen Abtretung der Aktien zu zahlen.

„Ein großer Durchbruch für die Aktionäre", sagte der Rechtsanwalt des Anlegers, Klaus Rotter. „Noch nie zuvor hat ein Aktionär in den 120 Jahren des Bestehens des Aktiengesetzes einen Schadensersatz bekommen." Die Gesetze, die das Verhältnis zwischen Unternehmen und Aktionären regeln, stammen in ihren Grundzügen aus dem neunzehnten Jahrhundert. Auch heute berufen sich Anwälte bei diesen Themenkomplexen auf Urteile des Reichsgerichts, auch wenn die Lage heute ganz anders ist, als sie damals war. Noch als das Parlament in den achtziger Jahren den Kursbetrug unter Strafe stellte, konnte es nichts von der kommenden Börseneuphorie und den vielen Schwindelfällen ahnen.

Die Lage hat sich seit damals grundlegend geändert, in anderen Bereichen passen die Gerichte ihre Rechtsprechung an neue Situationen an. Bei den Aktionären war das nicht der Fall. Ein Grund dafür mag sein, dass es den Richtern an speziellen Kenntnissen mangelt und sie sich daher gerne an der überlieferten Rechtsprechung festhalten. Es gibt keine speziellen Schwerpunktgerichte für solche Delikte. „Alle bisherigen Ordnungswidrigkeiten im Börsen- und Wertpapierhandelsgesetz sollen weiterhin von Amtsrichtern zwischen Falschparken und Ladendiebstahl abgehandelt werden", beklagte der hessische Wirtschaftsminister Dieter Posch im Februar 2002 in der „Börsenzeitung".

Das Infomatec-Urteil aus Augsburg zeigt aber, dass Richter durchaus Gestaltungsspielraum haben, um die bestehenden Gesetze zugunsten der Anleger auszulegen, wenn sie es gut begründen. Die Vorstände legten in diesem Fall allerdings Berufung ein, und das Oberlandesgericht München entschied am 1. Oktober 2002 gegen den Anleger. Die Richter sahen es zwar als erwiesen an, dass die fragliche Pflichtmitteilung falsch war und dass zumindest einer der Vorstände das wusste. Paragraph 88 Börsengesetz erachteten sie aber nicht als Schutzgesetz. Damit kippte der Schadensersatz für den Aktionär.

Der geschädigte Anleger reagierte verständnislos auf das Urteil, wie die „Süddeutsche Zeitung" berichtete: „Wenn das Urteil Bestand hat, kann ein Vorstand die Anleger vorsätzlich belügen, ohne dass das Konsequenzen hat. Das kann ich nicht verstehen." Sein Anwalt Klaus Rotter kündigte an, vor den Bundesgerichtshof zu ziehen. Erstmals wird diesem Gericht damit eine solche Rechtsfrage zur Entscheidung vorgelegt.

Eine Entscheidung des Bundesverfassungsgerichts vom 24. September 2002 (Aktenzeichen: 2 BvR 742/02) versetzte den Hoffnungen der Aktionäre allerdings einen herben Dämpfer: Das Landgericht Hildesheim hatte der Kanzlei Rotter Rechtsanwälte zur Vorbereitung von Aktionärsklagen gegen das Skandalunternehmen Metabox Einsicht in Ermittlungsakten der Staatsanwaltschaft gewährt, ein übliches Vorgehen in einem solchen Verfahren. Die Beschuldigten fühlten sich dadurch in ihren Grundrechten verletzt – und die Verfassungshüter gaben ihnen Recht.

Zum ersten Mal äußerten sich die Verfassungshüter damit zu Details einer Aktionärsklage. Sie bemängelten, dass die Hildesheimer Richter zur Begründung angeführt hätten, dass Schadensersatzansprüche der Anleger auf Grund der umstrittenen Paragraphen 88 Börsengesetz und 15 Wertpapierhandelsgesetz (alte Fassung) möglich seien. Das Bundesverfassungsgericht ließ dagegen erkennen, dass es diese Gesetze nicht als Schutzgesetz ansah. Wenn Richter das trotzdem täten, müssten sie das sehr gut begründen. Erfahrungsgemäß scheuen Richter unter solchen Umständen die Zeit und den Aufwand dafür. Damit dürften die beiden Paragraphen de facto kaum mehr als erfolgversprechende Grundlagen für Schadensersatz in Frage kommen.

In einem anderen Fall schmetterte das Landgericht München I im August 2001 die Schadensersatzklage eines Infomatec-Aktionärs sogar mit dem abenteuerlichen Hinweis ab, Ad-hoc-Mitteilungen richteten sich nicht an das breite Publikum, sondern nur an professionelle Händler.

Die Pflichtmitteilungen müssten nur „wesentliche Gesichtspunkte" eines Geschäfts enthalten. Die hatten gefehlt: Der gemeldete Großauftrag über 100 000 Geräte umfasste in Wirklichkeit nur 14 000 Stück mit einer Option auf mehr. Trotzdem fanden die Richter, es sei nicht belegt, dass Mitteilungen vorsätzlich missverständlich oder unrichtig waren. Auch einen Schaden vermochten sie bei dem Aktionär nicht zweifelsfrei zu entdecken, weil dafür der Kurs wegen vermeintlich falscher Mitteilungen überhöht gewesen sein müsste. Betrug liege nicht vor, weil der Aktienkauf des Anlegers nicht zu einem unmittelbaren Vermögensvorteil von Harlos und Häfele geführt habe.

Dieses Urteil löste nicht nur unter Börsianern ungläubiges Kopfschütteln aus (Aktenzeichen: 12 O 10157/01). „Wer spekuliert, ist selbst schuld", überschrieb die Süddeutsche Zeitung ihren Bericht treffend. Es besteht jedoch sehr wohl der Verdacht, dass Harlos und Häfele doch einen Vermögensvorteil hatten: Die Staatsanwaltschaft erhob Anklage wegen Kapitalanlage- und Kursbetrugs sowie Insiderhandel: Sie warf den beiden Vorständen und Firmengründern vor, den Infomatec-Kurs mit den Meldungen nach oben gepusht und dann jeweils Aktien im Wert von 15 Millionen Euro verkauft zu haben.

Verurteilungen wegen Insiderhandel sind selten. Schon während der Ermittlungen im Fall ComRoad sagte der zuständige Staatsanwalt, das Wertpapierhandelsgesetz sei so kompliziert. Auch im Insiderprozess gegen den Börsenjournalisten Sascha Opel beklagte der Richter das „schwammige" Gesetz. Die Paragraphen seien „wenig geglückt." Kommt es doch zu einer Verurteilung, sind die Strafen gering. Der ehemalige Hacker Kim Schmitz kaufte Anfang 2001 Aktien des Online-Händlers Letsbuyit.com und kündigte dann dessen Sanierung an. Den darauf folgenden Kurssprung nutzte er zum Verkauf seiner Papiere und verdiente damit mehr als 1,1 Millionen Euro. Da er diesen Betrag bereits wieder ausgegeben hatte, als sein Prozess begann, verurteilte ihn das Gericht im September 2002 lediglich zu einer Strafe von 100 000 Euro.

Ohne Zweifel hat ein Insider einen Vorteil, wenn er Wertpapiere auf Grund von Kenntnissen verkauft, die andere nicht haben. Logischerweise haben damit die Käufer einen Nachteil. Trotzdem haben Kleinanleger wenig Chancen auf Schadensersatz. Bodo Schnabel etwa verkaufte Aktien im Wert von 4,6 Millionen Euro über die Börse. Daneben gab er im August 2000 an die US-Bank Merrill Lynch 280 000 Aktien ab, im darauffolgenden Februar verkaufte er ihr weitere 270 000 Aktien. Bei der Kapitalerhöhung im November 2000 übernahmen Concord Effekten

587 500 Aktien für 27,6 Millionen Euro und die HypoVereinsbank 512 000 Aktien für 24,1 Millionen Euro.

Weder die betroffenen Kreditinstitute noch die Anleger hätten wohl zugegriffen, wenn sie darüber informiert gewesen wären, dass die Geschäftszahlen erfunden waren. Ihr Vermögen wurde gefährdet, weil die Aktien über das übliche Börsenkursrisiko hinaus mit einem Risiko behaftet waren, von dem nur der Verkäufer wusste, das die Käufer aber nicht kannten. Dennoch nahmen die Staatsanwälte nur die Banken als Betrogene im Strafprozess gegen die Schnabels auf, nicht aber Anleger. Kein einziges der drei Finanzhäuser sagte, es habe einen realen Schaden erlitten – im Gegensatz zu den Aktionären. Bodo Schnabel wunderte sich, wie er die Banken betrogen haben soll: „Die Anklage Betrug ist frei erfunden." Die Banken hätten die Aktien doch gleich mit Gewinn weitergegeben.

Für Concord Effekten und die HypoVereinsbank bestand nur ein Risiko, als sie die Aktien während der Kapitalerhöhung schon bezahlt, das Geld dafür aber noch nicht von den Kunden bekommen hatten. Das waren nur wenige Tage. Concord Effekten hatte dabei immerhin Glück: Wäre der Skandal genau in dieser Phase aufgeflogen, wäre sie nach Angaben von Kennern der Situation wohl in eine Schieflage gerutscht.

Merrill Lynch gab die „Vermögensgefährdung" durch die ComRoad-Aktien – ohne es zu ahnen – zumindest zum Teil an ihre Kunden weiter. Sie packte sie zusammen mit anderen Wertpapieren in Zertifikate, also Investmentpapiere, deren Wertentwicklung dem Kursverlauf eines Börsenindex oder eines Korbs folgt, der aus verschiedenen Aktien zusammengestellt wird. Für eines wählte sie zwanzig Werte des Neuen Marktes aus. Beim anderen fasste sie sechzehn Werte aus der Logistikbranche weltweit zusammen. „Ich musste fünf Prozent Rabatt auf den Aktienkurs geben und die Hälfte des Kaufpreises in die beiden Zertifikate investieren", berichtete Schnabel. Schnabel bekam 11,1 Millionen Euro sowie Zertifikate im Wert von weiteren 11,1 Millionen Euro. Merrill erwarb die Papiere in mehreren Tranchen, wobei der Preis in der Regel unter dem Tagestiefstkurs der Aktie lag. In den Zertifikaten setzte die Bank nach eigenen Angaben den Börsenkurs an. Allein durch diese Differenz dürfte sie einen Gewinn gemacht haben.

Es heißt, Merrill-Lynch-Banker seien bei vielen Großaktionären kleiner Unternehmen vorstellig geworden. Der Merrill-Lynch-Mitarbeiter, der im Strafprozess als Zeuge auftrat, beschrieb seine Aufgabe damit, Erstkontakt zu Aktionären von Unternehmen aufzunehmen. Im Informationsmaterial der Bank wird sogar darauf hingewiesen, dass solche

Transaktionen in Konflikt mit den Interessen der Anleger kommen könnten.

Den Anlegern erging es weniger gut als der Bank: In beiden Zertifikaten war die Skandal-Aktie noch im November 2002 enthalten. Das war kein Wunder beim Neuer-Markt-Zertifikat, denn dessen Zusammensetzung war fest vorgegeben. Beim Logistikzertifikat war es dagegen vier Mal im Jahr möglich, Aktien auszuwechseln, die nur noch ein geringes Gewicht in dem Korb hatten. Merrill verlangte für die Überprüfung eine Gebühr von 0,75 Prozent pro Jahr. In den sieben Jahren Laufzeit musste der Aktienkorb um gute sieben Prozent an Wert gewinnen, nur um diese Gebühr wettzumachen.

Die Bank kassierte das Geld, bewahrte die Anleger aber nicht vor vermeidbaren Verlusten. Den Wertverfall mussten die Zertifikateinhaber bis zum bitteren Ende mitmachen, auch als der Skandal längst ans Licht gekommen war. Selbst nach Widerruf der Börsenzulassung entfernte die Bank die ComRoad-Aktie nicht. Wird ein Wertpapier nicht mehr gehandelt, ist das eine „Marktstörung". In einem solchen Fall wird laut Emissionsprospekt für die Zertifikate ein Wert „in billigem Ermessen" dafür angesetzt – was immer das heißen soll. Da Merrill keine Austauschpflicht hat, dürfte es nicht möglich sein, mit Erfolg einen Schaden bei dem Finanzhaus geltend zu machen.

Das Vermögen der Anleger wurde sowohl im Fall der Zertifikate wie auch bei den Aktien mindestens in gleichem Maße gefährdet wie das der Banken. Einen reellen Schaden hatten aber nicht die Finanzhäuser. Den hatten diejenigen, die die Aktie oder die Zertifikate gekauft hatten. Für die Staatsanwaltschaft war es dennoch viel einfacher, die Schnabels wegen der Geschichte mit den Banken anzuklagen als wegen der geprellten Anleger. Das liegt an den Gesetzen. Die Kreditinstitute konnten einen direkten Kontakt zum Verkäufer nachweisen. Hätten sie tatsächlich Verluste erlitten, hätten sie vor Gericht viel bessere Karten auf Ersatz gehabt als die Investoren. An der Börse weiß dagegen kein Kleinanleger, ob er gerade Papiere von Bodo Schnabel erworben hat oder nicht. Nach Ansicht von Juristen führen Insidergeschäfte daher nur in Ausnahmefällen zu unmittelbaren Nachteilen für Anleger. Sie haben damit keine Handhabe gegen die Täter. Anklage erhob der Staatsanwalt nur wegen Insiderhandel, Kursbetrug und Betrug. Die entsprechenden Paragraphen taugen nicht oder nur sehr wenig für Aktionärsklagen. Günstigere Gesetze wie unrichtige Darstellung der Unternehmensverhältnisse waren nicht dabei, kein Aktionär tauchte unter den Geschädigten auf.

Das ist schade, denn das hätte den Anlegern wohl bei ihren Zivilklagen geholfen.

Auch wer dem Inhalt falscher Pflichtmitteilungen glaubte, hatte bislang schlechte Karten. Diese Art der Bekanntmachung wurde eingeführt, um sicherzustellen, dass alle Anleger möglichst zeitgleich über wichtige und kursrelevante Ereignisse informiert wurden. Nicht nur Infomatec und ComRoad köderten die Anleger mit solchen Mitteilungen. Auch Metabox aus Hildesheim zog die Aufmerksamkeit der Staatsanwaltschaft auf sich, weil das Unternehmen einen Millionenauftrag über Settop-Boxen zum Internet-Empfang im Fernseher mit einem Partner aus Dänemark abgeschlossen haben wollte, der nach Recherchen von Journalisten zu diesem Zeitpunkt noch gar nicht ins Handelsregister eingetragen war.

„Die Lancierung falscher Meldungen am Markt ist durchaus vergleichbar mit Geldfälschung", sagt der Anlegeranwalt Rotter. „Wenn man aber nicht einmal mehr den Meldungen des Unternehmens vertrauen kann, dann kann man sein Geld auch gleich im Spielcasino anlegen. Dort wird man wenigstens fair behandelt", lästerte die Schutzgemeinschaft der Kleinaktionäre. Dennoch schloss der Paragraph 15 des Wertpapierhandelsgesetzes, der ihre Veröffentlichung regelt, früher einen Schadensersatzanspruch nach diesem Gesetz sogar ausdrücklich aus. Seit Juli 2002 gibt es für solche Fälle immerhin eine Schadensersatzgrundlage. Dabei gilt Beweislastumkehr: Die Anleger müssen zwar nach wie vor den Fehler beweisen. Das Unternehmen muss dann aber darlegen, dass es nicht grob fahrlässig oder vorsätzlich gehandelt hat.

Bislang gab es diese für die Anleger günstige Regelung nur bei der Prospekthaftung. Die Verantwortlichen, das Unternehmen und die Banken, die es an die Börse bringen, stehen demnach für unrichtige oder unvollständige Angaben im Emissionsprospekt gerade. Sie müssen nachweisen, dass sie den Fehler nicht kannten und dass ihre Unkenntnis nicht auf grober Fahrlässigkeit beruhte. Bei ComRoad sind das neben dem Unternehmen die beiden Banken Concord Effekten und Hauck & Aufhäuser. Als Kläger kamen Anleger in Frage, die ihre Aktien bis zu einem halben Jahr nach dem Börsengang, also bis 26. Mai 2000, erworben hatten und vor Eintritt der Verjährung im November 2002 klagten.

Ein gewöhnlicher Tippfehler reicht natürlich nicht für eine Klage. Eine wesentliche Angabe muss unrichtig oder unvollständig sein. „Wesentlich" sind Informationen, auf die Anleger bei ihren Investitionsentscheidungen gewöhnlich achten. Was darunter fällt, ist nicht eindeutig. Mitte Februar 2000 verkaufte zum Beispiel der Vorstandschef von

EM.TV, Thomas Haffa, 200 000 Aktien für rund 40 Millionen DM, obwohl die in einem Unternehmensbericht ausgewiesene Haltefrist noch nicht abgelaufen war. Es ist aber umstritten, ob die Haltefrist eine wesentliche Angabe ist.

Auch ein Fehler ist nicht immer eindeutig nachzuweisen, etwa wenn komplizierte Bewertungsfragen zu klären sind. Die Deutsche Telekom soll zum Beispiel in den Verkaufsprospekten zu den Aktienemissionen in den Jahren 1999 und 2000 den Wert ihrer Immobilien wissentlich um mehrere Milliarden Euro zu hoch ausgewiesen haben. Dem Chef der Immobilientochter DeTeImmobilien fiel auf, dass Buch- und Marktwert zum Teil weit auseinander klafften. Im September 1998 schrieb er an den damaligen Aufsichtsratsvorsitzenden Helmut Sihler und den Vorstandschef Ron Sommer, er sei entsetzt, dass die flächendeckende Falschbewertung des Immobilieneigentums ohne Korrektur in die Konzernzwischenabschlüsse der Telekom und damit auch in den Börsenprospekt übernommen worden sei, obwohl der damalige Finanzvorstand über hinreichende Kenntnis von den maßgeblichen Tatsachen verfügt habe. Der DeTeImmobilien-Chef wurde kurz darauf fristlos entlassen.

Die Staatsanwaltschaft ermittelte gegen Sommer und weitere Führungskräfte wegen Bilanzfälschung und Kapitalanlagebetrugs. Beim Ansatz von Immobilien gewährt das Bilanzrecht allerdings weite Spielräume. Wenn ihr Verkauf geplant ist, ist der Verkehrswert wichtig. Ist das aber nicht geplant, muss das Unternehmen den Wert nicht sofort nach unten korrigieren, wenn eine Diskrepanz zwischen Markt- und Buchwert offenbar wird. Anleger mussten daher vor ihrer Klage komplizierte Fragen klären. Dafür hatten sie früher nach Bekanntwerden des Fehlers im Prospekt, nur ein halbes Jahr Zeit. (Mittlerweile beträgt die Frist ein Jahr.) Sollten die Geschädigten Erfolg haben, wird es für die Beklagten teuer: Den Anlegern steht dann die Differenz zwischen Emissionskurs und Verkaufskurs beziehungsweise derzeitigem Kurs zu. Bei der Telekom wird der Schaden auf mehrere Milliarden Euro geschätzt.

Im Vergleich zu diesem Fall haben es die Geschädigten bei ComRoad leicht. Die ausgewiesenen Umsätze und Gewinne zählen ohne Zweifel zu den wesentlichen Angaben im Prospekt und es ist offensichtlich, dass sie falsch waren. Im Emissionsprospekt von ComRoad sind die Umsatzzahlen für das Jahr 1998 und die ersten zehn Monate des Jahres 1999 abgedruckt. „Zum 31.10.1999 belief sich der fakturierte Umsatz auf 13,1 Mio. DM", hieß es darin zum Beispiel – so viel Erlöse erzielte das Unternehmen aber im gesamten Jahr 1999 nicht. Die Sonderprüfer von Rödl

& Partner stellten außerdem fest, dass im Jahr 1998 über das Phantasieunternehmen VT Electronics 2,9 Millionen DM oder 63 Prozent der Umsätze abgewickelt wurden. Zweifelhaft sind auch die Erlöse, die offenbar dem echten Partner Wackenhut angedichtet wurden (siehe Kapitel „Ein Zwerg hat gigantische Visionen").

ComRoad kann sich schlecht herausreden, nichts davon gewusst zu haben, wenn der Vorstandschef und eine Aufsichtsrätin verurteilt wurden, weil sie Geschäftsvorfälle vorgetäuscht hatten. Bei den Emissionsbanken ist die Lage trotz mehrerer Warnungen nicht so klar. Concord Effekten war im Vorfeld des Börsengangs über die Umstände der gescheiterten vorbörslichen Kapitalerhöhung informiert worden. Ich hatte später mehrmals erfolglos versucht, die aus meiner Sicht offensichtlich fehlende Börsenreife und Ungereimtheiten beim Ausweis der Umsätze sowie Fehler im Prospekt anzusprechen.

Die Bank sah sich nach Bekanntwerden des Skandals „arglistig getäuscht" und prüfte nach eigenen Angaben selbst rechtliche Schritte gegen ComRoad: „Grundlage der Börseneinführung war eine sorgfältige Due-Diligence-Prüfung, sowohl aus ökonomischer als auch aus rechtlicher Sicht. Bei dieser sehr sorgfältigen Prüfung durch externe Prüfer haben sich keinerlei Anzeichen für vorgetäuschte Umsätze oder ähnliche Unregelmäßigkeiten ergeben. Auch gab es keinen Anlass, an den Prüfungsberichten der externen Prüfer zu zweifeln." Sie teilte außerdem mit: „Wir haben sogar mehr gemacht als vom Gesetzgeber verlangt." Was das genau gewesen sein soll, sagte die Bank aber nicht.

Ähnlich argumentierten Hauck & Aufhäuser sowie die HypoVereinsbank, die an der Kapitalerhöhung im November 2000 beteiligt war und dafür im Vorfeld ebenfalls Due Diligence-Prüfungen durchführen ließ. Während des Strafprozesses gegen die Schnabels schilderte ein Mitarbeiter der HypoVereinsbank, wie das ablief. Die externen Prüfer hätten darauf hingewiesen, es sei nicht untersucht worden, ob die Verträge mit Partnern tatsächlich abgeschlossen worden seien. Das habe ein Bankmitarbeiter übernommen. Er habe sich die Verträge stichprobenartig vorlegen lassen und geprüft, ob sie ein Datum trugen, unterschrieben waren und so fort. „Beschränkt sich die Überprüfung auf die Papierlage?", fragte der Richter. „Ja", antwortete der Mann, „aber mit fundiertem Wissen über den Markt."

Man habe die angegebenen Wachstumsraten für nachvollziehbar gehalten, erklärte der Banker weiter. Der Großlieferant VT Electronics sei weder den Due Diligence-Prüfern noch dem Kollegen, der die Verträge geprüft habe, aufgefallen. Produktion und Abwicklung seien der Bank auch nicht wichtig erschienen. „Uns haben die Kunden interessiert", sagte er. Eine Wirtschaftsprüfungsgesellschaft habe eine Bescheinigung für den Zwischenabschluss von ComRoad zum 30. Juni 2000 ausgestellt. „Denen ist auch nichts aufgefallen. Die haben sich natürlich auf die KPMG verlassen."

Auch bei Due Diligence-Prüfungen vor dem Börsengang verließen sich die Prüfer auf die Papierlage und auf Gespräche mit den Unternehmensverantwortlichen, das jedenfalls geht aus den Listen hervor, die die Prüfer nannten. Eine Münchener Wirtschaftsprüfungsgesellschaft arbeitete gerade mal vier Tage an einem Bericht zu den Zahlen des Unternehmens und kamen zu dem Schluss, die Annahmen für die Erlöse in den Jahren 1999 und 2000 seien „konservativ". Die zur KPMG gehörende Bayerische Treuhand wiederum stellte ausdrücklich klar, dass es nicht Teil des Auftrags gewesen sei, die Realisierbarkeit der geplanten Umsätze zu beurteilen. Nach ihren Informationen sei dafür eine gesonderte „Commercial Due Diligence" erstellt worden. Die ist aber heute anscheinend nicht mehr auffindbar.

Die Juristen der Kanzlei CMS zählten dagegen auf den 29 Seiten ihres Berichts bündelweise rechtliche Probleme auf. Bei Hauptversammlungen, Berufung und Abbestellung von Vorständen und Aufsichtsräten, Verträgen, Aktienübertragungen, überall gab es nach Ansicht von CMS formelle Fehler, zum Teil von gravierender Natur. Eine abschließende Beurteilung, ob ein Börsengang der Gesellschaft in der damaligen, gesellschaftsrechtlichen Struktur realistisch erscheine, sei noch verfrüht, schrieben sie. Sie wollten sich also noch nicht einmal festlegen, ob überhaupt an einen Sprung aufs Parkett zu denken war – das war im Juli 1999. Nicht einmal ein halbes Jahr später notierte die Aktie am Neuen Markt.

Die Emissionsbanken dürften dennoch mit dem Hinweis auf die Untersuchungen der externen Prüfer davonkommen. Richtig scharf ist das Schwert der Prospekthaftung gegenüber den Emissionsbanken damit nicht: Sie können sich auf externe Prüfer berufen, die wiederum keine Prospektverantwortlichen sind und damit von den Anlegern nicht belangt werden können. Wenn man den Gedanken ins Extrem treibt, wäre es theoretisch vorstellbar, dass eine Emissionsbank, die die Schwächen ihres Börsenkandidaten kennt, die externen Prüfer so geschickt auswählt und den Prüfungsauftrag so raffiniert stellt, dass die Probleme nicht in den Berichten auftauchen. Kämen die Schwachpunkte ans Licht, solange die Prospekthaftung noch nicht verjährt ist, könnte sich die Bank mit Hinweis auf die externen Berichte herausreden. Welcher Anleger könnte einer Emissionsbank nachweisen, dass sie so unfair gehandelt hat? Das Anreizsystem würde besser funktionieren, wenn die Emissionsbanken in jedem Fall gegenüber den Anlegern für falsche Prospekte hafteten und sich das Geld wiederum von den Unternehmen oder den externen Prüfern zurückholten, wenn sie wirklich von dem Mangel nichts wissen konnten.

Wegen der Schwere des Falls halten es Anwälte zwar für möglich, dass erstmals in Deutschland die Wirtschaftsprüfer gegenüber Aktionären haften. Die Anwältin Daniela Bergdolt erhob Prospekthaftungsklage gegen die Wirtschaftsprüfungsgesellschaft. Damit betrat sie juristisches Neuland, denn die Prüfer gelten gewöhnlich nicht als Verantwortliche für den Emissionsprospekt, der beim Börsengang eines Unternehmens veröffentlicht wird. Juristen blicken daher gespannt auf den Ausgang des Verfahrens, räumen ihm aber keine großen Erfolgschancen ein.

In den USA kämen die Banken und die Prüfer in einem solchen Fall nicht ganz so leicht davon. Dort müssen vergangene Jahresabschlüsse vor dem Börsengang noch einmal geprüft werden, die Wirtschaftsprüfer sind den Anlegern gegenüber verantwortlich. Außerdem führen sie weitere unterjährige Untersuchungen für den Zeitraum bis zum Börsengang durch. Das wäre gerade im Fall ComRoad angebracht gewesen. Das Unternehmen ging erst Ende November 1999 an die Börse, der letzte testierte Abschluss lag damit lange zurück.

Die Anleger haben es in den USA viel leichter. Geschädigte Aktionäre erhielten bereits Schadensersatz in einem Volumen von insgesamt mehreren Milliarden Dollar. Allein gegen die Wirtschaftsprüfungsgesellschaft Arthur Andersen reichten Unternehmen und Investoren in den vergangenen fünf Jahren 146 Klagen ein. Arthur Andersen zahlte fast 400 Millionen Dollar, um Klagen wegen Versagens bei der Prüfung abzuwenden.

Umfangreiche Rechte zur Informationsgewinnung und Beweissicherung, die Möglichkeit kostengünstiger Sammelklagen, die Umkehr der Beweislast zugunsten der Anleger und Entscheidungen auf Grund von Wahrscheinlichkeiten bei Fragen, wie bestimmte Umstände zusammenhängen, eröffneten „dem Anleger im angloamerikanischen Rechtskreis den Rechtsweg wirtschaftlich und wirksam", schreibt der ehemalige Staatsanwalt Klaus-Dieter Benner, der nun als Staatskommissar für die hessische Börsenaufsichtsbehörde in Frankfurt arbeitet. In Deutschland scheine es dagegen, als sei „gutgläubigen Käufern von Aktien der Rechtsweg verschlossen, wenn sie durch kriminelles Handeln Verantwortlicher Investitionen getätigt hatten und das von ihnen investierte Vermögen nunmehr anderen, oft den Angeklagten gehört". Wegen der geringen Chancen vor Gericht und dem verhältnismäßig hohen Kostenrisiko, das die Anleger tragen, lohnt sich eine Klage für viele Geschädigte selbst bei offensichtlichem Fehlverhalten der Unternehmen nicht.

Viele Investoren versuchen daher, in den USA Klage einzureichen, wenn das irgendwie möglich ist. Der Softwareanbieter Intershop etwa, ein ehemaliger Börsenliebling, hatte zeitweise seinen Sitz in den USA. Daher wurde dort eine Sammelklage zugelassen. Anleger werfen den Vorständen vor, seit Mai 2000 die Lage falsch dargestellt zu haben. Die Hamburger Staatsanwaltschaft ermittelt gegen zwei Vorstände wegen Kursmanipulation. Beim US-Medienunternehmen Team Communications, das zeitweise am Neuen Markt in Deutschland notierte und fehlerhafte Buchungen zugeben musste, erreichten die Kanzlei Rotter Rechtsanwälte und ihre amerikanischen Kollegen Shalov Stone & Bonner im April 2002 einen Vergleich über 12,5 Millionen Dollar vor einem US-Gericht.

Es ist aber zweierlei, einen Titel zu erlangen und das Geld wirklich zu bekommen. Im Fall ComRoad könnte es passieren, dass (Ex-)Aktionäre zwar vor Gericht Erfolg haben, aber kein Geld mehr da ist, um die Zahlungen zu leisten. Aus Anlegersicht hat das Urteil gegen Bodo und Ingrid Schnabel nämlich einen Pferdefuß: Der Richter ordnete an, dass gut 20 Millionen Euro aus dem Vermögen der Familie Schnabel dem Staat übereignet werden. Ein solcher Verfall ist nur möglich, wenn es keine Geschädigten gibt – und die drei Banken, die als Betrogene im Prozess auftauchten, hatten keine Verluste erlitten. „Wir haben keine greifbaren Geschädigten. Der Schaden hat sich verflüchtigt", sagte der Richter. „Wo er heute ist, kann man nicht feststellen."

Wer einen Schaden habe, könne sich an ComRoad halten, führte er weiter aus. Der Gesellschaft sei es wiederum möglich, die Schnabels in Anspruch nehmen. „Durch dieses Vorgehen ist gesichert, dass Ansprüche trotz bestehenden Verfalls noch befriedigt werden können und ebenso dem Täter nicht die Früchte der Straftaten erhalten bleiben", sagte der Richter. Das klingt gut, hat aber einen Haken: Nur das Vermögen, das sich ComRoad erstrangig, also vor dem Staatsanwalt, gesichert hat, fällt darunter. Die Firma erwirkte zwar Arrestbeschlüsse über 8,1 Millionen Euro bei Bodo Schnabel und zwölf Millionen Euro bei Ingrid Schnabel. Auf diese Summe hätte die Gesellschaft zugreifen dürfen. Tatsächlich waren aber weniger als eine Million Euro bei Bodo und knapp zwei Millionen Euro bei seiner Frau erstrangig gesichert. Nur dieser Teil steht für Schadensersatzzahlungen zur Verfügung – neben dem Geld der ComRoad AG, die im November etwa 20 Millionen Euro hatte. Insgesamt waren das im November 2002 damit etwa 23 Millionen Euro. Dem standen Klagen über 4,2 Millionen Euro gegenüber, die zu diesem Zeitpunkt bereits anhängig oder angedroht waren.

Die Mittel von ComRoad nahmen aber schnell ab: Von Februar bis November 2002 hatte die Gesellschaft etwa zehn Millionen Euro verbrannt. Sie machte keine Umsätze und keine Gewinne und lebte nach eigenen Angaben von ihrem übriggebliebenen Kapital und den Zinsen darauf. Schon für das Jahr 2001 wies das Unternehmen bei einem Umsatz von mageren 1,3 Millionen Euro einen Verlust von 26 Millionen Euro aus. Geht das Geld zur Neige, bevor Anleger vor Gericht Erfolg haben, und ist die gesicherte Summe der Schnabels aufgebraucht, würde der Staat die Millionen behalten, die Anleger aber gingen leer aus.

Geschädigte können zwar auch über Paragraph 439 Strafprozessordnung im Nachverfahren Ansprüche auf das Vermögen anmelden, das dem Staat verfallen ist. Nach dem Urteil hatten sie dafür nur einen Monat Zeit, also bis 21. Dezember. Selbst viele Juristen wussten aber nicht genau, ob und wie das funktionierte. Der Staatsanwalt gab den Anlegern daher wenig Erfolgschancen bei diesem Verfahren und auch bei den Aktionärsklagen. Einige Richter sahen das allerdings anders.

Bis Anlegern in Deutschland rechtskräftig Schadensersatz zugesprochen wird, dürfte so manches Unternehmen nicht mehr zahlungsfähig sein – und vielleicht nicht einmal mehr jede Emissionsbank. Über Concord Effekten berichtete der „Platow Brief" zum Beispiel: „Ob eine Versicherung für Prospekthaftung besteht, kann Schaper [der Chef der Bank, Anmerkung d. A.] nicht sagen. Sollte es zu einem Haftungsfall kommen, könnte ein fehlender Versicherungsschutz die Existenz der angeschlagenen Investmentbank gefährden."

Concord Effekten hatte sich bereits vor dem Börsengang an ComRoad beteiligt und musste das Unternehmen damit eigentlich gut kennen. Selbst wenn der Bank nicht auffiel, dass es VT Electronics nicht gab, so mussten ihr eigentlich die bemerkenswerten Geschäfte mit dem Partner Wackenhut bekannt sein. Sie sieht dennoch keine Versäumnisse bei sich: „Eine echte Handhabe für Emissionshäuser gegen kriminelle Energie von Einzelpersonen gibt es nicht, so dass nach Auffassung des Vorstands der Concord Effekten AG die derzeitige Diskussion nach effektiveren (gesetzlichen) Regelungen intensiviert werden muss."

Auch viele Juristen argumentieren, der Gesetzgeber sei gefordert, wenn er die Situation ändern wolle. Als das Oberlandesgericht München das einzige Schadensersatzurteil, das es bis dahin gab, kippte, schrieben die Richter unter anderem, es sei nicht Aufgabe des Richterkollegiums zu prüfen, ob ein besserer Anlegerschutz wünschenswert sei. Ähnlich sahen das die Bundesverfassungsrichter. Den Richtern sei es verwehrt, die Vorgaben des Gesetzgebers zu korrigieren, auch wenn der Schutz lückenhaft erscheine: „Auch die Entscheidung, ob er eine Regelungslücke bestehen lassen oder schließen will, hat der Gesetzgeber zu treffen."

Ferdinand Unzicker, der Bodo Schnabel als Rechtsanwalt der Kanzlei Kaufmann, Lutz, Stück, Abel, von Lojewski vertritt, sagt zu Recht: „Die Gesetzeslage hat sich im Kapitalmarktrecht in den letzten Jahren häufig geändert. Man kann daher nicht davon ausgehen, dass die jeweilige Rechtslage nicht mit dem gesetzgeberischen Willen übereinstimmt." Als im Sommer 2002 ein wichtiges Gesetzespaket für den Finanzmarkt in Kraft trat, rangen sich die Parlamentarier aber wieder nicht zu entscheidenden Verbesserungen für die Kleinanleger durch. Andere Gruppen fanden mehr Gehör.

Schafe im Wolfspelz

Als die fristlose Mandatskündigung der Wirtschaftsprüfer bei ComRoad am 20. Februar 2002 bekannt wurde, berieten Experten in Berlin gerade über die Stärkung des Anlegerschutzes in Deutschland. Das war jedenfalls ein Hauptziel des Vierten Finanzmarktförderungsgesetzes, dessen Entwurf an diesem Tag bei einer Öffentlichen Anhörung zur Debatte stand. Die ersten drei Stuhlreihen im Veranstaltungssaal waren für Sachverständige, Vertreter von Behörden, Börsen, börsenbezogenen Bundes- und Unternehmensverbänden und vor allem für Repräsentanten der Banken vorgesehen. Den Kreditinstituten wies die Sitzordnung ein Fünftel der 77 vergebenen Plätze zu, sie bildeten damit die mit Abstand größte Gruppe. Hinter diesem Block erst sah der Plan jeweils zwei Stühle für Verbraucherschützer und Aktionärsschutzvereinigungen vor.

Nicht nur die Sitzverteilung ließ Zweifel aufkommen, ob mit „Anlegerschutz" der Schutz der Anleger oder vielmehr der Schutz vor den Anlegern gemeint war. Das neue Gesetz, das im Sommer 2002 in Kraft trat, enthält zwar einige Verbesserungen, vor allem eine Anspruchsgrundlage für Schadensersatz bei der Veröffentlichung falscher Pflichtmitteilungen (siehe Kapitel „Wichtige Gesetze und was sie bedeuten, Seite 225 ff.). Sie gilt aber nur gegenüber dem Unternehmen. Da die Aktionäre die Eigentümer sind, erhalten sie etwaige Zahlungen im Prinzip aus ihrem eigenen Vermögen. Falls es dort nichts mehr zu holen gibt, hilft diese Vorschrift den Anlegern nichts.

Juristen warnten dennoch vor einem angeblichen „Horrorszenario" für Vorstände und Aufsichtsräte und wiesen auf die „unglaubliche Gefahr" und die „enormen Haftungsrisiken" hin, die von den neuen Finanzmarktgesetzen sowie dem Corporate-Governance-Kodex ausgingen, einem freiwilligen Kodex, der gute Unternehmensführung und –kontrolle fördern soll. Gegen Vorstände und Aufsichtsräte haben die Anleger aber weiterhin gar keine direkte Handhabe. „Deutschland ist eines der wenigen Länder in Europa, das nicht über eine individuelle Schadensersatzgrundlage für Aktionäre verfügt", moniert Klaus Nieding von der Deutschen Schutzvereinigung für Wertpapierbesitz (DSW) seit langem.

Nur Tage nach In-Kraft-Treten des neuen Gesetzes räumte auch eine Vertreterin der Bundesanstalt für Finanzdienstleistungsaufsicht (BAFin) im Juli 2002 ein, dass das neue Gesetz Schwachstellen hatte. Es schrieb nun zum Beispiel vor, dass Unternehmen nur noch „übliche Kennzahlen" in Ad-hoc-Mitteilungen verwenden durften. Selbst die Leiterin des zuständigen Referats bei der BAFin, Leoni Grimme, konnte die Frage nicht eindeutig beantworten, was eigentlich darunter zu verstehen ist.

Klaus-Dieter Benner von der hessischen Börsenaufsichtsbehörde beklagte die „Tendenz des Vierten Finanzmarktförderungsgesetzes, in Zweifelsfällen den Investoren jegliche Unterstützung durch die Aufsichtsbehörden zu verweigern". Davon betroffen sind die Zulassungsstelle der Börse, die Handelsüberwachungsstelle und der Sanktionsausschuss, der bei Verdacht auf Fehlverhalten von professionellen Marktteilnehmern an der Börse tätig wird. Selbst wenn sie Kenntnisse von schädigenden Sachverhalten haben, dürfen sie diese Zivilgerichten nicht zur Verfügung stellen.

Anleger haben wiederum kaum eine Handhabe, wenn sie eine Entscheidung zweifelhaft finden. Am 9. September 2002 widerrief die Zulassungsstelle zum Beispiel die Börsenzulassung von ComRoad. Erstmals entschloss sie sich damit, ein Unternehmen völlig vom Kurszettel zu streichen. Knapp zwei Wochen später, am 20. September, sollte der letzte Handelstag für die Aktie sein. Papiere, die man nur außerbörslich kaufen und verkaufen kann, sind für Kleinanleger mit erheblichen Problemen verbunden. Wegen des geringen Handelsvolumens bei der Aktie ließen sich große Bestände bis zum Stichtag nur schwer veräußern, den Investoren drohte damit ein Nachteil. „Könnte ein Privatanleger gegen diese Entscheidung vorgehen?", fragte ich die Deutsche Börse. „Nein", antwortete eine Sprecherin. Die neue Vorschrift habe daran aber gar nichts geändert: „Das war früher auch schon so. Der einzige Unterschied ist, dass es jetzt ausdrücklich im Gesetz steht."

Bei dem, was in das Gesetz aufgenommen wurde, hatte die Deutsche Börse selbst Einfluss genommen. Die Zeitung „Tagesspiegel" fand im September 2002 heraus, dass ein Mitarbeiter aus der Rechtsabteilung der Deutschen Börse für zwei Jahre im Finanzministerium arbeiten und in dieser Zeit weiter von der Deutschen Börse bezahlt werden sollte – in einem Referat, in dem unter anderem börsenrelevante Gesetzesvorhaben bearbeitet werden. „Na und", sagte ein Kenner der Institutionen zu mir, als ich mich darüber wunderte. „Damit ist die Verbindung wenigstens offengelegt. Das Vierte Finanzmarktförderungsgesetz ist doch ohnehin de facto von der Rechtsabteilung der Deutschen Börse geschrieben worden."

In vielen Gremien der Deutschen Börse sitzen wiederum Vertreter der Banken. Dass der Gesetzesentwurf in entscheidenden Passagen entschärft wurde, liege an der Lobbyarbeit der Banken, stellte der Betriebswirtschaftsprofessor Ekkehard Wenger fest. Es ist kein Wunder, dass sie sich dafür so einsetzen: An allen Stationen rund um den Wertpapierhandel mischen sie mit. Sie bringen die Unternehmen an die Börse, ihre Analysten schreiben Studien darüber, ihre Berater geben den Kunden Investmentempfehlungen, sie selbst und ihre Fondstöchter halten in großem Stil Aktien. Auch viele Händler an der Börse stammen von den Kreditinstituten. In einigen Fällen ließ sich der Versuch von Banken nachweisen, Kurse so zu beeinflussen, dass es für sie günstig war. Die Institute kamen mit Abmahnungen sowie Verweisen des Sanktionsausschusses davon.

Die Finanzinstitute agierten bislang geschickt. Der Buchautor Günter Ogger fand eine interessante Erklärung für ihre Durchsetzungsfähigkeit: „Ich habe mich über dieses Thema schon mit zahlreichen Experten unterhalten, und da taucht immer wieder die gleiche Erklärung auf: Die Banken hätten dem Finanzministerium beizeiten damit gedroht, sie würden Bundeswertpapiere nicht mehr an den Schaltern verkaufen, wenn man sie zu sehr an die kurze Leine nähme", sagte er auf der Webseite www.manager-magazin.de im August 2001.

Beim „Dritten Finanzmarktförderungsgesetz", dem Vorgänger des jetzigen Gesetzespaketes, wurde ihre Haftung für fehlerhafte Börsenprospekte 1998 zum Beispiel in der Endfassung von fünf auf drei Jahre verkürzt. „Eine Verschärfung des Haftungsmaßstabes würde insbesondere bei den Emissionsbegleitern Zurückhaltung auslösen", schrieb die Bundesregierung damals zur Begründung. Klaus-Dieter Benner fragte sich allerdings im Sommer 2002, „ob die befürchtete Zurückhaltung nicht eher wünschenswert gewesen" wäre.

Ohne Zweifel brachten die Banken eine Reihe von Unternehmen an die Börse, die besser nicht auf dem Kurszettel gelandet wären. Im Fall des Augsburger Softwarehauses Infomatec ermittelte die Staatsanwaltschaft, ob die finanzielle Lage im Emissionsprospekt vom Unternehmen bewusst falsch dargestellt worden war oder nicht. Auch bei Gigabell wurden die Strafverfolger tätig. Das Internetunternehmen wurde berühmt, weil es als erstes Unternehmen am Neuen Markt Insolvenz anmelden musste.

Der auf Anlegerrecht spezialisierte Rechtsanwalt Heinz Steinhübel prüfte daher sogar eine Klage gegen die Deutsche Börse und die Frankfurter Wertpapierbörse, ihre öffentlich-rechtliche Trägerin. „Die Amtspflichten wurden verletzt, weil offensichtlich unreife Gesellschaften wie Gigabell zugelassen wurden", argumentiert Steinhübel. Der Zulassungsausschuss prüft, ob ein Börsenkandidat formal alles richtig gemacht hat und ob die Angaben einigermaßen plausibel klingen. Das kann er nur feststellen, wenn er sich ein wenig mit dem Inhalt der vorgelegten Unterlagen auseinander setzt. Nach Ansicht Steinhübels hat der Ausschuss das in vielen Fällen nicht gemacht. Noch nie hatte jemand versucht, deswegen die Deutsche Börse zu belangen. „Warum gehen Sie nicht gegen die Emissionsbanken vor, die solche Unternehmen an die Börse gebracht haben?", fragte ich den Anwalt. „Denen müsste man grobe Fahrlässigkeit nachweisen", erwiderte er. „Das ist so gut wie unmöglich."

Für den angerichteten Schaden müssen die Banken dank der für sie günstigen Regelungen kaum jemals aufkommen, obwohl sie die großen Profiteure waren. Sie verdienten üppige Provisionen durch die Börsengänge. Bei ComRoad erhielten die beiden Emissionsbanken etwa eine Million Euro Vergütung bei einem Emissionserlös von 20,5 Millionen Euro. Sie steckten also fünf Prozent des Gesamtvolumens allein dafür ein.

Aus dem Besitz der Altaktionäre durften sie 120 000 Aktien als Mehrzuteilungsoption bereitstellen. Dieser „Greenshoe" ist eine besonders risikoarme Möglichkeit, Geld zu verdienen. Die Banken können die

Papiere Anlegern beim Börsengang zuteilen, obwohl sie sie noch nicht besitzen. Einige Wochen später dürfen sie sie den Altaktionären zum Emissionspreis abkaufen. Das tun sie, wenn der Kurs gestiegen ist. Sie verzichten darauf, wenn er gefallen ist, sondern erwerben die Papiere dann günstiger über die Börse. Die Differenz zwischen dem Kauf- und Ausgabekurs verbuchen die Institute als Gewinn.

Concord Effekten hatte sich darüber hinaus vor dem Börsengang mit 400 000 Aktien für weniger als zwei Millionen Euro an ComRoad beteiligt. Mehr als die Hälfte hatte die Bank nach meinen Informationen über ein Programm des Wirtschaftsministeriums und der Kreditanstalt für Wiederaufbau und damit wohl nicht ungünstiger als zu Marktkonditionen refinanziert. Im ersten Quartal 2001 stieß die Bank nach eigenen Angaben 100 000 Stück ab. Dafür dürfte sie mindestens drei Millionen Euro erzielt haben. Selbst wenn sie die übrigen 300 000 Aktien nicht vor dem völligen Absturz losgeschlagen haben sollte, hätte sie Gewinn gemacht. Wie viel die Bank insgesamt an ComRoad verdient hat, ist nicht bekannt. Es müssen wohl mehrere Millionen Euro gewesen sein.

Bei größeren Emissionen blieben noch viel höhere Beträge bei den Banken hängen. Während sie bei der Vergabe von Krediten auf die Bonität ihrer Kunden achten müssen, um sich im Falle einer Zahlungsunfähigkeit nicht selbst zu schaden, tragen die Anleger bei Wertpapieremissionen den Großteil des Risikos. Sie haben kaum Möglichkeiten, Verluste im Falle eines Fehlschlages auf die Banken abzuwälzen. Es ist kein Wunder, dass die Finanzinstitute bei solchen Verdienstmöglichkeiten – ohne ernsthafte Gefahr, in die Haftung genommen zu werden – bei so manchem Unternehmen zwei Augen zudrückten. Er habe nur Möglichkeiten und Angebote der Berater, Banken, Analysten genutzt, die andere auch genutzt hätten, sagte Bodo Schnabel zu seiner Rechtfertigung und traf damit einen wunden Punkt.

Der Struktur des Finanzsystems in Deutschland verdanken es die Banken, dass sie immer wieder glimpflich davon kommen. Diejenigen, die den Banken Paroli bieten könnten, wirken damit wie Schafe in einem Wolfspelz. Im Gegensatz zu anderen Ländern gibt es keine zentrale Börsenaufsicht, sondern verschiedene Aufsichtsorgane, die zum Teil bundesweit, wie die Bundesanstalt für Finanzdienstleistungsaufsicht, zum Teil länderweit, wie die Börsenaufsichtsbehörden oder bezogen auf einzelne Börsen wie die Handelsüberwachungsstellen tätig sind. Diese Kombination hemmt ihre Schlagkraft und macht es Anlegern schwer, den Überblick über die Zuständigkeiten zu behalten (siehe Adressen Seite

246 ff.). In Großbritannien wurde die Überwachung dagegen bei der mächtigen Financial Services Authority (FSA) gebündelt. Skandale wie der Zusammenbruch der Banken BCCI und Barings hatten Mitte der neunziger Jahre offen gelegt, dass die vom Markt organisierten Regulierer, die Self Regulation Organsations, überfordert waren.

In Deutschland verteilt sich auch die Zuständigkeit für Gesetze mit Börsenbezug auf verschiedene Ministerien. Das Vierte Finanzmarktförderungsgesetz etwa nahm bei der Veröffentlichung im Bundesgesetzblatt 62 Seiten ein. Viel Platz war den Änderungen im Börsengesetz und im Wertpapierhandelsgesetz gewidmet. Die Neuerungen im Aktiengesetz passten dagegen auf weniger als eine halbe Seite, obwohl es auch dort erheblichen Reformbedarf gab. Das Gesamtpaket wurde aber unter Federführung des Finanzministeriums geschnürt, das für die beiden ersten Gesetze zuständig ist, nicht aber für das Aktiengesetz, das in den Bereich des Justizministeriums fällt. Die Gesetze mit Kapitalmarktbezug fielen so insgesamt betrachtet wenig klar und eindeutig aus – und ließen damit viele Schlupflöcher.

Als wenige Wochen nach dem In-Kraft-Treten die Lücken im neuen Gesetz offenbar wurden, schlugen beide Ministerien im Sommer 2002 vor, Manager persönlich für Falschaussagen in der Öffentlichkeit haftbar zu machen. Das Justizministerium sah es als notwendig an, das Klagerecht der Anleger zu verbessern. Es dachte dabei auch an die gemeinschaftliche Durchsetzung von Ansprüchen und die Einführung einer Strafbarkeit bei leichtfertigen Falschaussagen. Das Finanzministerium wollte die Befugnisse der BAFin ausdehnen. Ihr sollte es unter anderem gestattet sein, Sonderprüfungen bei Unternehmen zu veranlassen und vom Unternehmen beauftragte Prüfer abzulehnen. Das Ministerium schlug zudem vor, eine privatrechtlich organisierte „Enforcement"-Stelle unter staatlicher Aufsicht einzurichten, die den Wirtschaftsprüfern auf die Finger schaut.

Ähnliches fordern Anlegeranwälte und Aktionärsschützer seit langem. Hätten solche Regeln schon früher gegolten, wäre vielleicht das Debakel um die Bankgesellschaft Berlin abgewendet oder zumindest gemildert worden: Die BAFin war zwar zuständig für das Kreditinstitut und durfte dort Sonderprüfungen in Auftrag geben, nicht aber für die Immobilientochter IBG, deren riskantes Treiben viel zu spät unterbunden wurde.

Eine Idee fand ich in den Vorschlägen nicht: die Einführung eines Strafrechts für Unternehmen. In Ländern wie den USA, Großbritannien, Frankreich oder den Niederlanden gibt es so etwas bereits. Unternehmen müssen dabei nachweisen, dass sie alles getan haben, um Unregelmäßigkeiten zu verhindern, wenn sie einer Strafe entgehen wollen. Ihre „Compliance Officers", die für die Einhaltung von Vorschriften zuständigen Mitarbeiter, sind verpflichtet, mit den Aufsichtsbehörden zusammenzuarbeiten und Verstöße unverzüglich zu melden. Sonst drohen empfindliche Strafen. Nach dem Kollaps des Energieriesen Enron in den USA wurde die Wirtschaftsprüfungsgesellschaft Arthur Andersen zum Beispiel wegen Behinderung der Justiz zu fünf Jahren Bewährung und einer Geldstrafe von einer halben Million Dollar verurteilt. Das Gericht verhängte damit die höchstmögliche Strafe. Ein wichtiger Grund dafür war die Anweisung einer Mitarbeiterin, Unterlagen zu vernichten. Die Gesellschaft brach auseinander.

Im Skandalfall um den belgischen Anbieter von Spracherkennungssoftware Lernout & Hauspie entschied eine Richterin in den USA, dass neben KPMG Belgien auch KPMG USA sich vor Gericht verantworten müsse. Es habe ein „Arsenal an Warnsignalen" gegeben, sagte sie zur Begründung. Sie hätten „zusammengenommen mehr als ausgereicht, um die Schlussfolgerung zu ziehen, dass KPMG USA fahrlässig oder wissentlich" gehandelt habe. Damit sei KPMG Lernout behilflich gewesen, die bei der US-Börsenaufsicht einzureichenden Zahlenwerke für 1999 vorzubereiten, die sich als falsch herausstellten. Die Richterin monierte, dass Mitarbeiter von KPMG USA zwei Unternehmern versichert hätten, die Zahlen entsprächen US-Standards.

In Deutschland wäre die Entscheidung wohl ganz anders ausgefallen. KPMG hatte die Bilanzen des insolventen Baukonzerns Philipp Holzmann abgesegnet, der Pachtgarantien abgegeben und zu wenig Drohverluste bilanziert hatte. „Wir haben Unterlagen, die ergeben, dass die Prüfer die Umstände gekannt haben", zitierte das „Handelsblatt" die Staatsanwaltschaft Frankfurt, die ihre Ermittlungen noch nicht abgeschlossen hat. Doch mit dem Beweis des Vorsatzes und der Frage der bilanztechnisch richtigen Bewertung habe man Schwierigkeiten.

Auch im Fall ComRoad gab es Hinweise, dass die Wirtschaftsprüfer sowohl vor dem Börsengang als auch danach hätten merken können, dass etwas nicht stimmte. KPMG nahm aber einfach die Testate zurück und teilte mit, keine Prospektprüfung vorgenommen zu haben: „Auch eine erneute Bestätigung der Jahresabschlüsse ist weder beim Börsengang im Jahr 1999 noch bei der Kapitalerhöhung erfolgt." Es gibt aber eine Rechnung der KPMG über die Erstellung eines solchen „Comfort Letter" zum Börsengang, was die Prüfungsgesellschaft nicht kommentieren wollte. Die Generalstaatsanwaltschaft Berlin eröffnete ein berufsrechtliches Ermittlungsverfahren. Als ich nach dem Stand fragte, hieß es: „Zu solchen Verfahren geben wir keine Auskunft." Die Öffentlichkeit erfährt in einem solchen Fall nicht einmal, ob es noch weitergeführt wird oder beendet wurde.

Bei der Staatsanwaltschaft München gingen mehrere Anzeigen gegen KPMG ein, zum Beispiel wegen des Verdachts auf Beihilfe zum Kursbetrug und zum Kapitalanlagebetrug. Sie stellte die Ermittlungen gegen die beiden zuständigen Prüfer der KPMG mit der Begründung ein, es liege zwar nahe, dass die Mitarbeiter der Prüfungsgesellschaft vielleicht genauer hinschauen hätten sollen, wenn mehr als 95 Prozent der Umsätze auf einen Kunden entfallen und wenig Geschäftskorrespondenz vorliege. Es gebe aber keine Anhaltspunkte dafür, dass dies vorsätzlich nicht überprüft worden sei. Auch bei den Forderungen gegenüber VT Electronics stelle sich die Prüfungspraxis der KPMG im Nachhinein als unzureichend dar, aber es lasse sich nicht nachweisen, dass die Prüfer das schon in den vorangegangenen Jahren wussten. Da über die Jahre viele verschiedene Personen der KPMG mit ComRoad befasst gewesen waren, sei auch eine Absprache unwahrscheinlich. Ein Anzeige-Steller beschwerte sich zwar über die Einstellung, gewöhnlich hat dies jedoch nur dann Erfolg, wenn neue Beweise vorgelegt werden. Die können Anleger, die nicht einmal Zugang zu den Berichten der Sonderprüfer haben, kaum liefern.

Die Ermittler müssen diejenigen Personen im Unternehmen finden, die verantwortlich für die Fehltritte sind. Verständlicherweise versucht jeder, mit dem Finger auf den nächsten zu zeigen. „Systematisierte Unverantwortlichkeit" nennt das der Börsenaufseher Klaus-Dieter Benner. Hätten die Staatsanwälte bei ComRoad etwas gefunden und wären die Beschuldigten verurteilt worden, so wäre KPMG selbst trotzdem davongekommen. Die Gesellschaft hätte sogar eine etwaige Geldstrafe für verurteilte Mitarbeiter bezahlen dürfen, die aus Sicht des Unternehmens wohl kaum eine bedrohliche Höhe erreicht hätte. Damit wäre die Sache aus strafrechtlicher Sicht erledigt. Der Anreiz, Mitarbeiter zur Einhaltung von Vorschriften anzuhalten, ist wegen der viel milderen Konsequenzen wesentlich geringer als in den USA.

„Kollegen in Amerika schütteln nur mit dem Kopf, wenn wir erzählen, wie die rechtliche Lage bei uns aussieht", sagt der Anlegeranwalt Klaus Rotter. Auch Andrea Fischer, die Kapitalmarktexpertin der Grünen, hat enormen Reformbedarf festgestellt: „Wir haben offensichtlich von einem stark antiquierten Ausgangspunkt begonnen. Daher müssen wir noch viele Schritte machen, um im internationalen Vergleich weiterzukommen." Schützenhilfe kommt aus Europa. Die Kommission der Europäischen Union bemüht sich seit Jahren, einen gemeinsamen Rechtsrahmen für Wertpapiermärkte mit strengen Strafen und Sanktionen für Insiderhandel und Kursmanipulation zu schaffen. Die Briten jammern, dadurch drohten ihre hohen Standards zu verwässern. Die Deutschen stemmen nach Angaben von Beobachtern die Füße in den Sand, weil sie fürchten, die Anforderungen seien zu hoch. Die Anleger stimmen derweil mit ihrem Geldbeutel ab: Deutschland fällt im Wettbewerb um Kapital zurück.

„Ein faires Gerichtsverfahren muss alle Verantwortlichen umfassen"

Brief von Bodo Schnabel

Auf meine Bitte um eine Stellungnahme erhielt ich einen zehnseitigen, handschriftlichen Brief von Bodo Schnabel, den ich im Folgenden mit seinem Einverständnis wiedergebe. Während unseres gesamten Schriftwechsels sprach Bodo Schnabel häufig von sich in der dritten Person. Die Schilderung der Vorgänge, die Schlussfolgerungen und Meinungsäußerungen entsprechen der Sicht des Briefschreibers. Meine Sichtweise wurde in den vergangenen Kapiteln dargestellt, ich distanziere mich ausdrücklich von der folgenden Darstellung. Zur leichteren Lesbarkeit habe ich einige Absätze eingefügt. Den Schlusssatz, der private Telefonnummern enthielt, habe ich weggelassen:

„Die ComRoad AG hat die Höhen und Tiefen des Neuen Marktes der Deutschen Börse durchlebt. Im Interesse aller Beteiligten möchte ich hiermit die Abläufe und Verantwortlichkeiten zusammenfassen.

Als Gründer und Hauptaktionär war Bodo Schnabel aufgrund der Firmenentwicklung für den Vertrieb, die Leitung der Softwareentwicklung, Investor Relations und die Beteiligungen zuständig. Der Finanzbereich wurde seit Bestehen der Firma ausgelagert an Spezialisten wie den Aufsichtsratsvorsitzenden Dr. Löhr, den Steuerberater und Aufsichtsrat Manfred Götz und die Wirtschaftsprüfungsgesellschaft KPMG. Der

Börsengang und die Kapitalerhöhung wurden federführend durch die Concord Effekten und die HypoVereinsbank durchgeführt. Jeder bei ComRoad hat sich auf die Expertise dieser Finanzspezialisten verlassen.

Die Mitglieder des Aufsichtsrates arbeiteten wie bei einer amerikanischen Firma (Board of Directors) aktiv im Unternehmen mit. Dr. Löhr war der wichtigste Berater des Vorstandsvorsitzenden Bodo Schnabel bei allen finanziellen und wirtschaftlichen Transaktionen. Jede Woche wurden alle wichtigen Vorgänge zwischen Dr. Löhr und Bodo Schnabel besprochen und per E-Mail abgestimmt. Die Ad-hoc-Mitteilungen wurden von Dr. Löhr vor der Veröffentlichung freigegeben.

Manfred Götz führte die Buchhaltung der ComRoad AG seit deren Bestehen in seinem Steuerberaterbüro durch. Er war ebenfalls für die Abwicklung der steuerlichen Angelegenheiten zuständig. Manfred Götz erstellte auch die Quartalsbilanzen und Quartalsreports für die Deutsche Börse. Manfred Götz nahm auch an einer Schulung der Deutschen Börse über die Berichterstattung teil. Die KPMG überprüfte die Quartalsreports und erstellte die Kapitalflussrechnungen. Zur Jahresabschlussprüfung legte Manfred Götz einen Bilanzentwurf vor, der dann von der KPMG überarbeitet wurde. Der endgültige Jahresabschluss wurde dann von der KPMG testiert. Ingrid Schnabel erbrachte über ihre Einzelfirma Computer Marketing Sekretariatsarbeiten für Bodo Schnabel sowie Dienstleistungen im Werbebereich.

Bodo Schnabel war bei einem Zehn- bis 16-Stunden-Tag (auch am Wochenende) damit beschäftigt, die Entwicklung der GTTS-Technologie zu steuern und die GTTS-Lizenzpartner zu gewinnen. Diese Aktivitäten waren sehr erfolgreich. Die GTTS-Technologie wurde mehrfach weltweit ausgezeichnet. Das Volumen der abgeschlossenen GTTS-Partnerschaftsverträge übertraf die Planzahlen. Bodo Schnabel, wie auch alle anderen Mitarbeiter haben sich bei allen Finanztransaktionen auf die Spezialisten Dr. Löhr, Manfred Götz und die KPMG verlassen.

Für die Abschlussprüfungen durch die KPMG war als Partner Herrn Gernot Schumacher zuständig, der die ComRoad AG seit 1998 betreute. Während der Jahresabschlussprüfung für das Jahr 2001 schaltete sich die Risk-Management-Abteilung der KPMG aus Berlin ein und beanstandete die Verbuchung der Umsätze über die Firma VT Electronics Ltd., Hongkong, die seit 1998 allen Beteiligten im Detail bekannt war. Herrn Schumacher wurde das Mandat praktisch entzogen, und die Risk-Management-Abteilung kündigte den Prüfungsauftrag am 19.2.2002 nachmittags. Herr Schumacher verhandelte mit seinen Kollegen jedoch noch einen Aufschub bis zum 23./24.2.2002, um die Probleme zu klären. Dies wurde jedoch von der Risk-Management-Abteilung nicht eingehalten, da „Börse Online" am Abend des 19.2. informiert wurde.

Am 20.2. fand dann eine Aufsichtsratssitzung statt, in der beschlossen wurde, eine Sonderprüfung durchzuführen und Schadensersatzansprüche gegen KPMG überprüfen zu lassen. Als Sonderprüfer wurden dann Rödl & Partner bestimmt, da diese sofort Zeit hatten. Ebenfalls beauftragte Dr. Löhr zur Vertretung des Aufsichtsrates die Anwälte Clifford, Chance, Pünder. In den folgenden Tagen stellte sich heraus, dass Rödl & Partner sowie Clifford, Chance, Pünder praktisch nur für Dr. Löhr arbeiten sollten, um ihn von Haftungsansprüchen freizustellen. Er versprach jedem eine Anzahlung von 150 000 Euro und setzte den Vorstand unter Druck, die Zahlungen durchzuführen.

Nachdem Rödl & Partner eine Woche später weitere 100 000 Euro verlangten, kam es zu Meinungsverschiedenheiten zwischen Bodo Schnabel und Dr. Löhr. Dr. Löhr veranlasste dann in der Nacht vom 7./8.3.2002, Bodo Schnabel als Vorstandsvorsitzenden abzuberufen, indem er Manfred Götz zu einer Unterschrift zwang. Der Beschluss war jedoch nicht gültig, da nicht alle drei Mitglieder teilgenommen hatten. Dr. Löhr informierte die Öffentlichkeit jedoch schon in der Nacht vom 7./8.3., obwohl er dazu nicht berechtigt war.

In Abstimmung mit dem weiteren Vorstand Hartmut Schwamm arbeitete Bodo Schnabel weiter in der Firma und schloss auf der CeBIT 2002 größere Aufträge mit GTTS-Partnern ab. Bodo Schnabel forderte Dr. Löhr schriftlich auf, als Aufsichtsrat zurückzutreten. Am 20.3.2002 ließ Dr. Löhr durch seine Rechtsanwälte Clifford, Chance, Pünder bei der Staatsanwaltschaft anrufen sowie ein Fax senden, um mitzuteilen, dass Bodo Schnabel plötzlich nach USA reisen will. Dr. Löhr wie auch andere Mitarbeiter wussten jedoch genau, dass die USA-Reise am 28.3.2002 seit mehr als drei Monaten geplant war und Bodo Schnabel Termine mit Partnern und die Durchführung einer Messe geplant hatte. Die Tickets waren bereits im Dezember 2001 gebucht. Am 26.3.2002 rief ein Nachbar bei Bodo Schnabel im Büro an, um mitzuteilen, dass die Staatsanwaltschaft eine Hausdurchsuchung im Privathaus durchführen will. Bodo Schnabel fuhr daher vom Büro nach Hause und wurde wegen „Fluchtgefahr" festgenommen. Der zuständige Staatsanwalt Noll ging dann bis zum 8.4. in Urlaub.

Ebenfalls am 26.3. beantragten Clifford, Chance, Pünder einen Arrest und Pfändungsbeschluss beim Amtsgericht Frankfurt über das Vermögen von Bodo Schnabel. Dem wurde jedoch nicht entsprochen, da keine

Schadensersatzforderungen nachgewiesen wurden. Danach versuchten Clifford, Chance, Pünder dies bei dem kleineren Amtsgericht Pfaffenhofen und konnten Amtsrichter Nielsen überzeugen, den Pfändungs-/Arrestbeschluss zu erlassen. Bodo Schnabel war nun in Untersuchungshaft, und gleichzeitig waren seine Konten gepfändet. Da Aufsichtsratsmitglied Ingrid Schnabel mit der Vorgehensweise von Dr. Löhr nicht einverstanden war, versuchte sie, über eine einstweilige Verfügung die Maßnahmen von Dr. Löhr zu stoppen.

Dr. Löhr ließ daraufhin durch Clifford, Chance, Pünder und den Amtsrichter in Pfaffenhofen auch Arrest- und Pfändungsbeschlüsse auf das Vermögen von Ingrid Schnabel erwirken. Damit hatte Dr. Löhr sein Ziel erreicht und die Familie Schnabel, den Gründer und Hauptaktionär, ausgeschaltet. Um die Arrest- und Pfändungsbeschlüsse zu erhalten, legten Dr. Löhr und M. Götz (auf Veranlassung von Dr. Löhr) beim Amtsgericht Pfaffenhofen falsche Versicherungen an Eides statt vor. Eine Strafanzeige deswegen liegt bei der Staatsanwaltschaft Ingolstadt vor.

Die Ermittlungen der Sonderprüfer Rödl & Partner wurden von Dr. Löhr so gesteuert, dass in dem umfangreichen Prüfungsbericht nur Verdacht in Richtung Bodo Schnabel, Ingrid Schnabel, Hartmut Schwamm, Manfred Götz und der KPMG geäußert wird. Dr. Löhr als Initiator des Börsenganges, der Kapitalerhöhung und als Finanzberater wird in dem Bericht kaum erwähnt. Dr. Löhr zwang Hartmut Schwamm, weitere Zahlungen an Rödl & Partner sowie Clifford, Chance, Pünder vorzunehmen. Rödl & Partner haben bisher mehr als 500 000 Euro für die Sonderprüfung erhalten (Die Prüfungen der KPMG kosteten in der Vergangenheit ca. 100 000 Euro).

Rödl & Partner – Herr Schacht – informierte auf Veranlassung von Dr. Löhr regelmäßig die Staatsanwaltschaft, die aus Personalgründen auf die Ermittlungen von Rödl & Partner angewiesen war. Die Ermittlungen der Staatsanwaltschaft waren daher von Anfang an von Dr. Löhr beeinflusst. Bereits am 15.4.2002 hatte Bodo Schnabel eine ausführliche Aussage zu den Verantwortlichkeiten bei ComRoad gemacht und speziell auf die Mitarbeit und Verantwortung von Dr. Löhr, Manfred Götz und der KPMG hingewiesen.

Weitere Ermittlungen wurden jedoch von Rödl & Partner in Richtung Ingrid Schnabel gesteuert und führten zu deren vorläufiger Festnahme und dem Versuch, ein Geständnis zu erzwingen, da Ingrid Schnabel eine sechsjährige Tochter zu Hause hat. Staatsanwalt Noll hat auch die KPMG-Mitarbeiter Gernot Schumacher und Frau Diepold als

Beschuldigte vernommen, da im Sonderprüfungsbericht auf Verstöße bei der Bilanzerstellung und Prüfung hingewiesen wurde. Die Ermittlungen wurden jedoch eingestellt, da die Staatsanwaltschaft an einem schnellen Abschluss des Verfahrens interessiert war.

Die Ermittlungen und damit die Anklage wurden auf Bodo Schnabel und Ingrid Schnabel beschränkt, und Staatsanwalt Noll informierte die „Süddeutsche Zeitung", die am 11.5. in einem Artikel von „Geständnissen" sprach, was einer Vorverurteilung gleichkam. Der Vorwurf lautete auf Kursbetrug und Insiderhandel. Am 16.5. erschien in der „Süddeutschen Zeitung" (Martin Reim) ein Artikel mit dem Titel „Tatort Bilanz". Hier wurde darauf hingewiesen, dass die Höchststrafe bei Bilanz-/Börsendelikten bei drei Jahren liegt und die Strafen bei Betrug viel höher sind. Am 17.5. erschien dann ein weiterer Artikel in der „Süddeutschen Zeitung" (Martin Reim) mit dem Titel „ComRoad-Skandal trifft Merrill Lynch".

In diesem Artikel wird der Verdacht geäußert, dass Merrill Lynch betrogen wurde und zusätzlich der Straftatbestand Betrug in Frage kommt. Die Bank Merrill Lynch wie auch die HypoVereinsbank und die Concord Effekten wollen jedoch gar nicht betrogen sein, da sie mit dem Börsengang, der Kapitalerhöhung und Aktienverkäufen Millionen Euro an ComRoad verdient haben. Der ganze Ablauf deutet darauf hin, dass der Straftatbestand – Betrug – konstruiert werden sollte und die „Süddeutsche Zeitung" dies der Öffentlichkeit weitergeben sollte. Die ganze Aktion war eine Erfindung der Staatsanwaltschaft, um den ComRoad-Fall gewichtiger darzustellen. Leider müssen Bodo Schnabel und Ingrid Schnabel darunter leiden.

Als Bodo Schnabel am 26.3. aus der ComRoad AG und seiner Familie herausgerissen wurde, hinterließ er ein Unternehmen mit ca. 26 Millionen Euro Cash, ca. fünf Millionen Euro Vorräten, ca. 15 Millionen Euro Beteiligungen, fast keinen Verbindlichkeiten, einer ausgereiften Telematik-Technologie, sehr guten Mitarbeitern und einem internationalen Kundenstamm. Nachdem Bodo Schnabel in einem Brief am 18.6. Dr. Löhr nochmals auf seine Taten und seine Verantwortung hingewiesen hatte, sind er und M. Götz am 28.6.2002 als Aufsichtsräte zurückgetreten. Dr. Löhr hatte bereits Ende November 2001 seine 400 000 ComRoad-Aktien zu Preisen von über zehn Euro verkauft. Dies geschah nach einem Rechtsstreit mit „Börse Online", den Dr. Frömming, ein Freund von Dr. Löhr, geführt hatte. Eine Strafanzeige wegen Insiderhandel liegt bei der Staatsanwaltschaft Frankfurt vor, wird aber nicht verfolgt. Manfred Götz verkaufte seine letzten 1200 Aktien im Februar 2002.

Der Geschäftsbetrieb der ComRoad AG läuft weiter. Die Mitarbeiter des Kernteams versuchen alles, um das – gemeinsame – Lebenswerk erfolgreich weiterzuführen. Die Mittel aus dem IPO [also aus dem Börsengang, Anmerkung d. A.] und der Kapitalerhöhung sind in die Entwicklung der GTTS-Technologie, den Ausbau des Partnernetzwerkes und in die Beteiligungen geflossen. Die ComRoad AG ist daher ein werthaltiges Unternehmen mit realen Partnern und realen Umsätzen. Der Börsenkurs war über 30 Monate über dem IPO-Kurs von fünf Euro pro Aktie und ist erst seit der Verhaftung von Bodo Schnabel stark gesunken. Bodo Schnabel selbst hatte von April 2001 bis zu seiner Verhaftung am 26.3.2002 regelmäßig ComRoad-Aktien gekauft. Bodo Schnabel hat nur im Interesse der Mitarbeiter, Kunden und Aktionäre gehandelt.

Die Berater, Banken und Wirtschaftsprüfer haben Millionen von Euro an der ComRoad AG verdient. Das Opfer ist die Familie Schnabel. Bodo Schnabel ist nach wie vor in Untersuchungshaft und war bereits mehrmals im Herz-Zentrum Großhadern in Behandlung. Ingrid Schnabel ist mit der sechsjährigen Tochter auf sich alleine gestellt. Die ComRoad AG hat einen neuen Aufsichtsrat und einen neuen Wirtschaftsprüfer, jedoch fehlt ein starker Vorstand mit Vertriebs- und Marketingerfahrung. Als Gründer und Hauptaktionär ist Bodo Schnabel nach wie vor motiviert, diese Lücke zu füllen. Bodo Schnabel ist bereit, die auf ihn entfallende Teilverantwortung zu tragen. Ein faires Gerichtsverfahren muss jedoch alle Verantwortlichen umfassen."

(Anmerkung der Autorin: Die Staatsanwaltschaft Ingolstadt prüfte im Herbst 2002 die Vorwürfe in einer Strafanzeige gegen Andreas Löhr wegen Abgabe einer falschen Versicherung beim Amtsgericht Pfaffenhofen. Die Staatsanwaltschaft Frankfurt gab alle Unterlagen rund um den Fall ComRoad an die Staatsanwaltschaft München I ab. Dort wurden die Ermittlungen gegen Andreas Löhr Ende August 2002 eingestellt. Zur Begründung hieß es unter anderem, es habe sich kein hinreichender Tatverdacht ergeben, zudem habe Löhr tatkräftig mit den Ermittlern kooperiert. Im Strafprozess teilte der Prüfer von Rödl & Partner auf Nachfrage Bodo Schnabels mit, die Sonderprüfung habe 850 000 Euro gekostet.)

Vier Tage nach Bodo Schnabels Verurteilung besuchte ich ihn Ende November 2002 in der Justizvollzugsanstalt Stadelheim. Er wartete im

Besucherzimmer in einem schwarzen Polo-Shirt mit ComRoad-Logo auf mich und begrüßte mich freundlich. „Wir hätten keine vorgezogenen Umsätze verbuchen sollen", erzählte er. „Das war ein Fehler. Wenn meine Berater mich darauf hingewiesen hätten, dass das nicht in Ordnung ist, dann hätte ich alles unternommen, um das zu unterbinden." Andreas Löhr habe ihn auf die Idee gebracht, Erlöse zu verbuchen, die zwar vertraglich fixiert, aber noch nicht realisiert waren. Löhr hatte diesen Vorwurf vor Gericht vehement von sich gewiesen. Auch der Staatsanwalt hatte keine Hinweise dafür gefunden.

„VT Electronics existiert. Das haben die Nachforschungen von TCL Investigations ergeben." Und der fehlende Handesregistereintrag? „Die sind ins Handelsregister eingetragen, nur unter der Adresse vom Wirtschaftsprüfer. Das ist alles ein bisschen kompliziert …" Auch Jeff Liu sei eine reale Person. Ich bat Schnabel um eine Kontaktadresse, denn Schnabel hatte geschildert, dass Liu aus Gefälligkeit Rechnungen über nicht realisierte Lieferungen geschrieben habe. Ich wolle ihm Gelegenheit geben, zu diesem zweifelhaften Geschäftsgebahren Stellung zu nehmen. „Wieso?", fragte mich Schnabel. „Jeder darf doch Rechnungen schreiben. Das ist doch nicht verboten." Auch das Fax mit der Saldenbestätigung und der Hongkonger Faxkennung stamme tatsächlich aus Hongkong.

„Aber Herr Schnabel", wandte ich verwundert ein, „Sie erzählen mir hier genau dasselbe, was Sie am ersten Prozesstag vor Gericht gesagt haben. Mittlerweile haben Sie doch ein Geständnis abgelegt und die Vorwürfe eingeräumt, die in der Anklageschrift stehen." – „Ich wurde erpresst", sagte er darauf. Ihm sei signalisiert worden, wenn er nicht gestehe, sei die Bewährungsstrafe seiner Frau gefährdet. Er fühle sich ungerecht behandelt, weil es einen Deal zwischen der Justiz und seinen Verteidigern gegeben habe, der drei Jahre Gefängnis für ihn und eine Geldstrafe für seine Frau vorgesehen habe. „Nun sitze ich hier für sieben Jahre." Die Justiz strebe drei Dinge an, Wahrheit, Gerechtigkeit und Rechtsfrieden. „Bei mir ging es nicht um Wahrheit und nicht um Gerechtigkeit. Nur Rechtsfrieden wurde erreicht." Er fügte hinzu: „An mir sollte ein Exempel statuiert werden. Ich bin das Opfer des Neuen Marktes."

RENATE DAUM

„Schnabel zu und Schwamm drüber?"

Nicht einmal Sex verkaufte sich im Frühjahr 2002 am Finanzplatz Deutschland: Der spanische Erotikanbieter Private Media legte seine geplante Notierung am Neuen Markt auf Eis. Von Januar bis Juni schafften es gerade mal fünf Unternehmen an die Börse, die dadurch mickrige 104 Millionen Euro einnahmen. Die großen Bilanzskandale in den USA, die Schwäche der US-Börsen, die schwierige wirtschaftliche Lage seien schuld, hieß es. All diese Faktoren belasteten aber auch die übrigen Börsen auf der Welt.

Nirgendwo brummte die Konjunktur, doch komischerweise schnitt Deutschland bei den Börsengängen besonders schlecht ab. Auf die größte Volkswirtschaft in Westeuropa entfiel nur etwas mehr als ein Prozent der Summe, die Unternehmen in dieser Region über die Börse einnahmen. Ausgerechnet in den USA, dem Land, dem die Misere zu einem Gutteil angelastet wurde, war das Klima am besten: Dort brachten die Emissionen von 56 Börsenneulingen mehr als 20 Milliarden Euro ein, doppelt so viel wie in ganz Westeuropa. Deutschland rangierte im Wettbewerb um Kapital nur unter ferner liefen. Dabei hat die Bundesrepublik ohnehin Nachholbedarf: Der Börsenwert aller gelisteten Gesellschaften entspricht weniger als der Hälfte des Bruttosozialprodukts. In Großbritannien ist es das Eineinhalbfache.

Die geringe Zahl von Börsengängen in Deutschland sei beunruhigend, fand Rüdiger von Rosen, Vorstand des Deutschen Aktieninstituts. Die Bedeutung der Kapitalmärkte werde wachsen, vor allem Mittelständler seien stärker auf Alternativen zu Krediten angewiesen, um sich Kapital zu beschaffen, betonte er. Die Banken müssen nach künftig geltenden Regeln Risiken stärker berücksichtigen („Basel II"). Viele Unternehmen jammern aber jetzt schon über die Schwierigkeiten, wenn sie Geld geliehen haben wollen. Ausgegebene Aktien zählen dagegen zum Eigenkapital, was mehrere Vorteile für die Unternehmen hat. Daher machte dem Institutschef von Rosen das „falsche Bild der Kapitalmärkte als Selbstbedienungsladen für raffgierige und kriminelle Unternehmer sowie skrupellose Finanzdienstleister" Sorgen.

Es wäre kein Wunder, wenn die Börse in den USA dieses Image bekommen hätte. Führungskräfte von Konzernen wie Tyco und Adelphia zweigten Hunderte Millionen Dollar für sich ab. Das Telekommunikationsunternehmen Worldcom gab Falschbuchungen in Milliardenhöhe bekannt. Der Energieriese Enron implodierte. Er hatte Verbindlichkeiten bei verbundenen Unternehmen versteckt, deren Zahlen nicht in seiner Bilanz auftauchten. Viele Mitarbeiter verloren ihren Arbeitsplatz und den Teil ihrer Altersvorsorge, den sie in solche Aktien investiert hatten. In Deutschland hatte es nach allgemeiner Meinung nur Bilanzskandale bei relativ kleinen Unternehmen wie ComRoad gegeben. Dennoch suchte die Vertrauenskrise Anleger in Deutschland besonders heftig heim.

Im September 2002 befragte eine PR-Agentur dazu 850 gut verdienende Personen mit Hochschulabschluss in verschiedenen Ländern. Trotz aller Horrorgeschichten brachten 41 Prozent der Amerikaner den Unternehmen hohes Vertrauen entgegen, in Großbritannien waren es 44 Prozent der Befragten, in Frankreich sogar 56 Prozent. Und in Deutschland? Magere 29 Prozent. Neun von zehn deutschen Teilnehmern äußerten Zweifel an der Wahrhaftigkeit von Firmen bei der Darstellung ihrer wirtschaftlichen Entwicklung.

Klaus-Dieter Benner von der Börsenaufsichtsbehörde in Frankfurt wunderte sich nicht darüber: Anleger mieden Märkte, in denen sie kaum Chancen hätten, einen Teil ihres Schadens ersetzt zu bekommen, wenn sie Opfer von Personen mit krimineller Energie geworden seien, argumentierte er. Die Zeitschrift „Wirtschaftswoche" zitierte Finanzminister Hans Eichel mit dem Satz: „Wo ich mich abgezockt fühle, da gehe ich nicht mehr hin." Das hatte er im Mai 2002 in Bezug auf schamlose Preiserhöhungen nach Einführung des Euro gesagt, besser hätte man auch die Einstellung vieler Aktionäre nicht beschreiben können. Sie hatten schmerzlich erfahren, dass das Anreizsystem in Deutschland Abzockern und Betrügern in die Hände arbeitet. Die Verantwortlichen taten wenig gegen kriminelle Machenschaften. Weder straf- noch zivilrechtlich wurden viele Akteure zur Rechenschaft gezogen.

Die Wahrscheinlichkeit, entdeckt zu werden, ist ohnehin gering. Außenstehende wie Anlegerschützer und die Medien haben es schwer, betrügerischen Vorständen auf die Schliche zu kommen. Analysten haben wiederum nicht unbedingt einen Ansporn, ihr Wissen der Öffentlichkeit preiszugeben, wenn sie etwas gefunden haben. Das wird sich auch durch noch so ausgeklügelte Regeln für die Veröffentlichung ihrer Studien nicht ändern lassen. Sie verlieren ihre Existenzberechtigung, wenn sie ihren Kunden nicht einen Vorteil verschaffen können. Bei den Aufsichtsräten und den Wirtschaftsprüfern, die den Vorständen direkt auf die Finger schauen können, ist der Wille oder das Vermögen manchmal begrenzt, effektive Kontrolle auszuüben. Maßnahmen wie die Einführung eines Gremiums zur Aufsicht der Wirtschaftsprüfer allein werden daran nichts grundlegend ändern.

Kommen die betrügerischen Machenschaften doch ans Licht, so ist die Wahrscheinlichkeit einer Verurteilung niedrig. Die Aufsichtsbehörden, die Staatsanwaltschaft und die Gerichte gelten als unterbesetzt und überlastet. Ihnen gelingt es – wie auch den Anlegeranwälten – wegen der hohen Hürden in den Gesetzen nur in wenigen Fällen, die Täter zu überführen. Vielen Auffälligkeiten gehen sie offenbar erst gar nicht nach. Tun sie etwas, riskieren sie, Fehler zu machen und eventuell sogar von den Betroffenen belangt zu werden. Werden sie nicht aktiv, ist ihnen dagegen schwer ein Versäumnis nachzuweisen. Überspitzt ausgedrückt bedeutet das: Nichtstun ist für sie die vorteilhaftere Handlungsoption. Auch die Hessische Börsenaufsicht, die durch ihre Weiterleitung einer Anzeige die Ermittlungen im Fall ComRoad ins Rollen brachte, hätte sich wohl auf den Standpunkt stellen können, sie sei nicht „zuständig" für eine solche Tätigkeit.

In vielen Fällen lohnt es sich daher, Regeln zu brechen. Der Börsenaufseher Klaus-Dieter Benner fasst die Probleme in einem Satz zusammen: „Nachsichtige Aufsichtsbehörden, fachlich wenig qualifizierte Ermittlungsbehörden und harmlose Sanktionen schaffen kein wirksames Gegengewicht zu dem errechenbaren ökonomischen Erfolg des Regelverstoßes." Das System sei so angelegt, dass es die Chancen auf einen gerechten Ausgleich für die Geschädigten geradezu minimiere.

In anderen Ländern gibt es nicht unbedingt strengere Vorschriften, das Zusammenspiel zwischen den Kontrollinstanzen funktioniert aber besser. Studien haben ergeben, dass Anleger in Ländern mit einem hohen Aktionärsschutz eher zu Investitionen neigen. Ein schönes Beispiel ist der Neue Markt selbst. Die Investoren fühlten sich wegen der strengen Regeln besser geschützt und waren bereit, viel höhere Preise für die Aktien zu zahlen als für vergleichbare Papiere in anderen Börsensegmenten, die Unternehmen erhielten viel mehr Kapital – bis das böse Erwachen für die Investoren kam.

Besserer Aktionärsschutz trägt dazu bei, das Wirtschaftswachstum zu beleben. Es wäre eine interessante Frage, wie viel es Deutschland kostet, dass Aktionärsrechte so schlecht durchgesetzt werden. Nach dem Zusammenbruch des Sozialismus hatten zum Beispiel Polen und die Tschechische Republik sehr ähnliche Voraussetzungen zum Aufbau ihrer Börsen. Heute hat Polen mit weitem Abstand die Nase vorn. Ein Hauptgrund: Polen achtete auf Aktionärsrechte durch starke Aufsichtsbehörden. Die Tschechische Republik legte eher eine Laisser-faire-Haltung an den Tag. Der Aktienmarkt ist relativ unbedeutend.

Als Voraussetzungen für funktionierende Finanzmärkte zählte die Europäische Union im Juni 2000 klare Rechnungslegungsstandards, klare Anleitungen zur Umsetzung, gesetzliche Abschlussprüfungen, Kontrollen durch Aufsichtsinstanzen und wirksame Sanktionen auf: „Alle diese Elemente müssen effizient sein; denn das System wird in Bezug auf den Anleger- und Gläubigerschutz nur so stark sein wie sein schwächster Bestandteil." In Deutschland ist das in Bezug auf die Börse eine Frage der relativen Stärke: Das stabilste Glied ist das, das am wenigsten Schwachpunkte aufweist.

Generell ist die Bundesrepublik im internationalen Vergleich ein eigenwilliger Fall: Es gibt strenge Regeln und Gesetze, und die werden auch gut durchgesetzt – aber nur für Kreditgeber wie die Banken, nicht für Aktionäre. Ein ausgeglicheneres System wäre vorteilhafter. Unternehmen und Anleger hätten mehr Auswahl bei ihrer Finanzierung und ihren Investments. Dafür müssen aber auch Anteilseigner und nicht nur Kreditgeber geschützt werden.

Der Knackpunkt jeder Reform muss sein, Anreize schaffen, damit Regeln eingehalten werden. Auch in Deutschland lässt sich das System so gestalten, dass die Ohnmacht der Anleger gemildert wird – noch dazu ohne Kosten in Milliardenhöhe. Dreh- und Angelpunkt ist eine angemessene gesetzliche Grundlage, die es den Geschädigten und dem Staat wirksam ermöglicht, Unternehmen, Vorstände, Aufsichtsräte, aber auch Wirtschaftsprüfer haftbar zu machen. Alleine die Furcht vor dem Griff der Anleger in den eigenen Geldbeutel würde den Vorständen und ihren Kontrolleuren Respekt verschaffen.

Bis es neue Gesetze gibt, würde es schon reichen, wenn die Richter ihren Gestaltungsspielraum nutzten und die bestehenden Gesetze freundlicher für die Investoren auslegten. Würden wichtige Gesetze als „Schutzgesetz" betrachtet, was bei guter Begründung durchaus möglich ist, wäre den Anlegern und auch dem Finanzplatz Deutschland geholfen.

Die Aufsichtsbehörden, aber auch die Börse, müssten darüber hinaus die Pflicht haben, die Öffentlichkeit zu informieren oder Strafanzeige zu stellen, wenn ihnen Umstände bekannt werden, die auf Ungereimtheiten hindeuten. Die Deutsche Börse und Emissionsbanken müssten sicherstellen, dass ein Börsenneuling das Rechnungswesen im Griff hat und über ein Controlling, eine Kostenkontrolle, verfügt. Damit wäre ComRoad – zumindest in der damaligen Form – aus dem Verkehr gezogen worden. Unternehmen müssten angeben, welche Beziehungen Aufsichtsräte zu ihnen haben.

Auch über die „Betrugs- und Missbrauchsanfälligkeit" von Rechnungslegungsstandards sollte nachgedacht werden, wie Professor Franz-Christoph Zeitler, Vorstandsmitglied der Deutschen Bundesbank, fordert. Sie dürften nicht wie ein verstärkendes Schwungrad wirken: In guten Jahren fachten rasante Gewinnsteigerungen die Euphorie der Anleger an, während der rasante Abschwung in schlechten Jahren langfristige Vertrauensschäden zur Folge habe. Kritisch sieht Zeitler vor allem die Verbuchung von selbst erstellten immateriellen Wirtschaftsgütern als Vermögensgegenstände, die sich noch nicht am Markt bewährt hätten. Unternehmen würden zum Ansatz von für die Anleger wenig transparenten „Hoffnungsposten" verführt.

Gegner solcher Änderungen entwerfen Horrorszenarien von armen Verantwortlichen, die von gierigen Anlegern zu Millionenzahlungen gezwungen werden. Niemand werde sich unter solchen Umständen noch trauen, Vorstand, Aufsichtsrat oder Wirtschaftsprüfer zu werden. Es geht aber gar nicht darum, Manager für unternehmerische Entscheidungen, die sich später als Fehler herausstellen, büßen zu lassen. Es geht darum, Personen mit krimineller Energie die Beute wieder abzunehmen, die sie geraubt haben.

Die Einführung freiwilliger Verhaltensregeln bringt dabei nichts. Es nutzt auch nichts, an den Schrauben zu drehen, solange das System nicht die richtigen Anreize bietet. Deutschland muss sich die Länder zum Vorbild nehmen, die derzeit im Rennen um das internationale Kapital vorne liegen. Nur in einem Bereich liegt die Bundesrepublik dabei an der Spitze, und der gerät ihr ganz und gar nicht zur Ehre: Sie gilt als Eldorado für Kapitalanlagebetrüger. Nach dem Niedergang an der Börse beobachteten Verbraucherschützer, dass die Anbieter am Grauen Kapitalmarkt im Aufwind waren – um den Anlegern den Rest ihres Geldes abzunehmen.

Ein Fünftes Finanzmarktförderungsgesetz ist nötig. Die nächste Reform muss aber sitzen. Kommen die Kapitalmarktteilnehmer wieder zu dem Ergebnis, dass der Anlegerschutz nur eine Worthülse in der Präambel ist, wird das Vertrauen lange nicht zurückkehren. „Schnabel zu und Schwamm drüber?", überschrieb der Börsenjournalist Christian Schiffmacher eine Kolumne nach dem Niedergang ComRoads, in der er nach der Verantwortlichkeit der beteiligten Akteure fragte. Der Fall habe eine Eigendynamik entwickelt, „die einen zweifeln lässt an der Wirksamkeit der Kontrollmechanismen", sagte der Staatsanwalt in seinem Plädoyer im Strafprozess. Ein ähnliches Luftschloss hätte weiterhin gute Chancen auf Erfolg im deutschen Finanzsystem. Ändert sich tatsächlich nichts, wäre das verheerend. Das käme die Volkswirtschaft sehr teuer zu stehen.

Anhang

Warnzeichen für Anleger

Ein sicheres Erkennungsmerkmal für Abzocker gibt es nicht. Sind kritische Punkte zu entdecken, bedeutet dies nicht, dass in der Tat etwas faul ist. Es empfiehlt sich aber, besonders vorsichtig zu sein und sich im Zweifelsfall von den betroffenen Papieren zu trennen. Die folgende Liste beschränkt sich auf Warnsignale, die Anleger relativ leicht entdecken können, indem sie die Berichterstattung in den Medien verfolgen und einen Blick in die Veröffentlichungen des Unternehmens werfen:

Wichtige Personen des Unternehmens sind schon früher negativ aufgefallen.

Jeder hat eine zweite Chance verdient. Leider lehrt die Erfahrung, dass Menschen häufig der Versuchung erliegen, andere wieder über den Tisch zu ziehen, wenn sie damit früher Erfolg hatten. Nach den Verhaltensgrundsätzen für Börsenneulinge sollen zumindest einschlägige Vorstrafen im Emissionsprospekt veröffentlicht werden. Fraglich ist freilich, ob sich jemand daran hält, der es auf das Geld anderer abgesehen hat. Vorsicht ist angebracht, wenn in Medienberichten Zweifelhaftes über die Personen berichtet wird oder wenn sie gar im Anlageschutzarchiv der Schutzgemeinschaft der Kleinaktionäre auftauchen (www.anlageschutzarchiv.de).

Das Unternehmen ist weniger als zwei Jahre an der Börse gelistet.

Warum warten, wenn das große Geld lockt? Natürlich gibt es Vorstände und Aufsichtsräte, die erst nach jahrelangem und ordentlichem Wirtschaften kriminelle Energie entwickeln. Wer es aber von vornherein auf das Geld der Anleger abgesehen hat, verschwendet gewöhnlich so wenig Zeit wie möglich, um seine Masche durchzuziehen. Stellt sich nach einem Börsengang heraus, dass ein Geschäftsmodell nicht so erfolgreich ist wie gedacht, versuchen manche Vorstände, die Lage schönzureden. Daher sind vor allem die ersten beiden Jahre nach einem Börsengang kritisch. Wenn der Laden zusammenbricht, haben die Initiatoren oft längst Kasse gemacht. Es lohnt sich daher, die Aktienkäufe und -verkäufe der Insider zu verfolgen und in

Geschäftsberichten und anderen Zahlenwerken darauf zu achten, ob gegenüber der Vorperiode Anteilsscheine veräußert wurden. Oft deuten sich solche Entwicklungen durch unerklärliche Kursrückgänge trotz bester Meldungen an.

Das Unternehmen ist in einem anderen Land als seinem Heimatland registriert.

In Deutschland muss bei der Gründung für jede Aktie mindestens ein Euro Eigenkapital nachgewiesen werden. In den Niederlanden reicht zum Beispiel ein Cent. Wer eine Million Euro an Eigenkapital hat, darf hierzulande eine Million Aktien ausgeben, in den Niederlanden 100 Millionen. Bei einem optisch niedrigen Emissionspreis besteht die Gefahr, dass sich Anleger blenden lassen und bereit sind, zu hohe Preise zu zahlen. Aktien für einen Bruchteil eines Euros bot etwa der Internetrabatthändler Letsbuyit.com an. Anlegerschützer kritisierten das Unternehmen in der Folge immer wieder für seinen wenig erfreulichen Umgang mit den Aktionären.

Bei Gesellschaften, die im Ausland registriert sind, müssen die deutschen Aufsichtsbehörden bei manchen Ungereimtheiten erst Amtshilfe bei ihren ausländischen Schwesterbehörden beantragen; erfahrungsgemäß ist das ein zeitraubender Prozess. So fiel das Logistikunternehmen Thiel Logistik im Sommer 2002 mit einem merkwürdigen Kurssturz auf. Gerüchte um Insiderhandel machten die Runde. Die Bundesanstalt für Finanzdienstleistungsaufsicht tat sich allerdings schwer, der Sache nachzugehen, weil Thiel Logistik in Luxemburg registriert war. Das Gerücht ließ sich nicht bestätigen. Später gab das Unternehmen bekannt, dass Großaktionäre Anteile abgestoßen hatten.

Einer oder mehrere Großaktionäre dominieren das Unter-nehmen.

Hält eine Person, ein Unternehmen oder eine Gruppe mehr als die Hälfte der Anteile, sind die übrigen Aktionäre machtlos. Bereits ein Anteil von einem guten Drittel ermöglicht es in der Regel, die eigene Position durchzusetzen. Das klingt harmlos: Gerade der Großaktionär muss doch im Sinne der Anteilseigner handeln, weil er selbst ja einen besonders großen Schaden hätte, wird oft argumentiert. Das ist ein Trugschluss. Auch Bodo Schnabel sagte zum Beispiel nach Aufnahme der Ermittlungen durch die Staatsanwaltschaft: „Es wurden sicher Fehler gemacht, aber betrügerische Absichten gab es nie. Ich würde mich als Großaktionär ja selbst betrügen." Auch der Richter im Strafprozess wies in seiner Urteilsbegründung darauf hin, die Schnabels hätten selbst einen Schaden gehabt, weil sie Großaktionäre seien. Gerade diese Position macht es

Betrügern aber leichter, ihre Maschen durchzuziehen. Ein bedeutender Anteilseigner hat Möglichkeiten, die Dinge so zu beeinflussen, dass sein eigener Nutzen besonders hoch ist und schlechte Entwicklungen durch die anderen mitgetragen und damit aus seiner Sicht abgefedert werden. Besonders gut funktioniert das, wenn er selbst geschäftliche Beziehungen mit dem Unternehmen unterhält.

Auch wenn der Großaktionär ein angesehenes und etabliertes Unternehmen ist, gibt es für die Minderheitsaktionäre keine Garantie für einen guten Ausgang. So vertrauten etliche Aktionäre dem Medienunternehmen RTV Family Entertainment, weil es im Gegensatz zu anderen Gesellschaften der Branche den traditionsreichen Spielekonzern Ravensburger AG als Mehrheitseigner hatte und mit ihm geschäftlich verbunden war. Dennoch geriet RTV in eine Schieflage. Die Ravensburger AG jammerte, wie unglücklich sie mit der Situation sei und wie viele Millionen sie in den eigenen Zögling gesteckt habe. Ob sie von RTV per Saldo profitiert oder wirklich ein Minus eingefahren hat, lässt sich für die Minderheitsaktionäre aber nicht nachprüfen.

Der Aufsichtsrat ist ein „Family & Friends"-Kollegium.
Wenn im Kontrollgremium vor allem Personen sitzen, die persönliche oder geschäftliche Beziehungen zum Unternehmen haben, ist klar, dass die Fragen an den Vorstand vielleicht ein wenig milder ausfallen, als es nötig wäre. In den Aufsichtsräten sollten qualifizierte und nicht überlastete Leute ohne Interessenskonflikte sitzen, die ihre Aufgabe im Sinne der Aktionäre ernst nehmen. Selbst Bankvertreter dürften zum Beispiel in erster Linie an ihre vergebenen Kredite und dann erst an die Anteilseigner denken. Leider ist es für Aktionäre oft nicht leicht ersichtlich, ob solche Beziehungen bestehen oder nicht, denn nur selten ist der Fall so klar wie bei ComRoad, wo die Ehefrau, der Steuerberater und der Emissionsberater dem Vorstand auf die Finger schauen sollten. Manchmal berichten die Medien über solche Beziehungen. In angelsächsischen Ländern müssen die Unternehmen dagegen ausdrücklich erklären, ob jemand unabhängig ist oder nicht.

Der Wirtschaftsprüfer hebt warnend den Finger.
Der Bestätigungsvermerk im Geschäftsbericht ist wegen der schablonenhaften Wirtschaftsprüfersprache keine prickelnde Lektüre. Trotzdem lohnt sich der Blick darauf. Die Prüfer wollen es sich mit ihrer Kundschaft nicht verderben und geben ab und an auch bei – positiv formuliert – übermäßig aggressiv bilanzierenden Unternehmen ein uneingeschränktes Testat. Weichen die Prüfer davon ab, sollten bei den

Anlegern die Alarmglocken schrillen. Wirtschaftsprüfer können Bestätigungsvermerke ergänzen, einschränken oder versagen.

Bei einer Ergänzung wird zum Beispiel auf wichtige Passagen der Risikoschilderung im Lagebericht verwiesen. Beim angeschlagenen Baukonzern Philipp Holzmann gab Ernst & Young für den Jahresabschluss 2000 ein uneingeschränktes Testat, fügte aber hinzu: „Ohne dieses Urteil einzuschränken, weisen wir auf die Ausführungen im Lagebericht hin. Dort ist im Abschnitt Risiken der künftigen Entwicklung auf die geminderte bilanzielle Widerstandsfähigkeit der Gesellschaft infolge der geringen Eigenkapitalausstattung hingewiesen." Damit machten die Prüfer deutlich, dass aus ihrer Sicht alles korrekt verbucht war, aber das Unternehmen an sich auf wackligen Füßen stand.

Grundsätzlich gilt: Die Einschränkung oder Versagung des Bestätigungsvermerks ist ein Warnzeichen, aber ein uneingeschränkter Vermerk ist keine Garantie, dass alles in Ordnung ist. Auch ein Wirtschaftsprüferwechsel ohne erkennbare Erklärung kann ein negatives Signal sein. Es könnte sein, dass die Kontrolleure etwa mit bestimmten Bilanzierungsmethoden nicht einverstanden waren und sich das Unternehmen von einer anderen Gesellschaft eine laxere Prüfung erhofft.

Das Unternehmen veröffentlicht seine Zahlen verspätet.

Vor den Abgabeterminen für die Geschäftszahlen scheinen Computer besonders gefährdet zu sein. Probleme mit den grauen Helfern tauchten etliche Male als Begründung dafür auf, dass Jahresabschlüsse und Ähnliches zu spät eingereicht wurden. Das Datum des Bestätigungsvermerks enthüllt manchmal, dass es offenbar Differenzen mit dem Wirtschaftsprüfer gab. Beim Internetunternehmen WWL Internet war das Testat zum Beispiel auf den 12. April 2000 datiert, obwohl das Zahlenwerk schon am 31. März bei der Deutschen Börse hätte abgegeben werden müssen. Beim Trickfilmproduzenten TV Loonland stand im Bericht des Aufsichtsrats die viel sagende Bemerkung, der Jahresabschluss 2001 sei in der Sitzung vom 20. März 2002 diskutiert und geprüft und am 27. März per Umlaufbeschluss endgültig festgestellt worden. Der Vermerk der Wirtschaftsprüfer trug das Datum 25. März. Sie waren offenbar nicht bis zum vereinbarten Termin fertig geworden. Auch das ließ vermuten, dass es Diskussionsbedarf um die Zahlen gegeben hatte.

Vorstandsmitglieder werfen ohne plausible Begründung das Handtuch.

Wenn Mitglieder der Führungsspitze urplötzlich entdecken, dass sie mehr Zeit mit ihrer Familie verbringen möchten, oder in ihrem Alter aufhören wollen zu arbeiten, ist ihnen nach harten Stressjahren mehr Freizeit von Herzen zu gönnen. Nach dem für die Anleger meist überraschenden Ausscheiden folgen nur leider auffällig oft unangenehme Nachrichten wie Gewinnwarnungen. Vor allem, wenn Finanzvorstände ohne plausible Erklärung gehen, ist nicht selten etwas im Busch.

Der Cash Flow ist trotz ausgewiesener Gewinne negativ.

Das Unternehmen schreibt Quartal für Quartal fette schwarze Zahlen und trotzdem ist der Cash Flow negativ, es kommt also kein Geld in die Kasse. Das kann auf Dauer nicht gut gehen. Beim Cash Flow lässt sich schwerer tricksen als etwa beim Gewinn. Auch Bodo Schnabel konnte zwar Umsätze erfinden, nicht aber Geld drucken.

Dabei sollten Anleger nicht nur den operativen Cash Flow aus der gewöhnlichen betrieblichen Tätigkeit betrachten. Der Zeichentrickfilmproduzent TV Loonland etwa wies häufig einen positiven operativen Cash Flow aus. Trotzdem nahm der Kassenbestand ab. Das lag daran, weil Käufe von Filmen wie bei vielen Unternehmen in der Branche unter Cash Flow aus Investitionstätigkeit auftauchten – obwohl der Kauf von Filmen eigentlich in die gewöhnliche Geschäftstätigkeit eines Medienunternehmens gehört. Diese Form der Bilanzierung ist völlig in Ordnung – nur macht es in solchen Fällen wenig Sinn, nur den operativen Cash Flow zu betrachten.

In den Medien erscheinen negative Berichte.

Wo Rauch ist, ist auch meist Feuer. Wenn negative Presseberichte erscheinen, behaupten viele Unternehmen, an den „Gerüchten" sei nichts dran, die Vorwürfe seien haltlos, und überhaupt hätten die Journalisten das Geschäftsmodell nicht verstanden und unsauber recherchiert – wahrscheinlich im Auftrag eines Leerverkäufers, der von fallenden Kursen profitiere. Manchmal wird auch der Gang vor Gericht angedroht. Taten folgen selten. Als der Börsenjournalist Egbert Prior behauptete, es gebe Ungereimtheiten in den Zahlen des Medienunternehmens Senator, kündigte die Gesellschaft mehrfach rechtliche Schritte an, ließ es aber bei den Worten bewenden. Wer Recht hat, ist noch offen. Selbst wenn Anwälte beauftragt und Gerichte beschäftigt werden, heißt das nicht, dass ein Artikel falsch war, wie der Fall ComRoad zeigt. Journalisten sind natürlich nicht unfehlbar, meist ist aber etwas dran, wenn sie Vorwürfe äußern.

Wenn etwas zu gut klingt, um wahr zu sein, ist es meist zu gut, um wahr zu sein.

Im September 2001 schrieb Schnabel den Aktionären: „Es gibt außer ComRoad kein Unternehmen am Neuen Markt, das seit dem IPO

Gewinne erwirtschaftet und über 100 Prozent wächst und in einem Wachstumsmarkt tätig ist, der weit von der Sättigung entfernt ist." Gemessen am Kurs-Gewinn-Verhältnis sei die Aktie extrem unterbewertet. „Sobald die Finanzmärkte die derzeitigen Unsicherheiten verarbeitet haben, besteht daher für die ComRoad-Aktie die Chance einer Kursvervielfachung." Es wäre so schön gewesen, nur leider gab es auch die Gewinne dieses einen Traum-Unternehmens am Neuen Markt nicht. Wie Recht hatte Schnabel doch, als er Anlegern im Sommer 2001 den Rat gab, sie „sollten die Qualitätsaktien stärker beachten und keine Ressourcen auf die schlechteren verschwenden".

Checkliste für Schadensersatzklagen

Ist ein Schaden entstanden?

Ein Schaden ist nur entstanden, wenn es ein schädigendes Ereignis gab, durch das den Anlegern Verluste mit der Aktie entstanden sind. Dabei spielt es keine Rolle, ob sich das Wertpapier noch in den Depots befindet oder bereits wieder verkauft wurde. Die Juristen streiten darüber, wie die Höhe des Schadens zu berechnen ist. Grundsätzlich ist der Geschädigte so zu stellen, als sei das schädigende Ereignis nicht eingetreten. Das klingt einfacher, als es ist:

Hätten die Anleger die Aktie nie gekauft, wenn sie zum Zeitpunkt des Erwerbs schon gewusst hätten, dass etwa die Lage des Unternehmens viel zu schön dargestellt wurde, entspricht ihr Schaden eigentlich der Differenz zwischen Kauf- und Verkaufskurs beziehungsweise aktuellem Kurs. Wurden in der Zwischenzeit Aktiensplits durchgeführt, ist der Kaufpreis dementsprechend anzupassen. Etwaige Höhenflüge oder Kursabstürze der Aktie zwischen dem Erwerb und dem Verkauf (oder dem aktuellen Datum) bleiben unberücksichtigt.

Manche Juristen argumentieren, man dürfe die Differenz zum Kaufpreis nicht unbedingt als Schaden ansetzen, sondern müsse bei der Berechnung den Einfluss der Marktentwicklung herausfiltern. Dazu bietet sich eine Betrachtung zusammen mit dem Börsenindex an, der üblicherweise für Vergleiche herangezogen wird. Wenn zum Beispiel die Aktie um 98 Prozent an Wert verloren hat und der Vergleichsindex 95 Prozent, so wäre nur ein minimaler Teil des Wertverlustes als Schaden ansetzbar. Diese Sichtweise wirft allerdings zahlreiche Probleme auf. Was ist zum Beispiel, wenn der Vergleichsindex stieg, während die Aktie abstürzte? Müsste der Schaden dann nicht eigentlich höher angesetzt werden als die Differenz zwischen Kauf- und Verkaufskurs beziehungsweise aktuellem Kurs?

Haben Anleger einen Vermögensschaden erlitten, weil eine Aktie zu einem falschen Preis gehandelt wurde, etwa weil eine unangenehme Nachricht zu spät veröffentlicht wurde, entspricht die Höhe des Schadens im Prinzip der Differenz zwischen dem falschen Kurs und dem Kurs, den die Aktie wohl gehabt hätte, wenn die Meldung rechtzeitig bekannt geworden wäre. Das ist natürlich schwierig zu bestimmen. Juristen schlagen zum Beispiel vor zu überprüfen, um wie viel die Aktie nach der Aufdeckung abgestürzt ist, und diesen Prozentsatz auf den Kaufpreis für die Aktie anzuwenden. Hätte das Papier etwa die Hälfte an Wert verloren, könnten die Anleger 50 Prozent ihres Kaufpreises als Schaden ansetzen. Auch diese Art der Berechnung wirft Probleme auf: Was ist zum Beispiel, wenn die Wahrheit nur häppchenweise ans Licht kommt und die Aktie über einen längeren Zeitraum immer nur wenige Prozent verliert, die sich aber zu einem gewaltigen Wertverlust aufsummieren?

Rechtsexperten diskutieren auch darüber, ob nicht ein „potenzieller Veräußerungserlös" betrachtet werden kann. Was ist zum Beispiel, wenn Anleger eine Aktie verkaufen wollten, die sich lange auf einem hohen Kursniveau hielt, sich dann aber auf Grund falscher Meldungen dazu entschlossen haben, das Papier zu halten? Ihnen ist diesen Überlegungen zufolge ein Schaden in Höhe der Differenz zwischen dem möglichen Verkaufskurs und dem Kaufkurs entstanden. Noch gibt es aber kein Gerichtsurteil, das zu dieser Frage Stellung genommen hat. Gegebenenfalls könnte auch ein „entgangener Gewinn" in Frage kommen.

Muss oder kann ich die Aktie verkaufen?

Grundsätzlich muss die Aktie nicht verkauft werden, um einen Schaden geltend zu machen, sie kann aber jederzeit veräußert werden. Es ist egal, ob sie noch im Depot liegt oder nicht. Trotzdem ist es normalerweise besser, ein Papier abzustoßen, wenn ein Skandal ans Licht kommt. Meist ist dann noch ein höherer Verkaufserlös zu erzielen als Wochen und Monate später, der Schaden ist damit geringer. Das erleichtert die Argumentation vor Gericht, denn ein Geschädigter ist im Allgemeinen verpflichtet, sich darum zu bemühen, den Schaden möglichst gering zu halten.

Wie hoch ist mein Schaden?

Die Schadensberechnung ist ein schwieriges Kapitel (siehe Frage „Ist ein Schaden entstanden?"). Im einfachsten Fall errechnet sich die Höhe des Schadens aus der Differenz zwischen dem Kaufkurs und dem Verkaufskurs beziehungsweise zwischen dem Kaufkurs und dem aktuellen Kurs, multipliziert mit der Anzahl der Aktien. Hinzu kommen Kosten für den An- und Verkauf des Wertpapiers.

Beispiel: Kaufkurs = 100 Euro, Verkaufskurs = 10 Euro, 100 Aktien, Transaktionskosten = 20 Euro;

Rechnung: (100 Euro − 10 Euro) x 100 + 20 Euro = 9020 Euro

Dabei ist Folgendes zu beachten:

a) Befindet sich die Aktie noch im Depot, schwankt die Höhe des Schadens, weil sich der aktuelle Kurs ändert. Wenn der Kurs im Laufe des Verfahrens wieder über den Kaufkurs steigt, löst sich der Schaden in Luft auf. Das Gericht prüft dann den Sachverhalt zum Zeitpunkt der Klageerhebung. Kommt es zu dem Ergebnis, dass der Anleger einen Schadensersatzanspruch gehabt hätte, muss die Gegenseite die Kosten für das Verfahren übernehmen.

b) Bei einer Klage wegen Prospekthaftung zählt der Emissionspreis und nicht der tatsächliche Kaufkurs. Notiert die Aktie aktuell über dem Emissionspreis, kann man keinen Schaden wegen falscher oder fehlender Angaben, im Prospekt geltend machen.

Wodurch ist mein Schaden entstanden?

Häufig kommen unrichtige Darstellung der Gesellschaftsverhältnisse, Kursbetrug, falsche und verspätete Pflichtmitteilungen sowie Prospekthaftung vor.

a) Der Emissionsprospekt beim Börsengang enthielt wesentliche, falsche Angaben, und/oder es fehlten wesentliche Angaben (Prospekthaftung).

Voraussetzungen für eine Klage

- Die Papiere wurden beim Börsengang gezeichnet oder innerhalb von sechs Monaten nach dem Börsengang gekauft. Probleme könnten aber auftauchen, wenn die Aktien vor Veröffentlichung des Prospekts gekauft wurden.
- Seit der Veröffentlichung des Prospekts sind nicht mehr als drei Jahre und seit Entdeckung der falschen oder fehlenden Angaben nicht

mehr als sechs Monate vergangen (diese Frist wurde am 1. Juli 2002 auf ein Jahr verlängert).

b) Das Unternehmen hat die eigene Lage vorsätzlich unrichtig dargestellt (unrichtige Darstellung der Gesellschaftsverhältnisse, Kursbetrug).

Voraussetzungen für eine Klage:
- Die Wertpapiere wurden nachweislich auf Grund der falschen Darstellung erworben.
- Seit der Entdeckung der Täuschung sind nicht mehr als drei Jahre vergangen.

Welche Unterlagen brauche ich unbedingt?

a) Prospekthaftung:
- Informationen über die falschen/fehlenden Angaben im Prospekt (zum Beispiel aus der Presse oder aus Mitteilungen des Unternehmens). Es ist aber nicht nötig nachzuweisen, dass der Emissionsprospekt tatsächlich gelesen wurde.
- Kauf- und Verkaufsabrechnungen zum Beweis der Schadenshöhe und des Kaufzeitpunktes

b) Andere Delikte wie Kursbetrug, falsche Darstellung der Unternehmensverhältnisse:
- Kauf- und Verkaufsabrechnungen zum Beweis der Schadenshöhe und des Kaufzeitpunktes
- Nachweise, dass die Wertpapiere genau wegen der falschen Darstellung erworben wurden. Es muss sich ein Zusammenhang zwischen dem Kauf und der Veröffentlichung falscher Ad-hoc-Mitteilungen, Quartalsberichte oder Ähnlichem herstellen lassen. Es ist sehr wichtig, dass man genau dokumentiert, warum man die Aktie gekauft hat. Daher sollten Zeitschriftenartikel, Studien, Veröffentlichungen des Unternehmens, die zur Kaufentscheidung beitrugen, aufbewahrt werden. Im Idealfall gibt es noch einen Zeugen, dem die Gründe dargelegt wurden.
- Wenn möglich, Informationen mit Hinweisen auf Fehlverhalten im Unternehmen

An wen kann ich mich wenden?

Eine Anlaufstelle für Informationen sind die Aktionärsschutzvereinigungen (siehe Adressen auf Seite 246). Die beiden wichtigsten in Deutschland sind die Schutzgemeinschaft der Kleinaktionäre (SdK) und die Deutsche Schutzvereinigung für Wertpapierbesitz (DSW). Beide vermitteln für Nichtmitglieder Kontakte zu Anwälten, von denen sie wissen, dass sie sich mit dem vorliegenden Fall beschäftigen. Aus rechtlichen Gründen dürfen sie selbst nur Mitglieder in Rechtsfragen beraten.

Rechtsanwälte kommen auch in Frage. Es empfiehlt sich, eine Kanzlei auszusuchen, die sich auf Kapitalmarktrecht sowie die Durchsetzung von Anlegerinteressen spezialisiert hat und sich möglichst schon mit dem vorliegenden Fall beschäftigt. Solche Anwälte werden zum Beispiel in Medienberichten genannt. Manchmal weisen Banken ihre Kunden auf Schadensersatzklagen hin, die vorbereitet werden. Adressen von Kanzleien sind unter anderem über die Anwaltsvereine zu erfahren. Auch über das Internet ist es möglich, auf Kapitalmarktrecht spezialisierte Kanzleien zu finden. Allerdings sollte man sich nicht nur auf diese Auskünfte verlassen.

Vorsicht: Manchmal treten Personen an geschädigte Anleger heran, die vorgeben, die Interessen der Geprellten gesammelt zu vertreten. Solche Angebote sollten sehr kritisch überprüft werden. In einigen Fällen steckten hinter den scheinbaren Helfern in Wirklichkeit Komplizen der Betrüger. Sie nutzen den Wunsch nach einer Rückgewinnung des Geldes aus, um den Leuten erneut Geld aus der Tasche zu ziehen. Bislang kam das nur bei dubiosen Finanzangeboten vor, aber wer weiß, vielleicht dehnen die Betrüger ihre Masche aus. Erhalten Anleger ein solches Angebot, sollten sie sich an eine Verbraucherzentrale, zum Beispiel in Berlin, wenden und um Rat fragen. Manchmal wissen auch die Aktionärsschutzvereinigungen Bescheid (Adressen siehe Seite 246 f.).

Wann soll ich Anwälte einschalten?

Wegen der kurzen Verjährungsfrist von einem halben Jahr nach Bekanntwerden eines Mangels (ein Jahr für Fälle, die nach dem 1.7.2002 bekannt werden) ist es im Fall der Prospekthaftung wichtig, die nötigen Unterlagen schnell zusammenzustellen und zum Anwalt zu gehen. Im Fall unrichtiger Darstellung und bei Kursbetrug ist mehr Zeit. Dafür ist es sehr viel schwieriger, die nötigen Nachweise zu erbringen. Sobald der Skandal ans Licht kommt, sollten daher Beweise gesammelt werden.

Auch in diesem Fall empfiehlt es sich aber, nicht zu lange zu warten.

Anwälte können vor der Einreichung der Klage ein Arrestverfahren einleiten. Im Erfolgsfall wird dabei das Vermögen des oder der Beklagten in Höhe des Schadens eingefroren. Damit soll erreicht werden, dass noch genügend Geld für den Schadensersatz da ist, wenn die Klage später Erfolg hat. Dabei spielt die zeitliche Reihenfolge eine Rolle. Es kann sein, dass die Schadenssumme aller Kläger höher ist als das Vermögen des oder der Beklagten. Wenn viele andere ihre Hand schon auf den Teil gelegt haben, der ihnen im Erfolgsfall zustehen würde, ist vielleicht nichts mehr übrig, was noch gesichert werden könnte.

Wann sollte Klage eingereicht werden?

Es ist einerseits günstig, mit dem Einreichen der Klage zu warten, bis möglichst viele Informationen vorliegen, vor allem Ermittlungsergebnisse der Staatsanwaltschaft. Andererseits spielt auch hier die zeitliche Reihenfolge eine gewisse Rolle. Es kann sein, dass das zu verteilende Geld schon weg ist, wenn die eigene Klage positiv entschieden ist (außer es wurde ein Arrest verhängt).

Die bisherigen Erfahrungen sprechen allerdings dafür, die Klage lieber sehr sorgfältig vorzubereiten, als sie übereilt einzureichen. Bislang ging noch keinem der Beklagten das Geld wegen hoher Schadensersatzzahlungen aus. Aber etliche Klagen wurden abgewiesen, weil sie nach Ansicht der Richter nicht auf einer Anspruchgrundlage fußten, die einen Schadensersatz für Anleger vorsieht (siehe Abschnitt zum Paragraphen 823 II BGB im Kapitel „Wichtige Gesetze" auf Seite 225 f.), oder die Anleger nicht detailliert und schlüssig genug darlegten, dass sie genau durch die unrichtige Darstellung des Unternehmens zum Kauf der Aktien bewogen wurden und dadurch den Schaden erlitten haben.

Im günstigsten Fall, der Prospekthaftung, müssen die Anleger nur beweisen, dass der Verkaufsprospekt unrichtige Angaben enthielt oder unvollständig war. Das ist in komplizierten Fällen schon schwer genug. In fast allen anderen Fällen muss auch Vorsatz nachgewiesen werden (Ausnahmen siehe Kapitel „Gesetze", Seite 225 f.). Damit liegt meist die gesamte Beweislast oder zumindest ein dicker Brocken davon bei den Anlegern. Solange die Rechtsprechung das nicht ändert, müssen die Aktionäre sehr gut belegen können, warum ihnen der Schaden entstanden ist. In jedem Fall muss die Klage fristgerecht eingereicht werden. Die tollste Klage nutzt nichts, wenn bereits Verjährung eingetreten ist.

Kann ich es mir finanziell überhaupt leisten, rechtliche Schritte zu ergreifen?

Das Prozesskostenrisiko tragen die Anleger. Hat die Klage keinen Erfolg, müssen sie für das Verfahren aufkommen. Das umfasst die Gerichtskosten, die eigenen Anwaltskosten und die Kosten für den gegnerischen Anwalt. Je mehr Beklagte in der eigenen Klage auftauchen, desto höher werden die Kosten im Falle eines Misserfolgs, weil alle gegnerischen Anwälte zu bezahlen sind. Hat die Klage Erfolg, übernimmt die gegnerische Partei die Kosten. Bis es so weit ist, müssen Anleger aber einen Teil der Gerichtskosten im Voraus auslegen und natürlich den eigenen Rechtsbeistand bezahlen. Es können Jahre vergehen, bis sie dieses Geld wiedersehen und bis sie die Schadensersatzsumme bekommen. Unter Umständen ist das unterlegene Unternehmen bis dahin schon in Insolvenz gegangen und kann nicht mehr zahlen.

Bevor die Anwälte tätig werden, müssen die Anleger schriftlich eine Vollmacht erteilen und ihr Einverständnis mit einer eventuellen Honorarvereinbarung erklären. Die Kosten hängen von der Art der Verrechnung ab. Geht es nach der Bundesrechtsanwaltsgebührenordnung (BRAGO), hängt das Honorar vom Streitwert ab. Die BRAGO-Tabellen und die Abrechnungen der Anwälte enthalten Begriffe wie „10/10 Prozessgebühr". Die „10/10" bedeuten, dass eine Gebühr in voller Höhe angefallen ist. Bei „5/10" wäre es die Hälfte, bei „7,5/10" drei Viertel einer Gebühr. Wenn die Klage eingereicht wird, entsteht zum Beispiel eine 10/10 Prozessgebühr. Die mündliche Verhandlung schlägt dann mit einer 10/10 Verhandlungsgebühr zu Buche, ein Vergleich mit einer 10/10 Vergleichsgebühr.

In komplizierten Fällen verlangen Anwälte manchmal eine Abrechnung nach Zeit. Die Höhe des Stundensatzes ist ganz unterschiedlich. Gewöhnlich dürften mindestens 170 Euro angesetzt werden, der Satz kann aber auch mehr als doppelt so hoch ausfallen. Manchmal wird ein Pauschalhonorar vereinbart, zum Beispiel wenn sich die Anleger an einem Musterprozess oder an einer „Class Action"-Klage in den USA beteiligen. Sie zahlen dann einen relativ niedrigen Prozentsatz ihrer Schadenssumme.

Für Zivilklagen bis 5000 Euro Streitwert sind die Amtsgerichte zuständig, bei höherem Streitwert ist das Landgericht die erste Instanz. Die Kosten hängen vom Streitwert und der Anzahl der Instanzen ab, die das Verfahren durchläuft.

Die folgende Tabelle gibt Orientierungswerte für die kumulierten

Kosten eines verlorenen Prozesses an (eigener Anwalt, gegnerischer Anwalt, Gerichtsgebühren):

Streitwert	Landgericht 1. Instanz	Oberlandesgericht Berufung	Bundesgerichtshof Revision
etwa 5000 Euro	3000 Euro	6500 Euro	8500 Euro
etwa 25 000 Euro	6500 Euro	13 500 Euro	21 000 Euro
etwa 50 000 Euro	9500 Euro	21 000 Euro	32 000 Euro

Quelle: Rotter Rechtsanwälte

Auslagen für Zustellungen, Schreibgebühren, Zeugen und Sachverständige sind in der Tabelle nicht enthalten.

Kann ich Prozesskostenhilfe beantragen?

Es ist unter bestimmten Voraussetzungen möglich, beim zuständigen Gericht Prozesskostenhilfe zu beantragen, nämlich dann,

• wenn eine Person die Kosten eines Prozesses nicht, nur zum Teil oder in Raten aufbringen kann;

• wenn Aussicht auf Erfolg der Klage besteht.

Die Prozesskostenhilfe deckt den eigenen Anteil der Gerichtskosten und die Kosten für den eigenen Anwalt voll oder zum Teil ab, nicht aber die Kosten für die gegnerische Partei, falls die Klage keinen Erfolg hat. Dem Gericht müssen dafür Belege über die eigene wirtschaftliche Lage und Unterlagen vorgelegt werden, anhand derer es die Aussichten auf Erfolg der Klage abschätzen kann.

Grundsätzlich gilt das auch für Anlegerklagen. Allerdings dürfte es nicht ganz einfach sein, Richter davon zu überzeugen, dafür Prozesskostenhilfe zu gewähren.

Übernimmt meine Rechtsschutzversicherung die Kosten?

Auch wer eine Rechtsschutzversicherung hat, kann nicht automatisch davon ausgehen, dass sie die Kosten übernimmt. Vor Beginn der rechtlichen Auseinandersetzung muss eine Deckungszusage eingeholt werden. Es kann in einigen Fällen sein, dass Anleger trotz positiven Bescheids einen Teil der Kosten selbst tragen müssen, weil der Anwalt mehr Geld verlangt, als die Versicherung zu zahlen bereit ist (siehe auch das Kapitel „Zum Umgang mit Rechtsschutzversicherungen", Seite 221 ff.).

Kann ich mich an einen Prozessfinanzierer wenden?

Prozessfinanzierer übernehmen die Kosten eines Verfahrens und erhalten dafür im Erfolgsfall einen Teil der erstrittenen Summe. Sie bevorzugen Fälle mit hohem Streitwert und hohen Erfolgsaussichten. Logischerweise mögen sie am ehesten Fälle, in denen ein Arrest über das Vermögen des Beklagten verhängt wurde, so dass sie sich ziemlich sicher sein können, im Erfolgsfall ihr Geld zu sehen. Zum Teil haben sie Mindeststreitwerte festgesetzt. Es ist möglich, gleichartige Klagen zu bündeln, um den Mindeststreitwert zu erreichen. Daher kann es sich lohnen, bei diesen Gesellschaften zumindest nachzufragen. Sollte der Prozessfinanzierer im Laufe des Verfahrens in Insolvenz gehen und hat er keine Versicherung für solche Fälle, dann müssen die Anleger aber doch selbst zahlen.

Kann oder soll ich außerdem Strafanzeige stellen?

Es ist von Vorteil, wenn die Staatsanwaltschaft ermittelt und Anklage erhebt. Wird der Beklagte auf Grund eines Delikts verurteilt, das auch die Schäden der Anleger ausgelöst hat, können sie in ihren eigenen Verfahren darauf aufbauen. Daher ist es günstig, wenn irgendjemand Strafanzeige stellt und damit Ermittlungen ins Rollen bringt. Natürlich können weitere Geschädigte Anzeige erstatten, es bringt aber im Prinzip nichts.

Soll ich mich an einem Musterprozess beteiligen?

Bei Musterprozessen entscheiden sich Anwälte, die mehrere Anleger mit gleich gelagerten Fällen vertreten, für die Klage mit einem oder wenigen Mandanten, bis entweder ein Vergleich oder ein endgültiges Urteil erreicht wurde. Diese Vorgehensweise bietet sich nur in sehr klaren, eindeutigen Fällen an, die voraussichtlich in kurzer Zeit abgeschlossen werden können. Nur so bleibt den anderen Mandanten noch genug Zeit für eine eigene Klage nach Abschluss des Musterprozesses.

Die Beteiligten, die nicht als Musterkläger ausgewählt wurden, tragen einen Teil der Kosten. Ein Urteil oder ein Vergleich gilt nur für den Musterkläger. Sollte das Unternehmen unterliegen oder einem Vergleich zustimmen, ist es allerdings gut möglich, dass es die anderen Mandanten freiwillig so behandelt wie die Musterkläger. Damit kann die Firma vermeiden, erneut die Prozesskosten zu tragen, wenn die anderen Geschädigten auch erfolgreich klagen. Weigert sich das Unternehmen aber, müssen die übrigen Mandanten selbst klagen und das Prozesskostenrisiko erneut auf sich nehmen. In diesem Fall hätten sie den Prozess der Musterkläger ohne eigenen Nutzen mitfinanziert.

Kann ich mich an einer Sammelklage beteiligen?

Der Begriff „Sammelklage" wird in der Öffentlichkeit unterschiedlich gebraucht. Manche meinen damit eine Übersetzung der „Class Action"-Verfahren in den USA. Sie verweisen darauf, dass solche Sammelklagen im deutschen Recht nicht vorgesehen sind. Andere verwenden den Begriff auch für eine gemeinsame Klage mehrerer Kläger in Deutschland.

Bei Unternehmen aus den USA oder Gesellschaften, deren Aktien auch in den USA gehandelt werden, sind nach amerikanischem Recht Sammelklagen („Class Action") möglich. „Führende Kläger" ziehen das Verfahren in den USA durch. Wer die Wertpapiere in dem Zeitraum gekauft hat, auf den sich die Klage bezieht, kann sich durch Ausfüllen eines Formulars anhängen. Manchmal geht das sogar, wenn die betreffenden Aktien gar nicht in den USA, sondern zum Beispiel in Deutschland am Neuen Markt gekauft wurden.

Alle Teilnehmer haben im Erfolgsfall Anspruch auf Entschädigung aus der erstrittenen Summe. Aus ihr werden auch die Kosten für die Anwälte gezahlt. Verlieren die Aktionäre, gehen die Rechtsvertreter leer aus. Die Kläger in den USA haben weitgehende Einsichtsrechte in interne Unterlagen der beklagten Unternehmen. Um solche Informationen nicht offen legen zu müssen, schlagen die betroffenen Gesellschaften häufig einen Vergleich vor.

Wer sich direkt an Kanzleien in den USA wendet und über sie an der Sammelklage teilnimmt, muss in der Regel erst einmal nichts zahlen. Eine deutsche Kanzlei verlangt dafür ein (Pauschal-)Honorar, weil es in Deutschland keine erfolgsabhängige Vergütung gibt. Die Anwälte gehen dafür aber eher auf die höheren Informationsbedürfnisse der nicht-amerikanischen Anleger ein. Allerdings kann es sein, dass die erstrittene Summe nicht einmal das Honorar für die Anwälte deckt.

Bei einer „Sammelklage" in Deutschland schließen sich Mandanten mit gleichgelagerten Fällen zusammen und reichen gemeinsam eine Klage ein. Der Vorteil: Der gesamte Streitwert ist höher. Da die Kosten mit höherem Streitwert unterproportional steigen, kommen die Kläger günstiger davon als bei einer Klage allein. Der Nachteil: Im Unterschied zur amerikanischen Sammelklage reicht es nicht, wenn einige Kläger ihren Fall genau darlegen. Jeder muss einzeln aufführen, warum er einen Schaden erlitten hat. Damit kann die gesamte Klage sehr umfangreich werden. Außerdem kann es sein, dass sehr aussichtsreiche Fälle mit weniger erfolgversprechenden Fällen gemischt werden. Es ist damit möglich, dass ein Geschädigter eine Klage mitverliert, die er gewonnen hätte, wenn er alleine vorgegangen wäre. Wenn Mandanten das Gefühl haben, ihnen droht dieses Schicksal, können sie ihre Klage aber wieder von den anderen abtrennen.

Kann ich noch in ein laufendes Verfahren einsteigen?

Läuft ein Verfahren, kann man versuchen, die eigene Klage damit zu verbinden. Das ist grundsätzlich bis zum Schluss der mündlichen Verhandlung möglich.

Kann ich auch gegen Analysten oder Börsenmedien vorgehen?

Den Börsenmedien müssen die Geschädigten nachweisen, dass dort grob fahrlässig gearbeitet wurde, also im Prinzip Behauptungen einfach „ins Blaue hinein" aufgestellt wurden. Das ist sehr schwierig. Ebenso geringe Erfolgsaussichten dürfte es haben, gegen Analysten vorzugehen.

Wie ist es mit dem Bankberater?

Der Bankberater haftet für eine fahrlässige Falschberatung. Dazu gibt es etliche Urteile. Wenn es zum Beispiel in der Wirtschaftspresse kritische Berichte zu einer Aktie gab, muss er darauf hinweisen, wenn er den Wert zum Kauf empfiehlt. Anleger können das dem Berater in der Regel aber schwer nachweisen. Es empfiehlt sich, zu zweit zur Beratung zu gehen und sich Notizen zu machen oder ein Beratungsprotokoll anzufertigen.

Gegebenenfalls könnte es auch möglich sein, Schadensersatz wegen entgangener Gewinne zu verlangen. Diesen sprach zumindest das Landgericht Berlin einem Anleger zu, dem eine Bank ohne jede Grundlage den Verkauf einer Aktie nahe gelegt hatte (Az 21 O 389/01). Die Bank hat Berufung dagegen eingelegt.

Zum Umgang mit Rechtsschutzversicherungen

Die Versicherung muss vor Eintritt des Schadensfalls abgeschlossen worden sein, also bevor der Skandal um das jeweilige Unternehmen ans Licht kommt. Sie muss Vertragsrechtsschutz bieten – das ist üblicherweise der Fall. Vor Beginn eines Verfahrens ist eine Deckungszusage einzuholen. Das übernehmen in der Regel die von den Anlegern beauftragten Anwälte. Sie berichten von sehr unterschiedlichen Erfahrungen mit den Anbietern. Positiv heben Anwälte zum Beispiel Gerling, Debeka, DEVK, ÖRAG, HUK, DEURAG und Advocat hervor. Geweigert hätten sich bislang insbesondere die Rechtsschutzversicherungen Allianz, D.A.S., ARAG, Roland und Concordia, so etwa die Erfahrung der Kanzlei Rotter Rechtsanwälte, Grünwald.

Etliche Versicherungen lehnen die Übernahme mit dem Hinweis auf Ausschlussgründe in den Policen ab. Das dürfte ihnen künftig schwerer fallen, denn die Anleger haben wertvolle Argumentationshilfen bekommen: Zum einen hat der Ombudsmann der Versicherungen, eine von den Versicherungen finanzierte, private Schlichtungsstelle für Kundenbeschwerden, eine Empfehlung an die Allianz ausgesprochen, die Klage eines Mandanten der Kanzlei Rotter Rechtsanwälte gegen EM.TV zu finanzieren (Diese Empfehlung kann auf der Webseite www.rotter-rechtsanwaelte.de nachgelesen werden). Zum anderen hat das Landgericht München I ein Urteil gefällt, wonach die Rechtsschutz Union Versicherung AG die Kosten für die Klage eines Mandanten der Kanzlei Tilp & Kälberer gegen die Deutsche Telekom tragen muss (Aktenzeichen 4 O 18021/01, bestätigt durch das Oberlandesgericht München, Aktenzeichen 25 U 2966/02). Das Urteil kann gegen eine Gebühr beim Gericht angefordert werden (Adressen von Gerichten sind unter anderem über die Webseite www.jura.uni-sb.de zu finden.).

Der Ombudsmann beziehungsweise die Richter argumentierten wie folgt: Private Aktiengeschäfte sind keine freiberufliche, selbständige oder gewerbliche Tätigkeit. Beim Aktienhandel für das eigene Portfolio ist kein großer Organisationsaufwand nötig. Damit handelt es sich um eine private Angelegenheit, auch wenn ein großes Vermögen verwaltet wird. Anders liegt der Fall, wenn der Anleger Großaktionär ist und sich der Streit um gesellschaftsrechtliche Fragen dreht.

Private Aktiengeschäfte fallen nicht unter das „Recht der Handelsgesellschaften". Ein durchschnittlicher Anleger kauft Aktien als Kapitalanlage, einen bedeutenden Einfluss auf das Unternehmen hat er damit nicht. Das Aktienrecht an sich zählt zum „Recht der Handelsgesellschaften", beim Wertpapierhandelsgesetz ist das bereits zweifelhaft. Vorschriften wie Paragraph 400 Aktiengesetz und Paragraph 15 Wertpapierhandelsgesetz dienen jedenfalls in erster Linie dem Schutz des Anlegers (siehe Kapitel „Wichtige Gesetze", Seite 225 f.). Da es nicht um die Klärung gesellschaftsrechtlicher Fragen geht, zieht der Ausschlussgrund

„Recht der Handelsgesellschaften" nicht, der die Versicherten vor den Kosten teurer Streitigkeiten einer Minderheit schützen soll. Der Aktienkauf ist keine Angelegenheit von Minderheiten mehr.

Für Prospekthaftungsklagen ist zwar laut Börsengesetz bei Gericht die Kammer für Handelssachen zuständig. Das heißt aber noch lange nicht, dass die dort verhandelten Rechtsstreitigkeiten alle handelsrechtlicher Natur sind.

Aktiengeschäfte sind kein Termingeschäft oder vergleichbares Spekulationsgeschäft. Bei Aktiengeschäften werden die Wertpapiere mehr oder weniger sofort geliefert und gezahlt. Der Preis steht fest. Bei Termin- oder ähnlichen Spekulationsgeschäften beeinflussen Unwägbarkeiten und Zufälle die Höhe des Gewinns oder Verlusts. Bei Aktien wirkt die Kursentwicklung in turbulenten Zeiten auch manchmal wie Zufall. Das ist aber keineswegs der Fall, wenn die Kurse abstürzen, weil zum Beispiel unrichtige Angaben im Börsenprospekt entdeckt werden. Die Unsicherheit beim Aktienkauf ist nicht zu vergleichen mit der bei einem Spiel, einer Wette oder einem Termingeschäft.

Bei Prospekthaftungsklagen gilt der „Einwand der Vorvertraglichkeit" nicht. Der Prospekt für eine Aktienemission wird (gewöhnlich) veröffentlicht, bevor der Anleger die Papiere zeichnet oder kauft. Trotzdem handelt es sich nicht um einen Fall von Vorvertraglichkeit, denn Schadensersatzansprüche auf Grund von Börsenprospekthaftung sind gesetzliche und keine vertraglichen Ansprüche. Ähnlich liegt der Fall bei Deliktansprüchen wie Kursbetrug.

Bei Anlegerprozessen fehlt nicht ohne weiteres die Erfolgsaussicht. Wenn der Antragsteller seinen Fall gut begründen kann und die Argumentation vertretbar oder die Beweisführung zumindest potenziell überzeugend ist, kann man nicht einfach von mangelnder Erfolgsaussicht sprechen. Selbst wenn Gerichte bei anderen Klagen gegen das Unternehmen in erster Instanz zu Ungunsten der Kläger entschieden haben, heißt das noch nicht, dass die Aussichten auf Erfolg mangelhaft sind. Das wäre erst der Fall, wenn Entscheidungen von Gerichten in zweiter Instanz vorliegen, deren Begründung sich auf den vorliegenden Fall übertragen lässt.

Es kam schon vor, dass eine Versicherung in einem Fall die Deckung zusagte und im nächsten nicht. Weigert sich eine Gesellschaft endgültig, können sich die Anleger innerhalb von acht Wochen nach der Ablehnung an den Ombudsmann wenden. Kosten fallen dafür nicht an. Bei einem Streitwert bis 5000 Euro darf der Ombudsmann eine verbindliche Regelung treffen, bei einer Summe zwischen 5000 Euro und 50 000 Euro ist seine Entscheidung unverbindlich, gewöhnlich folgen die Versicherungen seinen Empfehlungen jedoch. Für Fälle mit einem höheren Streitwert ist er nicht zuständig. Der Fall darf noch nicht bei Gericht oder bei der Finanzaufsichtsbehörde eingereicht sein.

Darüber hinaus kann der Ombudsmann nur tätig werden, wenn die betroffene Versicherung Mitglied des Vereins Versicherungsombudsmann ist. Die Mitglieder sind auf der Webseite www.versicherungsombudsmann.de aufgelistet. Die ARAG Rechtsschutzversicherung gehört zum Beispiel nicht dazu. Sie müsste zu viel aus ihrem Entscheidungsbereich aus der Hand geben, teilt die Versicherung zur Begründung mit. Ein Großteil ihrer Anfragen falle in die Kategorie bis 5000 Euro. Das trifft allerdings auch bei anderen Gesellschaften zu, die dem Verein angehören. Unter Umständen ist es nötig, vor Gericht zu ziehen, um die Frage der Deckungszusage zu klären. Das Prozesskostenrisiko tragen die Anleger (eine Orientierungshilfe zu den Kosten bietet die Tabelle auf Seite 218).

Selbst wenn die Versicherung eine Deckungszusage erteilt, kann es sein, dass die Anleger Geld zuschießen müssen: Vertreten Anwälte mehrere Mandanten im jeweiligen Fall, zahlen manche Rechtsschutzversicherungen nur den auf ihren Kunden entfallenden Teil am Gesamtschaden. Verlangen die Anwälte aber eine Abrechnung auf Basis des Einzelstreitwertes, müssen die Anleger die Differenz tragen. Die Höhe hängt vom jeweiligen Fall ab. Darüber hinaus decken Rechtsschutzversicherungen meist nur Fälle innerhalb der Europäischen Union ab. „Class Action"-Klagen in den USA übernehmen sie höchstens aus Kulanz. Nur spezielle, weltweit gültige Rechtsschutzversicherungen decken auch dies ab.

Wenn die Deckungszusage erteilt ist, aber Versicherung und Anwalt sich nicht über die erhobenen Gebühren einig werden, kann Ärger auf die Anleger zukommen. Eine Kanzlei berechnete zum Beispiel eine Besprechungsgebühr von 880 Euro bei einem geschädigten ComRoad-Aktionär. Dessen Versicherung D.A.S. übernahm diese Kosten nicht: „Für das Entstehen einer Besprechungsgebühr sehen wir keine Anhaltspunkte." Die Anwälte argumentierten, die Gebühr sei angefallen, weil sie mit dem Staatsanwalt, Mitarbeitern des Unternehmens und weiteren Informanten gesprochen haben, um die Klage vorzubereiten, und forderten den Anleger selbst zur Begleichung auf. Er weigerte sich nach Rücksprache mit seiner Versicherung und kündigte das Mandat bei der Kanzlei.

Wichtige Gesetze und was sie bedeuten

Die deutschen Gesetze sind umfangreich. Auf den ersten Blick lassen sie keine Lücke. Trotzdem haben geprellte Anleger im Allgemeinen wenig Chancen auf Schadensersatz. Dies gilt auch für die neuen Regelungen nach dem Vierten Finanzmarktförderungsgesetz, die für Fälle gelten, die nach dem 1. Juli 2002 bekannt werden. Die folgende Übersicht soll Aktionären eine Vorstellung davon geben, warum das so ist und was die Anwälte meinen, wenn sie zum Beispiel von Ansprüchen gemäß „§ 823 Abs. 2 BGB i.V.m. § 88 BörsG und § 400 Abs. 1 Nr. 1 AktG sowie § 826 BGB" schreiben. Da die im Buch behandelten Skandalfälle vor dem 1. 7. 2002 bekannt wurden, sind die Gesetze in der für sie geltenden alten Fassung aufgeführt.

Schadensersatz

Paragraph 823 Absatz 2 Bürgerliches Gesetzbuch (§ 823 II BGB): Schadensersatzpflicht
„[(1) Wer vorsätzlich oder fahrlässig das Leben, den Körper, die Gesundheit, die Freiheit, das Eigentum oder ein sonstiges Recht eines anderen widerrechtlich verletzt, ist dem anderen zum Ersatz des daraus entstehenden Schadens verpflichtet.]

(2) Die gleiche Verpflichtung trifft denjenigen, welcher gegen ein den Schutz eines anderen bezweckendes Gesetz verstößt. Ist nach dem Inhalt des Gesetzes ein Verstoß gegen dieses auch ohne Verschulden möglich, so tritt die Ersatzpflicht nur im Falle des Verschuldens ein."

Zusammenfassung: Wer einem anderen Schaden zufügt, muss den Schaden ersetzen. In den für Anleger wichtigen Fällen gilt das aber nur, wenn der Schädiger dabei ein Gesetz verletzt, das den einzelnen Anleger schützt.

Knackpunkt: Dieser Paragraph ist die wichtigste Anspruchsgrundlage auf Schadensersatz für Aktionäre. Er greift aber nur in Verbindung mit anderen Gesetzen, so genannten „Schutzgesetzen". Aus ihnen muss hervorgehen, dass sie einzelne Anleger schützen. Das ist bei fast allen wichtigen

Vorschriften wie Paragraph 88 des Börsengesetzes und Paragraph 400 des Aktiengesetzes umstritten.

Paragraph 826 Bürgerliches Gesetzbuch (§ 826 BGB): Sittenwidrige vorsätzliche Schädigung

„Wer in einer gegen die guten Sitten verstoßenden Weise einem anderen vorsätzlich Schaden zufügt, ist dem anderen zum Ersatz des Schadens verpflichtet."

Zusammenfassung: Wer einem anderen mit Vorsatz und auf besonders krasse Weise einen Schaden zufügt, muss den Schaden ersetzen.

Knackpunkt: Dieser Paragraph greift, wenn einem anderen absichtlich und sittenwidrig ein Schaden zugefügt wurde. Er eignet sich, Schadensersatz in besonders krassen Fällen geltend zu machen.

Unrichtige Darstellung der Gesellschaftsverhältnisse, Kursbetrug

Paragraph 400 Aktiengesetz Absatz 1 (§ 400 I AktG): Unrichtige Darstellung

„(1) Mit Freiheitsstrafe bis zu drei Jahren oder mit Geldstrafe wird bestraft, wer als Mitglied des Vorstands oder des Aufsichtsrats oder als Abwickler

1. die Verhältnisse der Gesellschaft einschließlich ihrer Beziehungen zu verbundenen Unternehmen in Darstellungen oder Übersichten über den Vermögensstand, in Vorträgen oder Auskünften in der Hauptversammlung unrichtig wiedergibt oder verschleiert, wenn die Tat nicht in § 331 Nr. 1 des Handelsgesetzbuchs mit Strafe bedroht ist, oder

2. in Aufklärungen oder Nachweisen, die nach den Vorschriften dieses Gesetzes einem Prüfer der Gesellschaft oder eines verbundenen Unternehmens zu geben sind, falsche Angaben macht oder die Verhältnisse der Gesellschaft unrichtig wiedergibt oder verschleiert, wenn die Tat nicht in § 331 Nr. 4 des Handelsgesetzbuchs mit Strafe bedroht ist."

Zusammenfassung: Wenn ein Vorstand oder Aufsichtsrat die Lage des Unternehmens vorsätzlich unrichtig darstellt, indem er falsche Angaben macht oder wichtige Aspekte nicht nennt, muss er mit einer Freiheitsstrafe bis zu drei Jahren oder einer Geldstrafe rechnen.

Knackpunkte: Dieser Paragraph wird manchmal als „Schutzgesetz" angesehen, das gemeinsam mit Paragraph § 823 II BGB eine Grundlage für Schadensersatzansprüche bildet. Man muss den Beschuldigten aber Vorsatz nachweisen. Es reicht nicht, dass der Aufsichtsrat oder Vorstand fahrlässig gehandelt hat.

Das stellt klagende Aktionäre vor Riesenprobleme: Sie müssen beweisen, dass die Vermögenslage „unrichtig" dargestellt wurde. Dafür brauchen sie Belege, dass der Gesellschaft schon Informationen zu einem Zeitpunkt vorlagen, die ein deutlich abweichendes Bild von dem ergaben, was der Öffentlichkeit vermittelt wurde. Dieser Nachweis ist für Außenstehende an sich schon schwer genug zu führen, denn sie bräuchten dafür Einblick in interne Vorgänge. Noch viel härter aber ist die Sache mit dem Vorsatz. Der Beschuldigte braucht nur glaubhaft zu versichern, er sei unfähig gewesen, Bilanzen richtig aufzustellen, oder er habe sich einfach auf Gutachten der Wirtschaftsprüfer verlassen. Dann könnte man ihm zwar Fahrlässigkeit vorwerfen, aber nicht, dass er mit Absicht gehandelt hat. Und schon ist es mit dem Schadensersatz vorbei.

Paragraph 88 Börsengesetz (§ 88 BörsG): Kursbetrug
(für Fälle ab 1. 7. 2002: Paragraphen 20 a, 38 und 39 Wertpapierhandelsgesetz)

„Wer zur Einwirkung auf den Börsen- oder Marktpreis von Wertpapieren, Bezugsrechten, ausländischen Zahlungsmitteln, Waren, Anteilen, die eine Beteiligung am Ergebnis eines Unternehmens gewähren sollen, oder von Derivaten im Sinne des § 2 Abs. 2 des Wertpapierhandelsgesetzes

1. unrichtige Angaben über Umstände macht, die für die Bewertung der Wertpapiere, Bezugsrechte, ausländischen Zahlungsmittel, Waren, Anteile oder Derivate erheblich sind, oder solche Umstände entgegenbestehenden Rechtsvorschriften verschweigt oder

2. sonstige auf Täuschung berechnete Mittel anwendet, wird mit Freiheitsstrafe bis zu drei Jahren oder mit Geldstrafe bestraft."

Zusammenfassung: Wer vorsätzlich unrichtige Angaben macht, um den Kurs von Wertpapieren zu manipulieren, wird mit einer Freiheitsstrafe bis zu drei Jahren oder einer Geldstrafe bestraft.

Knackpunkt: Wieder müssen die geprellten Aktionäre Vorsatz nachweisen. Bei diesem Paragraphen ist es außerdem umstritten, ob er überhaupt ein „Schutzgesetz" ist, das für eine Verbindung mit § 823 II BGB und damit als Anspruchsgrundlage für Schadensersatz taugt. Die Mehrheit der Juristen verneint das.

Änderungen durch das Vierte Finanzmarktförderungsgesetz: Dieser Paragraph wurde durch Paragraph 20 a Wertpapierhandelsgesetz ersetzt. Diese Vorschrift greift bereits, wenn nur der Versuch einer Manipulation unternommen wird. Das ist dann eine Ordnungswidrigkeit, die die Bundesanstalt für Finanzdienstleistungsaufsicht selbständig verfolgen und mit einem Bußgeld bis zu ein einhalb Millionen Euro belegen kann. Wer mit seiner Manipulation Erfolg hat, begeht eine Straftat (Paragraphen 38 und 39 Wertpapierhandelsgesetz). Vorsatz muss auch weiterhin nachgewiesen werden.

Paragraph 15 Wertpapierhandelsgesetz (§ 15 WpHG): Falsche Ad-hoc-Mitteilungen
(für Fälle ab 1.7.2002 sind auch die Paragraphen 37 b und 37 c relevant)

„(1) Der Emittent von Wertpapieren, die zum Handel an einer inländischen Börse zugelassen sind, muss unverzüglich eine neue Tatsache veröffentlichen, die in seinem Tätigkeitsbereich eingetreten und nicht öffentlich bekannt ist, wenn sie wegen der Auswirkungen auf die Vermögens- oder Finanzlage oder auf den allgemeinen Geschäftsverlauf des Emittenten geeignet ist, den Börsenpreis der zugelassenen Wertpapiere erheblich zu beeinflussen oder im Fall zugelassener Schuldverschreibungen die Fähigkeit des Emittenten, seinen Verpflichtungen nachzukommen, beeinträchtigen kann. Das Bundesaufsichtsamt kann den Emittenten auf Antrag von der Veröffentlichungspflicht befreien, wenn die Veröffentlichung der Tatsache geeignet ist, den berechtigten Interessen des Emittenten zu schaden. (…)

(6) Verstößt der Emittent gegen die Verpflichtung nach Absatz 1, 2 oder 3, so ist er einem anderen nicht zum Ersatz des daraus entstehenden Scha-

dens verpflichtet. Schadensersatzansprüche, die auf anderen Rechtsgrundlagen beruhen, bleiben unberührt."

Zusammenfassung: Ein Unternehmen muss eine kursrelevante Tatsache unverzüglich mitteilen. Es kann sich von dieser Pflicht befreien lassen, wenn es einen Antrag bei der Finanzaufsichtsbehörde stellt und dieser genehmigt wird. Erleidet ein Anleger einen Schaden, weil ein Unternehmen dieser Pflicht nicht nachkommt, kann er bei Fällen vor dem 1. 7. 2002 keinen Ersatz des Schadens vom Unternehmen fordern, indem er sich auf diesen Paragraphen beruft.

Knackpunkt: Es ist umstritten, ob dieser Paragraph ein „Schutzgesetz" ist, das eine Verbindung mit Paragraph 823 II BGB eingehen kann. In Absatz 6 ist der Anspruch auf Schadensersatz auf Grund falscher oder verspäteter oder sonst wie mangelhafter Pflichtmitteilungen (Ad-hoc-Mitteilungen) ausdrücklich ausgeschlossen. Ein Türchen lässt das Gesetz offen: Wenn es Ansprüche auf Grund anderer Rechtsgrundlagen gibt, ist Schadensersatz möglich. Ein Beispiel wäre eine vorsätzlich falsche Veröffentlichung – falls sich das mal nachweisen lässt.

Änderungen durch das Vierte Finanzmarktförderungsgesetz: Im Absatz 1 ist vorgeschrieben, dass das Unternehmen „übliche" Kennzahlen verwenden muss, die auch einen Vergleich mit früheren Veröffentlichungen ermöglichen. Damit wird der Praxis ein Riegel vorgeschoben, nur diejenigen Kennzahlen zu veröffentlichen, die nicht ganz so schlecht ausgefallen sind, und neue Kennzahlen zu erfinden, mit denen fast niemand etwas anfangen kann. Außerdem darf nichts mehr enthalten sein, was nicht kursrelevant ist, wie zum Beispiel Werbung. Das ist eindeutig eine Verbesserung.

Im Absatz 6 ist das Wörtchen „nicht" durch die Formulierung „nur unter den Voraussetzungen der §§ 37b und 37c" ersetzt. Das verbessert die Lage der Anleger – aber nur ein bisschen.

Paragraph 37 b Wertpapierhandelsgesetz (§ 37 b WpHG): Schadensersatz wegen verspäteter Ad-hoc-Mitteilungen
(für Fälle ab 1. 7. 2002)

„(1) Unterlässt es der Emittent von Wertpapieren, die zum Handel an einer inländischen Börse zugelassen sind, unverzüglich eine neue Tatsache zu veröffentlichen, die in seinem Tätigkeitsbereich eingetreten und nicht öffentlich bekannt ist und die wegen ihrer Auswirkungen auf die Vermögens- oder Finanzlage oder auf den allgemeinen Geschäftsverlauf des Emittenten geeignet ist, den Börsenpreis der zugelassenen Wertpapiere erheblich zu beeinflussen, ist er einem Dritten zum Ersatz des durch die Unterlassung entstandenen Schadens verpflichtet, wenn der Dritte die Wertpapiere nach der Unterlassung erwirbt und er bei Bekanntwerden der Tatsache noch Inhaber der Wertpapiere ist oder die Wertpapiere vor dem Eintritt der Tatsache erwirbt und nach der Unterlassung veräußert.

(2) Nach Absatz 1 kann nicht in Anspruch genommen werden, wer nachweist, dass die Unterlassung nicht auf Vorsatz oder grober Fahrlässigkeit beruht.

(3) Der Anspruch nach Absatz 1 besteht nicht, wenn der Dritte die nicht veröffentlichte Tatsache im Falle des Absatzes 1 Nr. 1 bei dem Erwerb oder im Falle des Absatzes 1 Nr. 2 bei der Veräußerung kannte.

(4) Der Anspruch nach Absatz 1 verjährt in einem Jahr von dem Zeitpunkt an, zu dem der Dritte von der Unterlassung Kenntnis erlangt, spätestens jedoch in drei Jahren seit der Unterlassung.

(5) Weitergehende Ansprüche, die nach Vorschriften des bürgerlichen Rechts auf Grund von Verträgen oder vorsätzlichen unerlaubten Handlungen erhoben werden können, bleiben unberührt.

(6) Eine Vereinbarung, durch die Ansprüche des Emittenten gegen Vorstandsmitglieder wegen der Inanspruchnahme des Emittenten nach Absatz 1 im Voraus ermäßigt oder erlassen werden, ist unwirksam."

Paragraph 37 c Wertpapierhandelsgesetz (§ 37 c WpHG): Schadensersatz wegen falscher Ad-hoc-Mitteilungen
(für Fälle ab 1. Juli 2002)

„(1) Veröffentlicht der Emittent von Wertpapieren, die zum Handel an einer inländischen Börse zugelassen sind, in einer Mitteilung über kursbeeinflussende Tatsachen eine unwahre Tatsache, die in seinem

Tätigkeitsbereich eingetreten sein soll und nicht öffentlich bekannt ist und die wegen ihrer Auswirkungen auf die Vermögens- oder Finanzlage oder auf den allgemeinen Geschäftsverlauf des Emittenten geeignet ist, den Börsenpreis der zugelassenen Wertpapiere erheblich zu beeinflussen, ist er einem Dritten zum Ersatz des Schadens verpflichtet, der dadurch entsteht, dass der Dritte auf die Richtigkeit der Tatsache vertraut, wenn der Dritte die Wertpapiere nach der Veröffentlichung erwirbt und er bei dem Bekanntwerden der Unrichtigkeit der Tatsache noch Inhaber der Wertpapiere ist oder die Wertpapiere vor der Veröffentlichung erwirbt und vor dem Bekanntwerden der Unrichtigkeit der Tatsache veräußert.

(2) Nach Absatz 1 kann nicht in Anspruch genommen werden, wer nachweist, dass er die Unrichtigkeit der Tatsache nicht gekannt hat und die Unkenntnis nicht auf grober Fahrlässigkeit beruht.

(3) Der Anspruch nach Absatz 1 besteht nicht, wenn der Dritte die Unrichtigkeit der Tatsache im Falle des Absatzes 1 Nr. 1 bei dem Erwerb oder im Falle des Absatzes 1 Nr. 2 bei der Veräußerung kannte.

(4) Der Anspruch nach Absatz 1 verjährt in einem Jahr von dem Zeitpunkt an, zu dem der Dritte von der Unrichtigkeit der Tatsache Kenntnis erlangt, spätestens jedoch in drei Jahren seit der Veröffentlichung.

(5) Weitergehende Ansprüche, die nach Vorschriften des bürgerlichen Rechts auf Grund von Verträgen oder vorsätzlichen unerlaubten Handlungen erhoben werden können, bleiben unberührt.

(6) Eine Vereinbarung, durch die Ansprüche des Emittenten gegen Vorstandsmitglieder wegen der Inanspruchnahme des Emittenten nach Absatz 1 im Voraus ermäßigt oder erlassen werden, ist unwirksam."

Zusammenfassung: Eine Schadensersatzpflicht des Unternehmens gegenüber den Aktionären ist vorgesehen, wenn es

• kursbeeinflussende Meldungen zu spät (Paragraph 37 b) oder

• unrichtige, kursbeeinflussende Tatsachen veröffentlicht (Paragraph 37 c).

In beiden Fällen verjährt das Delikt nach einem Jahr ab der Kenntnis des Problems, spätestens aber drei Jahre nach der Veröffentlichung.

Knackpunkt: Es gilt die für Anleger günstige Beweislastumkehr. Das Unternehmen muss nachweisen, dass es nicht grob fahrlässig oder vorsätzlich gehandelt hat beziehungsweise dass es die Unrichtigkeit nicht kannte.

Problem eins: Gelingt es dem Unternehmen, glaubhaft zu versichern, dass es nicht grob fahrlässig oder vorsätzlich gehandelt hat, ist es aus dem Schneider. Das wäre zum Beispiel der Fall, wenn der Verantwortliche die Pflichtmitteilung in dem Glauben schreibt, sich an die zu überbringende Botschaft schon richtig zu erinnern, ohne sie nochmals nachzuprüfen. Es liegt wieder an den Anlegern, grobe Fahrlässigkeit oder Vorsatz nachzuweisen.

Problem zwei: Zum Schadensersatz gegenüber den Aktionären ist nur das Unternehmen verpflichtet, nicht aber Vorstände und Aufsichtsräte. Gewöhnlich sind es Vorstände, die den Schaden angerichtet und sich damit bereichert haben. Gegen sie fehlt weiterhin eine direkte Handhabe. Und die Unternehmen sind unter Umständen so ausgeplündert oder heruntergewirtschaftet, dass gar kein Geld mehr da ist, um Schadensersatz zu zahlen. Überspitzt ausgedrückt: Je schlimmer es die Bösewichte getrieben haben, desto geringer ist die Chance, dass die Aktionäre ihren Schaden ersetzt bekommen. Die Unternehmen gehören außerdem den Aktionären. Im Prinzip zahlen sich die Anleger damit Schadensersatz aus ihrem eigenen Eigentum. Geht das Unternehmen in Insolvenz – wie häufig –, haben die Aktionäre ohnehin das Nachsehen.

Prospekthaftung

Paragraph 45 Börsengesetz (§ 45 BörsG): Unrichtiger Börsenprospekt
(für Fälle ab 1. 7. 2002: Paragraph 44 Börsengesetz)

„(1) Der Erwerber von Wertpapieren, die auf Grund eines Prospekts zum Börsenhandel zugelassen sind, in dem für die Beurteilung der Wertpapiere wesentliche Angaben unrichtig oder unvollständig sind, kann

1. von denjenigen, die für den Prospekt die Verantwortung übernommen haben, und

2. von denjenigen, von denen der Erlass des Prospekts ausgeht,

als Gesamtschuldnern die Übernahme der Wertpapiere gegen Erstattung des Erwerbspreises, soweit dieser den ersten Ausgabepreis der Wertpapiere nicht überschreitet, und der mit dem Erwerb verbundenen üblichen Kosten verlangen, sofern das Erwerbsgeschäft nach Veröffentlichung des Prospekts und innerhalb von sechs Monaten nach erstmaliger Einführung der Wertpapiere abgeschlossen wurde. Ist ein Ausgabepreis nicht festgelegt, gilt als Ausgabepreis der erste nach Einführung der Wertpapiere festgestellte oder gebildete Börsenpreis, im Falle gleichzeitiger Feststellung oder Bildung an mehreren inländischen Börsen der höchste erste Börsenpreis. Auf den Erwerb von Wertpapieren desselben Emittenten, die von den in Satz 1 genannten Wertpapieren nicht nach Ausstattungsmerkmalen oder in sonstiger Weise unterschieden werden können, sind die Sätze 1 und 2 entsprechend anzuwenden.

(2) Ist der Erwerber nicht mehr Inhaber der Wertpapiere, so kann er die Zahlung des Unterschiedsbetrags zwischen dem Erwerbspreis, soweit dieser den ersten Ausgabepreis nicht überschreitet, und dem Veräußerungspreis der Wertpapiere sowie der mit dem Erwerb und der Veräußerung verbundenen üblichen Kosten verlangen. Absatz 1 Satz 2 und 3 ist anzuwenden."

Zusammenfassung: Die Verantwortlichen für einen Börsenprospekt – in der Regel das Unternehmen und die Emissionsbanken – müssen haften, wenn sie darin unrichtige Angaben veröffentlichen oder wesentliche Angaben weglassen. Sie haften gegenüber allen Anlegern, die die betreffenden Wertpapiere zeichnen oder innerhalb der ersten sechs Monate nach der Börseneinführung kaufen. Als Schaden gilt allerdings nur die Differenz zwischen dem Emissionskurs und dem aktuellen Kurs oder Verkaufskurs, egal zu welchem Kurs der Anleger die Papiere tatsächlich gekauft hat.

Knackpunkt: Eine wesentliche Angabe muss falsch sein oder fehlen, also etwas, was ein Anleger üblicherweise für seine Investitionsentscheidung heranzieht. Für den Prospekt haften das Unternehmen und die Emissionsbanken gemeinsam. Anleger können sich also aussuchen, wen davon sie verklagen wollen. Üblicherweise wählt man den wirtschaftlich Stärksten. Eine solche Klage kommt für Anleger in Frage, die die Aktie bei der Börseneinführung oder spätestens sechs Monate danach gekauft haben. Maßgeblich für die Berechnung des Schadens ist nicht der tatsächliche Kaufpreis, sondern der Emissionspreis des Wertpapiers.

Paragraph 46 Börsengesetz (§ 46 BörsG): Haftung
(für Fälle ab 1. 7. 2002: Paragraph 45 Börsengesetz)

„(1) Nach § 45 kann nicht in Anspruch genommen werden, wer nachweist, dass er die Unrichtigkeit oder Unvollständigkeit der Angaben des Prospekts nicht gekannt hat und die Unkenntnis nicht auf grober Fahrlässigkeit beruht.

(2) Der Anspruch nach § 45 besteht nicht, sofern

1. die Wertpapiere nicht auf Grund des Prospekts erworben wurden,

2. der Sachverhalt, über den unrichtige oder unvollständige Angaben im Prospekt enthalten sind, nicht zu einer Minderung des Börsenpreises der Wertpapiere beigetragen hat,

3. der Erwerber die Unrichtigkeit oder Unvollständigkeit der Angaben des Prospekts bei dem Erwerb kannte oder

4. vor dem Abschluss des Erwerbsgeschäfts im Rahmen des Jahresabschlusses oder Zwischenberichts des Emittenten, einer Veröffentlichung nach § 15 des Wertpapierhandelsgesetzes oder einer vergleichbaren Bekanntmachung eine deutlich gestaltete Berichtigung der unrichtigen oder unvollständigen Angaben im Inland veröffentlicht wurde."

Zusammenfassung: Die Verantwortlichen für den Börsenprospekt haften nur dann nicht für die falschen oder fehlenden Angaben, wenn sie nachweisen, dass sie nichts von den Mängeln wissen konnten.

Knackpunkt: In diesem Fall – eine sensationelle Ausnahme – gilt die für Anleger günstige Beweislastumkehr. Nicht die Anleger müssen nachweisen, dass das Unternehmen und die Emissionsbanken nichts von den falschen oder fehlenden Angaben wussten. Das Unternehmen und die Emissionsbanken müssen nachweisen, dass sie nichts davon wissen konnten.

Paragraph 47 Börsengesetz (§ 47 BörsG) Verjährung
(für Fälle ab 1. 7. 2002: Paragraph 46 Börsengesetz)

„Der Anspruch nach § 45 verjährt in sechs Monaten seit dem Zeitpunkt, zu dem der Erwerber von der Unrichtigkeit oder Unvollständigkeit der Angaben des Prospekts Kenntnis erlangt hat, spätestens jedoch in drei Jahren seit der Veröffentlichung des Prospekts."

Zusammenfassung: Die Verantwortlichen haften drei Jahre lang für die falschen oder fehlenden Angaben. Werden die Mängel erst später entdeckt, haben sie Glück. Nach Bekanntwerden der Mängel müssen Ansprüche innerhalb von sechs Monaten (für Fälle ab 1. Juli 2002 innerhalb eines Jahres) geltend gemacht werden.

Knackpunkt: Die Verjährungsfristen sind sehr kurz. Sind die falschen oder unrichtigen Angaben entdeckt, muss innerhalb von sechs Monaten (beziehungsweise einem Jahr) und spätestens innerhalb von drei Jahren nach Veröffentlichung des Prospekts die Klage eingereicht werden.

Paragraph 48 Börsengesetz Absatz 2 (§ 48 II BörsG): Sonstige Ansprüche
(für Fälle ab 1. 7. 2002: Paragraph 47 Börsengesetz)

„(2) Weitergehende Ansprüche, die nach den Vorschriften des bürgerlichen Rechtes auf Grund von Verträgen oder vorsätzlichen unerlaubten Handlungen erhoben werden können, bleiben unberührt."

Zusammenfassung: Liegt ein besonders krasser Fall vor, ist es möglich, weitergehende Ansprüche zu erheben.

Knackpunkt: Bei der Prospekthaftung dient der Emissionspreis als Obergrenze für die Berechnung des Schadens, auch wenn Anleger die Aktie eigentlich zu weit höheren Kursen gekauft haben. Ist der Fall aber so krass, dass noch weitergehende Ansprüche erhoben werden können, ist es danach möglich, den Kaufpreis anzusetzen. Das ist besonders tröstlich, wenn die Aktie in den Monaten nach dem Börsengang stark gestiegen ist.

Paragraph 49 Börsengesetz (§49 BörsG): Gerichtliche Zuständigkeit

(für Fälle ab 1. 7. 2002: Paragraph 48 Börsengesetz)

„Für die Entscheidung über die Ansprüche nach § 45 und die in § 48 Abs. 2 erwähnten Ansprüche ist ohne Rücksicht auf den Wert des Streitgegenstands das Landgericht ausschließlich zuständig, in dessen Bezirk die Börse ihren Sitz hat, deren Zulassungsstelle den Prospekt gebilligt oder im Falle des § 45 Abs. 4 den Emittenten von der Pflicht zur Veröffentlichung eines Prospekts befreit hat. Besteht an diesem Landgericht eine Kammer für Handelssachen, so gehört der Rechtsstreit vor diese."

Zusammenfassung: Für Aktien, für die eine Zulassung bei der Börse in Frankfurt beantragt wurde – also fast alle –, ist das Landgericht Frankfurt zuständig.

Knackpunkt: Obwohl die Kammer für Handelssachen diese Verfahren bekommt, heißt das nicht, dass für Anleger automatisch das in diesem Fall für sie ungünstigere Handelsrecht gilt. (Das wäre sonst ein Ausschlussgrund für die Deckungszusage üblicher Rechtsschutzversicherungen.)

Änderungen durch das Vierte Finanzmarktförderungsgesetz: Mit unrichtigen Börsenprospekten befassen sich die Paragraphen 44 bis 48. Die Verjährungsfrist wurde von sechs Monaten auf ein Jahr heraufgesetzt. Das ist immer noch ziemlich kurz, da es häufig kompliziert und aufwändig ist, die falschen oder fehlenden Angaben zu belegen.

Kapitalanlagebetrug

Paragraph 264a Strafgesetzbuch (§ 264a StGB): Kapitalanlagebetrug

„(1) Wer im Zusammenhang mit dem Vertrieb von Wertpapieren, Bezugsrechten oder von Anteilen, die eine Beteiligung an dem Ergebnis eines Unternehmens gewähren sollen, oder dem Angebot, die Einlage auf solche Anteile zu erhöhen, in Prospekten oder in Darstellungen oder Übersichten über den Vermögensstand hinsichtlich der für die Entscheidung über den Erwerb oder die Erhöhung erheblichen Umstände gegenüber einem größeren Kreis von Personen unrichtige vorteilhafte

Angaben macht oder nachteilige Tatsachen verschweigt, wird mit Freiheitsstrafe bis zu drei Jahren oder mit Geldstrafe bestraft.

(2) Absatz 1 gilt entsprechend, wenn sich die Tat auf Anteile an einem Vermögen bezieht, das ein Unternehmen im eigenen Namen, jedoch für fremde Rechnung verwaltet.

(3) Nach den Absätzen 1 und 2 wird nicht bestraft, wer freiwillig verhindert, dass auf Grund der Tat die durch den Erwerb oder die Erhöhung bedingte Leistung erbracht wird. Wird die Leistung ohne Zutun des Täters nicht erbracht, so wird er straflos, wenn er sich freiwillig und ernsthaft bemüht, das Erbringen der Leistung zu verhindern."

Zusammenfassung: Wer beim Vertrieb von Wertpapieren falsche Angaben macht oder wichtige Angaben weglässt, wird mit einer Freiheitsstrafe bis zu drei Jahren oder einer Geldstrafe bestraft.

Knackpunkt: Dieses Gesetz ist ein „Schutzgesetz", das zusammen mit Paragraph 823 Absatz 2 Bürgerliches Gesetzbuch eine Grundlage für Schadensersatzansprüche bildet. Wieder muss aber Vorsatz nachgewiesen werden.

Insiderhandel

Paragraph 14 Wertpapierhandelsgesetz (§ 14 WpHG): Verbot von Insidergeschäften

„(1) Einem Insider ist es verboten,

1. unter Ausnutzung seiner Kenntnis von einer Insidertatsache Insiderpapiere für eigene oder fremde Rechnung oder für einen anderen zu erwerben oder zu veräußern,

2. einem anderen eine Insidertatsache unbefugt mitzuteilen oder zugänglich zu machen,

3. einem anderen auf der Grundlage seiner Kenntnis von einer Insidertatsache den Erwerb oder die Veräußerung von Insiderpapieren zu empfehlen.

(2) Einem Dritten, der Kenntnis von einer Insidertatsache hat, ist es verboten, unter Ausnutzung dieser Kenntnis Insiderpapiere für eigene oder fremde Rechnung oder für einen anderen zu erwerben oder zu veräußern."

Zusammenfassung: Wer Insidertatsachen weiß und sie für Wertpapiergeschäfte ausnutzt, macht sich strafbar. Die Insidertatsache darf auch anderen nicht mitgeteilt und es dürfen keine Empfehlungen abgegeben werden.

Knackpunkt: „Börsengurus" sind fein raus grundsätzlich ist es eine verbotene Insidertatsache, wenn sie Aktien empfehlen, die sie zuvor selbst gekauft haben. Nur muss man ihnen Vorsatz nachweisen, dass sie also beim Kauf der Papiere schon wussten, sie würden sie später empfehlen. Wer den Empfehlungen eines solchen „Börsengurus" gefolgt ist und dadurch Verluste gemacht hat, hat also schlechte Karten.

Mit Ausnahme der Prospekthaftung stehen die Chancen auf Schadensersatz für Anleger also schlecht. Aber da gibt es doch im Aktiengesetz Paragraphen, die eigentlich viel versprechend klingen:

Paragraph 93 Aktiengesetz: Sorgfaltspflicht und Verantwortlichkeit der Vorstandsmitglieder

„(2) Vorstandsmitglieder, die ihre Pflichten verletzen, sind der Gesellschaft zum Ersatz des daraus entstehenden Schadens als Gesamtschuldner verpflichtet. Ist streitig, ob sie die Sorgfalt eines ordentlichen und gewissenhaften Geschäftsleiters angewandt haben, so trifft sie die Beweislast."

Zusammenfassung: Vorstände (und analog Aufsichtsräte nach Paragraph 116 Aktiengesetz) sind zum Ersatz eines Schadens, den sie anrichten, verpflichtet.

Knackpunkt: Die Vorstandsmitglieder (und analog nach Paragraph 116 Aktiengesetz die Aufsichtsräte) sind nur gegenüber der Gesellschaft, aber nicht gegenüber den Aktionären zum Ersatz ihres Schadens verpflichtet.

Paragraph 117 Aktiengesetz: Schadenersatzpflicht

„(1) Wer vorsätzlich unter Benutzung seines Einflusses auf die Gesellschaft ein Mitglied des Vorstands oder des Aufsichtsrats, einen Prokuristen oder einen Handlungsbevollmächtigten dazu bestimmt, zum Schaden der

Gesellschaft oder ihrer Aktionäre zu handeln, ist der Gesellschaft zum Ersatz des ihr daraus entstehenden Schadens verpflichtet. Er ist auch den Aktionären zum Ersatz des ihnen daraus entstehenden Schadens verpflichtet, soweit sie, abgesehen von einem Schaden, der ihnen durch Schädigung der Gesellschaft zugefügt worden ist, geschädigt worden sind.

(2) Neben ihm haften als Gesamtschuldner die Mitglieder des Vorstands und des Aufsichtsrats, wenn sie unter Verletzung ihrer Pflichten gehandelt haben. (…)"

Zusammenfassung: Wer vorsätzlich zum Schaden der Gesellschaft und ihrer Aktionäre handelt, ist zum Ersatz des Schadens verpflichtet. Aktionärsschäden durch Kursverluste sind damit aber nicht gemeint.

Knackpunkt: Leider taugt dieser Paragraph nichts für die üblichen Schäden der Aktionäre, also Kursverluste. Er bezieht sich auf weitergehende Schäden, zum Beispiel durch nicht zurückgezahlte Kredite, die Aktionäre an die Gesellschaft vergeben haben, weil ihnen vorgegaukelt wurde, alles laufe bestens. Ohnehin wäre mal wieder Vorsatz nachzuweisen.

Fazit: Aktionäre haben meist schlechte Karten, Schadensersatz zu bekommen. Eine Ausnahme stellt lediglich der eher seltene Fall der Prospekthaftung dar. Durch das Vierte Finanzmarktförderungsgesetz, das seit 1.7.2002 gilt, bleiben Schlupflöcher bestehen. Die Verbesserungen bringen ohnehin nur solchen Anlegern einen Nutzen, deren Schaden nach Verabschiedung des neuen Gesetzes entstanden ist.

Linderung, aber keine Heilung

Neuregelungen im Vierten Finanzmarktförderungsgesetz

Verbesserungen:

Schadensersatz vom Unternehmen:

Das Wertpapierhandelsgesetz bekam mit den Paragraphen 37 b und 37 c wichtigen Zuwachs. Demnach haftet das Unternehmen (nicht aber die Vorstände) für die Veröffentlichung falscher und verspäteter Ad-hoc-Mitteilungen. Die für Anleger günstige Beweislastumkehr gilt.

Längere Verjährungsfristen:

Anleger haben jetzt ein Jahr lang Zeit, um nach der Entdeckung einer wesentlichen, falschen oder fehlenden Angabe Klage einzureichen. Die Haftung der Verantwortlichen endet aber weiterhin drei Jahre nach der Veröffentlichung des Prospekts.

Zuständigkeit für Kurs- und Marktmanipulation:

Die Bundesanstalt für Finanzdienstleistungsaufsicht ist nicht nur für Insidertransaktionen, sondern auch für Kurs- und Marktmanipulationen zuständig und darf bei Verdacht auf Verstöße selbst ermitteln und Sanktionen verhängen (Paragraphen 6 sowie 20 a und b Wertpapierhandelsgesetz). Das ist an sich schon ein Fortschritt. Allerdings hat sie in ihrem bisherigen Zuständigkeitsbereich, der Verfolgung von Insiderdelikten, nicht gerade durch besonders energisches Auftreten geglänzt. Wenn das so bleibt, haben Markt- und Kursmanipulateure weiterhin leichtes Spiel.

Interessenskonflikte bei Analystenstudien:

Nach dem neuen Paragraph 34 b Wertpapierhandelsgesetz müssen Analysten ihre Analysen mit der „erforderlichen Sachkenntnis, Sorgfalt und Gewissenhaftigkeit" erbringen und Interessenskonflikte offen legen. Es dürfte sehr schwer sein, einem Analysten nachzuweisen, dass er sich nicht an diese Vorschrift gehalten hat. Ein Interessenskonflikt besteht zum Beispiel, wenn ein Analyst ein Wertpapier selbst kauft und daraufhin eine euphorische Kaufempfehlung veröffentlicht. Veröffentlicht ein Analyst dagegen eine

Kaufstudie und die Handelsabteilung stößt kurz darauf im Kundenauftrag große Pakete ab, wäre das kein zu veröffentlichender Interessenskonflikt.

Insidertransaktionen
Nach dem Paragraphen 15 a Wertpapierhandelsgesetz müssen nicht nur Vorstände und Aufsichtsräte, sondern auch deren Ehepartner, eingetragene Lebenspartner und Verwandte ersten Grades die Käufe und Verkäufe eigener Wertpapiere melden. Damit nutzt es Vorstände nichts mehr, Aktienpakete an die Ehefrau zu verschenken, um die Meldepflicht zu umgehen. Raffiniertere Varianten, wie die Auslagerung an ein anderes Unternehmen, hinter dem wiederum der Insider steckt, ermöglichen es aber weiterhin, Aktien zu verkaufen, ohne dies zu melden.

Was nicht geändert wurde:

Das Aktiengesetz enthält keine Schadensersatzpflicht von Vorständen und Aufsichtsräten gegenüber Aktionären.

Börsengurus können weiterhin Aktien empfehlen, mit denen sie sich vorher eingedeckt haben, ohne Gefahr zu laufen, bestraft zu werden: Die Insiderregelungen im Wertpapierhandelsgesetz wurden nicht geändert.

Es wurde keine bundesweite Schwerpunktstaatsanwaltschaft für Kapitalmarktdelikte eingerichtet.

Zeittafel ComRoad AG

Oktober 1995	ComRoad GmbH wird ins Handelsregister eingetragen und in Aktiengesellschaft umgewandelt. Bodo Schnabel wird Vorstand, Ingrid Schnabel und Hartmut Schwamm werden Aufsichtsräte.
1997	Ingrid Schnabel wird Vorstandsvorsitzende, Bodo Schnabel Aufsichtsratsvorsitzender
März 1998	Suche nach Privatinvestoren für Kapitalerhöhung
25.8.1998	Verschmelzung mit Information Storage (Geschäftsführer: Ingrid Schnabel und Hartmut Schwamm, Umsatz 1997: ca. 2,7 Millionen DM)
Sept. 1998	Beratungsauftrag für Börsengang an Löhr & Cie. von Andreas Löhr
26.3.1999	Präsentation beim Zulassungsausschuss Neuer Markt der Börse Frankfurt
April 1999	Eintrag der Kapitalerhöhung endgültig gescheitert
Juni 1999	Beschluss über Kapitalerhöhung ohne Privatinvestoren. Bodo Schnabel und Hartmut Schwamm werden Vorstände, Andreas Löhr, Ingrid Schnabel und Manfred Götz Aufsichtsräte.
30.7.1999	Bank Concord Effekten beteiligt sich an ComRoad.
26.11.1999	Erstnotiz am Neuen Markt, Emissionskurs: 20,50 Euro (splitbereinigt: 5,13 Euro)
21.1.2000	Umsatzziel für 1999 angeblich übertroffen
25.1.2000	Beteiligung an Skynet Telematics in Großbritannien

März 2000	Kapitalerhöhung wird angekündigt
6.4.2000	Planzahlen erhöht
Juni 2000	Hauptversammlung für das Jahr 1999, angeblich vier Partner gewonnen
24.7.2000	Aktiensplit eins zu vier (Aktienzahl vervierfacht sich, Kurs viertelt sich)
29.8.2000	Partnerschaft mit Mannesmann Mobilfunk
20.9.2000	Vertrag über mehr als 50 Millionen Euro in Spanien und der Slowakei verkündet
29.9.2000	Partnerschaft mit ASL Auto Service Leasing verkündet
17.11.2000	Vertrag über mehr als 25 Millionen Euro in Norwegen und Ägypten verkündet
21.11.2000	Kapitalerhöhung über 50 Millionen Euro durch Concord und HypoVereinsbank platziert
18.12.2000	Ankündigung der Aufnahme in den Auswahlindex Nemax-50
3.1.2001	Angeblich Planzahlen für Jahr 2000 übertroffen
16.3.2001	Umsatz- und Gewinnprognose wird bis zum Jahr 2003 angehoben
Frühjahr 2001	Erste Zweifel an ComRoad werden publik
28.5.2001	Hauptversammlung für das Jahr 2000
20.6.2001	Aktienrückkaufprogramm wird angekündigt

3. 7. 2001	Vertrag mit Tochter des chinesischen Mobilfunkriesen China Unicom, angeblich über ein höheres dreistelliges Millionenvolumen innerhalb von drei Jahren
13. 7. 2001	Umsatz im ersten Halbjahr angeblich erneut über den Erwartungen
5. 11. 2001	Schnabel rechnet für 2002 mit Umsatzplus von 60 bis 80 Prozent und stärkerem Gewinnzuwachs
3.12.2001	Partnerschaft mit Tochter des indischen Großkonzerns Satyam Computer verkündet
15.1.2002	Umsatz 2001 angeblich auf mehr als das Doppelte gestiegen
19.2.2002	Wirtschaftsprüfer KPMG kündigt das Prüfungsmandat fristlos
22.2.2002	Staatsanwaltschaft nimmt Ermittlungen auf
8.3.2002	Vorstandsvorsitzender Bodo Schnabel wird fristlos entlassen
26.3.2002	Bodo Schnabel wird verhaftet
10.4.2002	Erstes Ergebnis der Sonderprüfung: Nur 1,4 Prozent der gemeldeten Umsätze von 93,6 Millionen Euro für 2000 lassen sich bestätigen. Kein Hinweis auf die Existenz des Geschäftspartners VT Electronics
19.4.2002	Deutsche Börse wirft die Aktie aus dem Neuen Markt
23.4.2002	Sonderprüfer können auch für die Jahre 1998 bis 2000 den Großteil der Umsätze nicht bestätigen.
April/Mai 2002	Geständnisse von Bodo und Ingrid Schnabel, Unterlagen gefälscht bzw. davon gewusst und die Vorgänge trotzdem verbucht zu haben

Mai/Juni 2002	Aufsichtsräte Ingrid Schnabel, Andreas Löhr und Manfred Götz treten zurück
August 2002	Staatsanwaltschaft erhebt Anklage gegen Bodo und Ingrid Schnabel wegen Kursbetrug und Insiderhandel bzw. Beihilfe zu diesen Delikten
9.9.2002	Deutsche Börse widerruft Börsenzulassung
14.11.2002	Strafprozess gegen das Ehepaar Schnabel beginnt vor dem Landgericht München. Am 21. November wird Bodo Schnabel zu sieben Jahren Freiheitsstrafe, seine Frau zu zwei Jahren auf Bewährung verurteilt. Der Verfall wird bei Bodo Schnabel über 18 Millionen Euro, bei Ingrid über 1,6 Millionen Euro und bei der Tochter über 500 000 Euro angeordnet.

Adressen

Aktionärsschutzvereinigungen

Deutsche Schutzvereinigung für Wertpapierbesitz (DSW)

Hamborner Straße 53
40472 Düsseldorf
Telefon: 02 11 / 66 97 02
Fax: 02 11 / 66 97 60
Webseite: www.dsw-info.de
E-Mail: dsw@dsw-info.de

Schutzgemeinschaft der Kleinaktionäre (SdK)

Karlsplatz 3
80335 München
Telefon: 0 89 / 59 99 87 33
Fax: 0 89 / 54 88 78 58
Webseite: www.sdk.org
E-Mail: info@sdk.org

Auf Kapitalmarktrecht spezialisierte Anwälte

(Auswahl ohne Wertung, Aufzählung nach Alphabet)

Kanzlei Daniela A. Bergdolt

Franz-Joseph-Str. 9
80801 München
Telefon: 0 89 / 38 66 54 30

Nieding + Barth

Rechtsanwaltsgesellschaft
Solmsstr. 25
60486 Frankfurt
Telefon: 0 69 / 23 85 38 0
Fax: 0 69 / 23 85 38 10
Webseite: www.niedingbarth.com
E-Mail: recht@niedingbarth.de

Kanzlei Rotter Rechtsanwälte
Luise-Ullrich-Str. 2
82031 Grünwald
Telefon: 0 89 / 64 98 45 0
Fax: 0 89 / 64 98 45 40
Webseite: www.rotter-rechtsanwaelte.de
E-Mail: mail@rotter-rechtsanwaelte.de

Tilp & Kälberer Rechtsanwälte
Einhornstr. 21
72138 Kirchentellinsfurt
Tel: 0 71 21 / 90 90 9 0
Fax: 0 71 21 / 90 90 9 81
Webseite: www.tilp-kaelberer.de
E-Mail: kfurt@tilp-kaelberer.de

Anwaltskanzlei Dr. Steinhübel
Dorfackerstraße 26
72074 Tübingen
Telefon: 0 70 71 / 88 06 6
Fax: 0 70 71 / 88 06 77
Webseite: www.kapitalmarktrecht.de
E-Mail: kanzlei@kapitalmarktrecht.de

Börsen (Handelsüberwachungsstellen)

Deutsche Börse
Handelsüberwachungsstellen der Frankfurter Börsen (Hüst)
60485 Frankfurt am Main
Telefon: 08 00 / 2 30 20 23
Fax: 0 69 / 21 01 42 98
Webseite: www.huest.de
E-Mail: huest@deutsche-boerse.com

Handelsüberwachung der Bayerischen Börse
Lenbachplatz 2a
80333 München
Telefon: 0 89 / 54 90 45 30
Fax 0 89 / 54 90 45 37
Webseite: www.bayerischeboerse.de
E-Mail: huest@bayerische-boerse.de

Handelsüberwachung der Berliner Wertpapierbörse
Fasanenstr. 85
10623 Berlin
Telefon: 0 30 / 31 10 91 76
Infotelefon: 0 18 01 / 88 77 77
Fax: 0 30 / 31 10 91 78
Webseiten: www.handelsueberwachung.com
www.berlinerboerse.de

Bremer Wertpapierbörse
Kohlhökerstr. 29
28203 Bremen
Telefon: 04 21 / 27 74 40
Infotelefon: 0 18 01 / 12 01 30
Fax: 04 21 / 27 74 49 0
Webseite: www.boerse-bremen.de
E-Mail: info@boerse-bremen.de

Hamburger Wertpapierbörse
Zippelhaus 5
20457 Hamburg

Telefon: 0 40 / 36 13 02 0
Fax: 0 40 / 36 13 02 23
Webseite: www.boersenag.de
E-Mail: info@boersenag.de

Niedersächsische Börse zu Hannover

Rathenaustraße 2
30159 Hannover
Telefon: 05 11 / 32 76 61
Fax: 05 11 / 32 49 15
Webseite: www.boerse-hannover.de

Rheinisch-Westfälische Börse zu Düsseldorf

Ernst-Schneider-Platz 1
40212 Düsseldorf
Telefon: 02 11 / 13 89 0
Fax: 02 11 / 13 32 87
Webseite: www.rwb.de

Börse Stuttgart

Handelsüberwachung
Schlossstraße 20
70174 Stuttgart
Telefon: 07 11 / 22 29 85-560 /- 561
Fax: 07 11 / 22 29 85 555
Webseite: www.boerse-stuttgart.de
E-Mail: handelsueberwachung@boerse-stuttgart.de

Die genannten Börsen sind zuständig für den Börsenhandel und die
Börsengeschäftsabwicklung, also zum Beispiel die Preisfeststellung.

Börsenaufsicht

Die Börsenaufsichtsbehörden werden nur im öffentlichen Interesse tätig und geben allgemein keine Auskünfte an Privatpersonen. Deshalb sind ihre Adressen und Telefonnummern nicht aufgeführt. Die jeweiligen Adressen und Ansprechpartner sind über die Webseite zu finden. Die Seite der Börsenaufsichtsbehörde Hessen enthält einige interessante Informationen für Anleger, unter anderem das Börsengesetz.
Webseite: www.boersenaufsicht.de
Börsenaufsichtsbehörde Hessen: www.boersenaufsicht.de/hessen.htm

Finanzdienstleistungsaufsicht

Bundesanstalt für Finanzdienstleistungsaufsicht
Wertpapieraufsicht/Asset Management
Lurgiallee 12
60439 Frankfurt
Telefon: 02 28 / 4 10 80
Fax: 02 28 / 4 10 81 23
Webseite: www.bafin.de
E-Mail: poststelle-ffm@bafin.de

Die BAFin ist zuständig für die Verfolgung von Insidergeschäften und Marktmanipulation, die Überwachung der Ad-hoc-Publizität und für Übernahmeangebote. Auf der Webseite ist unter dem Stichwort „Rechtliche Grundlagen" unter anderem das Wertpapierhandelsgesetz zu finden. Der Menüpunkt „Datenbanken" enthält unter anderem eine Datenbank bedeutender Stimmrechtsanteile.

Ministerien

Bundesministerium der Finanzen
Referat Bürgerangelegenheiten
Wilhelmstr. 97
10117 Berlin
Telefon: 0 18 88 / 68 20
Fax: 0 18 88 / 6 82 32 60
Webseite: www.bundesfinanzministerium.de

E-Mail: Poststelle@bmf.bund.de

Bundesministerium der Justiz
Mohrenstr. 37
10117 Berlin
Telefon: 030 / 20 25 70
Fax: 030 / 20 25 95 25
Webseite: www.bmj.bund.de
E-Mail: poststelle@bmj.bund.de

Auf den Webseiten finden sich zum Teil für Anleger wichtige Gesetzestexte bzw. –entwürfe.

Schiedsstellen, Verbraucherorganisationen

Versicherungsombudsmann e.V.
Postfach 08 06 32
10006 Berlin
Telefon: 0 18 04 / 22 44 24
Fax: 0 18 04 / 22 44 25
Webseite: www.versicherungsombudsmann.de
E-Mail: beschwerde@versicherungsombudsmann.de

Verbraucherzentrale Berlin e.V.
Bayreuther Straße 40
10787 Berlin
Telefon: 0 30 / 21 4 85 0
Fax: 0 30 / 2 11 72 01
Webseite: www.verbraucherzentrale-berlin.de
E-Mail: mail@verbraucherzentrale-berlin.de

Danksagung

Meinen Kollegen und Vorgesetzten sowie meiner Familie möchte ich für die großartige Unterstützung während der Recherchen und der Zeit des Schreibens danken. Wertvolle Anregungen für das Manuskript gaben mir unter anderem Wolf Brandes, Jörg Filthaut, Markus Grund, Sandra Knorr, Dr. Edith Müller, Werner Müller, Brigitte Reinhard, Matthias Schmitt und Brigitte Wallstabe-Watermann. Dank gebührt auch meinem Verleger Christian Jund sowie den Informanten und Ideengebern, die ungenannt bleiben müssen.

Renate Daum

Kurs-Chart

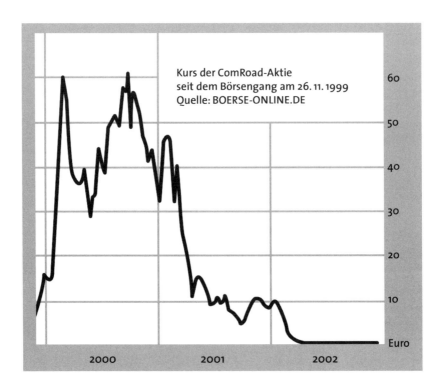

Kurs der ComRoad-Aktie
seit dem Börsengang am 26.11.1999
Quelle: BOERSE-ONLINE.DE

Stichwortverzeichnis

3i 22, 25

3satBörse 40ff., 45

ABN Amro 53f

Ad-hoc-Mitteilungen (falsch, verspätet)
132, 140ff., 151-153, 156, 162f, 168,
170-174, 178, 186, 194, 214f, 228ff.,
240, 250

Ad pepper 37, 153

Aktionär, Der 38-45, 47, 53, 163

Allgeier 37

Anlageschutzarchiv 206

Arthur Andersen 114, 118, 122f, 125,
182, 191

Artnet.com 39

ASL Auto Service Leasing 48, 62, 150, 243

Australia and New Zealand Technologies
72, 89, 92

Baetge, Jörg 112, 117, 126

BAFin 9, 28, 80, 83, 122, 139-147,
155, 186, 189f, 207, 228, 240, 249f

Balsam 150

Bankgesellschaft Berlin 121f, 190

Bayerische Landesbank 59

Bayerische Treuhandgesellschaft 36, 181

BDO 121f

Benner, Klaus-Dieter 155, 182, 186, 188,
192, 201f

Bergdolt, Daniela 88, 131, 182, 246

Berliner Freiverkehr 153

BNP Paribas 57

Börsen- / Emissions- / Verkaufsprospekt 17,
19, 26, 30-37, 44, 84f, 105, 130f, 146,
153, 156, 172, 177ff., 182, 188, 206,
213f, 216, 223, 232f

Börse Online 11, 25, 39f, 42, 50, 68, 71,
84, 104, 106f, 109f, 125, 137, 144,
159ff., 195, 197

Börsenaufsicht, Hessische 119, 150, 155,
182, 186, 189, 192, 201f

Bundesanstalt für Finanzdienstleistungsaufsicht Siehe BAFin

Bundesverfassungsgericht 174

Capital 40f, 82

CE Consumer Electronics 63, 66

Ceyoniq 155

Chan, Wilson 65f, 68, 99f

China Telematics 68ff., 72, 97ff.

Class Action 217, 220, 224

CM Computer Marketing 31, 83

CMS Hasche Sigle Eschenlohr Peltzer 25f,
181

Co, Jesus O. 89ff., 112, 160

Commerzbank 29, 54, 57

ComRoad (Far East) 63f, 95f, 115

ComWorxx 73, 161

Concord Effekten 22ff., 29, 32, 48, 57,
86, 132, 156, 175f, 178, 180, 184, 189,
194, 197, 242f

Consors 85

Credit Suisse First Boston 57

Curasan 132

D.Logistics 41

DAC-Fonds 38, 42, 44

Deutsche Bank 21, 54, 58, 61

Deutsche Börse 10, 13, 31, 49, 79-86,
128, 133, 139, 154, 186ff., 193f, 204,
209, 242, 244, 245f, 247, 248

Deutsche Post 144

Deutsche Schutzvereinigung für den Wertpapierbesitz (DSW) 86ff., 186, 215, 246

Deutsche Telekom 28, 54, 57f, 179, 222

Deutsches Aktieninstitut (DAI) 80, 123,
126, 155, 164, 200

DG Bank 61, 109f

Dresdner Bank 53, 60

DZ Bank Siehe DG Bank

EM.TV 43, 45ff., 54, 57, 154, 166f,
169, 179, 222

Emulex 144

Enron 8, 57, 114, 145, 191, 201

Ernst & Young 117, 120, 122, 123, 209

Evotec 43

Financial Times Deutschland 146

Fleetwood 70, 72f, 88f, 91f, 102

Flowtex 13, 120, 124, 150

Formel 1 47, 77f

Förtsch, Bernd 38-46

Frick, Markus 40f

Gericom 163f

Gerke, Wolfgang 56

Gigabell 188

Global Telematic Service (GTS) 27, 48,
65f, 68, 71, 94, 99f, 102, 109, 132

Globalwatch 67f, 71, 102, 109, 137

Goldman Sachs 53, 58

Gold-Zack 143

Götz, Manfred 16, 31, 109, 117, 127,
128-138, 168, 193-197, 242, 245

Guardian 70ff., 92

Haarmann, Hemmelrath & Partner 118

Handelsblatt 20, 122, 191

Hauck & Aufhäuser 25, 31, 36, 38, 178, 180

HypoVereinsbank 22, 25, 49, 54, 124,
156, 176, 180, 194, 197, 243

Idealab (siehe Scoobi)

Infomatec 29, 40, 171, 173-175, 178, 188

Information Storage 18, 33, 242

Insiderhandel 45, 46, 135, 140, 143,
155f, 162, 169-177, 193, 197, 207, 237,
245

Institut der Deutschen Wirtschaftsprüfer
(IDW) 112-123

International Accounting Standards (IAS)
79, 81

Internetmediahouse.com 63, 66

Intershop 183

Ixos Software 58

Julius Bär 43f

Kamps 56

KPMG 13, 22-26, 30, 36, 106-127,
128ff., 137, 151, 161f, 164, 168, 181,
191f, 193-196, 244

Kursbetrug 154ff., 153ff., 156, 166, 168,
169, 172, 173, 175, 177, 192, 197,
213ff., 223, 226f, 245

Küting, Karlheinz 112, 114, 119, 123,
125

Landeswohnungs- und Siedlungsgesellschaft
122

Leapfrog 86

Lernout & Hauspie 108, 125, 191

Letsbuyit.com 162, 175, 207

Likom 68, 70f, 97-99

Lipro 38, 132

Lobster 153

Löhr & Cie. 32, 37, 130, 242

Löhr, Andreas 13, 24f, 29, 31f, 37f, 110,
117, 128-138, 163, 168, 193-199, 242,
245

M+A 83f

Maier, Winfried 154

Manager-magazin.de 45, 136, 187

Mannesmann Mobilfunk 48, 62, 150, 243

Mehler, Stefan 106, 158-164

Merrill Lynch 53, 57, 59, 175-177, 197

Metabox 104, 174, 178

Mg technologies 120, 125

Milken, Michael 86

MLP 59, 125, 136, 144, 164

MobilCom 45, 146, 147

Möllers, Thomas M. J. 173

Morphosys 40f

Musterprozess 217, 219

Nieding, Klaus 167, 186, 246

Nörr Stiefenhofer Lutz 135

Ochner, Kurt 43f

Ogger, Günter 187

Opel, Sascha 45, 175

Petersen, Harald 45

Pflichtmitteilungen (Siehe Ad-hoc-Mitteilungen)

Phenomedia 104, 118, 120

Philipp Holzmann 117, 119, 120, 191,
209

Platow Brief 17, 29, 62, 80, 105f, 140,
184

PricewaterhouseCoopers 122, 126

Prillmann, Alfred 63ff., 67, 70, 73

Prior, Egbert 41, 45, 62, 118, 150, 153,
210

Prospekthaftung 44, 178, 181f, 184,
213ff., 216, 223, 232ff., 235, 238f

Prozesskosten 217ff., 224

Ravensburger AG 135f, 208
Rechtsschutzversicherung 218, 221-224, 236
Rödl & Partner 11, 13, 108-127, 129f, 138, 179, 195, 196, 198
Rölfs Partner 164
Rotter Rechtsanwälte 119, 172ff., 178, 183, 192, 218, 221f, 247
RTV Family Entertainment 135, 208
SAir Group 57
Salomon Smith Barney 58f
Sammelklage 182f, 220
Schmitz, Kim 142, 175
Schnabel, Ingrid 13, 14ff., 16, 18f, 21, 31, 63, 83, 110, 115, 117, 128-138, 148, 153, 165, 167, 169-172, 183, 194, 196ff., 242, 244f
Schutzgemeinschaft der Kleinaktionäre (SdK) 45, 86, 88, 126, 136, 155, 163, 178, 206, 215, 246
Schwamm, Hartmut 13, 16, 18, 20ff., 25, 33, 37, 60, 66, 69, 110, 112f, 128-138, 195f, 242
SCM Microsystems 45
Scoobi 60f, 74, 107f, 136, 140
Securities and Exchange Commission (SEC) 80, 125, 144ff.
Senator 118, 210
SER Systems 86
SES Research 60
Sheng Ming (siehe Shenming)
Shenming 68ff., 72, 93ff., 100
Silicon Sensor 132
Skynet 27, 48, 60f, 62, 74, 106, 128, 132, 136f, 140, 160f, 242
Solar-Fabrik 85
Solid Computer 16-18, 37, 130
Sparta 41
Spiegel, Der 43, 87, 107, 110, 114
Steinhübel, Heinz 188, 247
Süddeutsche Zeitung 68, 174f, 197
Sunburst Merchandising 15, 27ff., 57, 83ff., 103f, 142, 149, 167
Tagesspiegel 43, 187

T-Asia 69f, 72, 89ff.
Team Communications 40f, 183
Telematics-ASIA (siehe T-Asia)
TFG 23
THI 135
Thiel Logistik 144f, 207
Toysinternational.com 29f, 38
Travel24.com 74, 118
TV Loonland 60, 83f, 86, 162, 209f
UBAG 63
Umweltkontor 84
Universal Investment 38, 44
Unrichtige Darstellung der Unternehmens-verhältnisse 154, 166f, 171, 177, 213f, 216, 226
US-GAAP 79f
Verfall des Vermögens/Nachverfahren 169, 184
Vontobel 55
VT Electronics 12, 32, 105f, 108, 110-116, 119, 128-133, 136, 162, 168, 179f, 180, 184, 192, 194, 199, 244
VTech 49, 64, 101, 105, 113, 128f, 132, 136
Wackenhut 26, 32, 74, 119, 180, 184
Walther, Achim 121f.
Waste Management 125
Wedit 122, 124
Wenger, Ekkehard 87, 142, 187
Westdeutsche Landesbank (WestLB) 29, 54
White, Jack 44
Wirtschaftsprüferkammer 120, 125f
Wirtschaftswoche 57, 201
Woebcken, Carl 83f
Worldcom 8, 59, 145, 201
WWL Internet 141, 158f, 209
Zeitler, Franz-Christoph 204